日本建築学会編

劇場空間への誘い

ドラマチック・シアターの楽しみ

鹿島出版会

はじめに

本書は、文化施設小委員会の前身にあたる劇場・ホール小委員会が企画編集した『音楽空間への誘い——コンサートホールの楽しみ』(鹿島出版会、二〇〇二)の続編として位置づけられる。前著は「音楽空間」をその研究対象として、建築・音楽分野の様々な人の論考・インタビューを通して、その本質を探ろうという企画であった。本書は、その続編として「劇場空間」をその研究対象として、次世代の劇場の新たな可能性を探ろうとするものである。前著と同じように、建築分野にとどまらず、劇場・演劇分野すなわち演じる側、つくる側も含んだ多様な人の論考・インタビューを通して、日本の劇場の二〇世紀を振り返り、最新の計画論から次世代への切り口を示すこととした。日本建築学会建築計画委員会に属する文化施設小委員会では、研究者、設計者、劇場コンサルタントなどをメンバーとして、実際の「劇場空間」を体験する見学会や研究会を通して、文化施設をそのアクティビティまで含めて総体としてとらえようとしている。本書は、その多角的な探求の一つの試みである。

本書のいくつかの論考が示すように、劇場はコンサートホールと比べてみると、様々な空間が劇場空間になりうる。その点に気づくことが、劇場空間へと近づく第一歩となる。ここでは、芝居小屋も含んだ劇場建築を中心に置きながら劇場空間の本質の一端を明らかにしようとしている。本書を手がかりに読者一人ひとりの劇場を再発見していただき、劇場に足を運び、次世代の劇場づくりに参加していただければ幸いである。

*

インターネット、テレビなどのメディアが今日のように発達しても、コンサートや演劇を観に行くという行為はなくならないように思われる。日常の時間を断ち切って、ある場所に出かけ、そこで同じ空間、同じ時間を共有して、そこで生身の人間が演ずることを皆で体験するということは、メディアを通して体験することとは決定的に何かが違う。その違いがある限りは、シアターはつくられ続ける。

一九八五年一月の冬のある日、栃木県にある大谷石の地下採掘場に向かった。〈転形劇場〉太田省吾による［地の駅］を観た。大谷石は、建築家フランク・ロイド・ライトの旧帝国ホテルに使われ、その存在が有名になったが、採掘場は栃木県宇都宮市の北西部にある。地下採掘場は巨大な岩盤である。そのおおよそ三分の一を、垂直荷重を支える壁柱として残し、残りを石材として切り出していく。すると、そこには床も壁も天井もすべてがムクの石材からなる高さ数十メートルにおよぶ内部のみの地下空間が立ち現れてくる。採掘場から掘られた石は建造物や塀となり、有用なものとして役に立つ。切り出した結果生じた残余の空間は、通常はがらんどうの「何もない空間」でしかない。

強固な岩盤沿いの階段を降りていくと、目の前にあったのは古タイヤ、ミシンなどを積みあげた廃品の山。そそりたつ内部空間に比べると、それは小さく見える。その舞台で、すべてがスローモーションの無言劇が演じられた。その空間は、そのときだけ巨大な「劇場空間」になり、圧倒的な存在感を放っていた。およそ普通の演劇ならばとうてい立ち向かえない空間に、太田省吾の沈黙のドラマは、沈黙ゆえにその空間と測りあっていた。

演じる人がいて、観る人がいる。その場が劇場となる。大谷石の地下採掘場には、まぎれもなく「劇場空間」が立ち現れていた。建築家ルイス・カーンが、学校とは何かということについて、「一本の樹の下で、自分では教師と思っていない人が、自分たちでは学生とは思っていない人たちに、自分の識っていることについて話し合うとき、それが学校の始まりだ」と述べていたが、その根源について問うとき、一本の樹の下が学校となりうるように、すべての空間は劇場になりうる。

一方で、舞台芸術の上演を目的として建設された劇場建築がある。多くの客席を備え、吊物装置、舞台照明、舞台音響の設備を備える。一九八一年の夏、ロンドンのウエスト・エンドで、その年初演された「キャッツ」を観た。ステージが始まると、いきなり客席の最前部と舞台全体が回り始めた。「回り舞台」に思わず引き込まれる。これもまた舞台は廃品の山であった。意表をつく舞台転換、照明によって変化する時間、歌とダンス。既存の《プロセニアム劇場》を「キャッツ」専用に大改装して行われたその公演は、十分な舞台設備を備えた劇場での、ナマの舞台でしか味わえない楽しみに満ちていた。

大谷石の地下採掘場は、通常の劇場にはなりえない。しかし、そのとき、その初源の空間でなしえたことは、次世代の劇場建築にとって、十分に示唆に富むであろう。また劇場に用いられるテクノロジーも、演出上の新たな地平を切り拓くであろう。初源の空間であっても、テクノロジーを十分に備えた空間であっても、ともに優れた「劇場空間」になりうる可能性がある。その可能性の空間を現実の「劇場空間」とするのは、建築家であり、演劇人である。優れた「劇場空間」は、見る人を非日常の世界へと誘う。

＊

本書は、「日本の劇場の二〇世紀」「実践から」「次世代へ向けて」の三章と、その間にはさみこまれた二つのコラムと年表から成り立つ。日本における次の劇場を創造していくために、過去を振り返り、現在を見据え、未来を論じている。劇場は、その全体像をとらえにくい総合体であり、多くの人がかかわる複雑な施設体系を読み解いていかなければならない。多くの場合、公共文化施設であり、劇場法の問題など、それらを支える仕組みにも目を配らなければならない。本書ではそれらを時間軸にのせながら、可能な限り解きほぐそうと試みた。今という「時」に立って、それぞれに説き起こされた論考群の中に、日本の劇場にかかわる共通する背景や問題意識が見てとれる。それらを通して、劇場の大いなる未来の可能性のヒントをくみ取っていただきたい。

日本建築学会建築計画委員会文化施設小委員会　上西　明

目次

第一章
日本の劇場の二〇世紀

本章では、日本における近代以降の劇場空間を建築デザイン、劇場計画、興行史、現代演劇などの最前線の専門家による論考からその歴史を問い直す。近代の起源とされる《新富座》が幕を上げてから約一四〇年。芝居小屋、公会堂、文化会館、多目的ホール、専用劇場と変化し続けてきた歴史は、進化の過程でもありながら単なる多様化ともみることができる。これに切り込む個々の論点は劇場の本質とは何かを浮かび上がらせる。同時にこの歴史には、一九二〇年代の芝居小屋の映画館への転用、震災や戦災、GHQによる接収、社会的な縮小などいくつかの劇場の断絶の時期が含まれている。そして歌舞伎、新劇、現代演劇、現代舞踊などの舞台芸術表現の多様化は、機能、設備、そして劇場の存在そのものを揺さぶってきた。

二一世紀に入り、社会や都市にとって劇場は何ゆえ必要なのかが問われてきている。本章の数々の視座はその問いを考える手がかりになるだろう。その思考は単なる劇場史の再確認ではなく、劇場空間の意義とその面白さを捉え直すプロセスでもある。ぜひ章末の年表と概説とともに、劇場の二〇世紀を読み進めていただきたい。

「四条河原遊楽図」

総論

劇場は今を生きる
歴史に学ぶ進化

本杉省三

劇場の進化、制度の進化

為政者からは無用なもの、時には人を惑わす悪場所として扱われ、囲い地に追いやられながらも、一方では、人々の人気を得て羨望の対象になる。反社会的と危険視され、眉をひそめられてきた活動が、芸術として国家から表彰され、コミュニティの指導者として迎えられる。どちらも制度である。そして、こうした両極の振幅に生きているのが劇場世界である。

建築にせよ演劇にせよ、私たちの身の周りのものごとは、すべからく時代の技術や人びとの生活条件からくる制約に縛られている。伝統芸能の代表格である歌舞伎にしても、今日体験している歌舞伎劇場と慶長期など屋内化以前の芝居小屋とは全く別物のように感じられる。娯楽のバラエティが少なかった時代における芝居見物と様々な娯楽が発達した社会における観劇とでは、人びとの期待・要求が同じであるはずもない。時代が私たちの思考に刺激を与え、制御し、生活空間を変えていく。

近代演劇が写実主義を求めたのは、何も思想的背景からだけではなく、ガス灯・電灯という技術的進化を背景としてもたらされたと解説してみることもできる。ろうそくの明かりしかなかった時代においては、リアルな表現をしようにも、それを観客に伝える、つまり観客が見ることのできる範囲に限界があった。十分な明るさを得ようとすれば大変な数のろうそくが必要だったし、そうなると経費がかさむうえに空気も汚れ頻繁な換気が必要となった。それに対して、近代照明は圧倒的な明

《京都南座》

るさによって舞台に輝きを与え、演技を浮彫りにした。隅々までを露わにさらけ出し、リアルな表現が細部まで追求されることは、演劇に統一感をもたらし、情緒的で社会の風潮に流されやすい芝居に一貫性を与え、芸術性を高めることに貢献した。

思想的信条に裏打ちされた舞台を示すことが、近代社会に欠かせないと考えたのも時代だった。社会のあるべき姿を求める理念、大衆の興味に流されない主義主張、西欧を手本とする輪郭のはっきりした表現が日本演劇の近代化にも重要な役割を果たしたといわれる。しかし、そうした啓蒙的態度が、表現する人と鑑賞する人＝舞台と客席という単純化された劇場空間の構図をつくりだし、観客が舞台に接する態度や見方・創造力の多様性を狭め、観客を受身な態度に追いやることになってしまったように思える。それによって、以前には観客の想像に委ねられていた演劇の豊饒性、象徴性をも失ってしまったと。それは制度をつくるうえでは必然であり都合よいことだが、生活者にとっては縁遠い。日々の生活がそうであるように、私たちは与えられると同時に与える、相互に関係づけられることで成り立っている。日本の芸能におけるこうした双方向性の関係が、一方通行的な関係・仕組みに転換されてきた観客の近代化といった側面にも目を向けてみる必要がある。

退化を恐れない進化

およそどんな生物も、気の遠くなるような長い過程の中で周辺環境に適合するための進化を遂げてきた。私たち人間も二足歩行し、自由になった手で道具を使う知恵を身につけることで、他の動物とは全く異なった進化の道筋をたどることになったといわれる。しかし、進化はいつもある種の退化を伴っている。ある特徴・機能を伸ばしていくことが、知らずしらず別の機能を弱体化していることになる。このことを劇場に引き寄せて考えてみたときに思い出さざるをえないのが、明治期における演劇改良とそれに伴う劇場建築の変化である。

その最も典型的な事例として、《帝国劇場》(一九一一)を取りあげてみればわかりやすい。《帝国劇場》がわが国の劇場建築にとって革新的だったことは、単にその建築様式の目新しさだけにあるのでは

《帝国劇場》本館観客席配景

ない。その革新性は、歌舞伎俳優による公演からオペラ、河竹默阿弥からシェークスピア作品に至る幅広い活動を展開したことで知られる。座付きオーケストラを抱え、歌劇部や女子の演劇学校を創設し、背景画に西洋の方式を取り入れ、切符の販売方法についても従来の茶屋制度を全面的に廃止し、宅配など独自のやり方を編み出すなど実に多くの点で革新的運営を行った。その後をリードするこうした先取性が、歴史性との断絶によってもたらされたことに近代日本の進歩の難しさと面白さがある。渋沢栄一らによる《帝国劇場》の果敢な挑戦が、次第に尻すぼみになってしまった要因については、西洋化への極端な傾斜とそれに対するわが国近代化の未熟さといった側面から分析されることが多い。外国人指導者（G・V・ローシー）の招聘、座付きオーケストラの組織化やオペラ公演が成功に至らず、映画など新技術による娯楽や経済と軍事力優先の施策に埋没してしまったかのように言及されることもある。しかし、〈宝塚〉に先んじた女優の育成や浅草オペラなどへの展開を振り返ってみると、西洋化一辺倒というのは一面的すぎる。そこから独自の舞台ジャンルが生み出され新しい道筋を誕生させたことは、日本の劇場界の進化をうながす起爆剤として大きな役割を果たした証しである。

建築的な面から見ても、《帝国劇場》で実現されたすべてが今日の劇場へとつながる大きな変換点となったことは一目瞭然である。全客席を椅子式としたことや確固たるプロセニアムアーチの存在、フライタワーの顕在化、輸入された吊物機構や照明設備などが目を引く。それは進歩というよりも、革命ともいえるほど大きな変化だったといえるのかもしれない。建築法令、防災計画、劇場技術など、どれをとっても偉大な先駆者としての存在感にあふれている。今日のような建築法規がまだ整っていない時期に、当時定められていた法令以上に安全性を考慮した計画が建築家と発注者によって導かれた意義は計り知れない。

しかし、否定的な眼鏡で見てみると、これら多くのことが大らかで豊穣な劇場空間の特性を見失う出発点となってしまったとも受けとれる。江戸期を通じて築かれた舞台と観客の一体的な空間関係、情念のほとばしりともいえる躍動感と外連味のある風情と前進への力といったものが、それから半

「東京新富座真図」

世紀後一九六〇年代のアングラ劇まで封印されることになってしまい、歌舞伎劇場ですら今や体験しがたいものになってしまった。

舞台・観客の接点を変える

そうした断絶と革新が突然変異のように《帝国劇場》において起こったわけではなく、守田勘彌による《新富座》(一八七七)においてすでにそのさきがけが見られていた。いち早く猿若町を飛び出し、ガス灯や椅子席を導入し、英語のパンフレットを用意することにも力を注いでいた守田の先取性と前向きな姿勢には保守の微塵もない。外国人外交官を積極的に招待したことは、西欧化を急ぎ列強の近代国家に近づこうとする国家戦略に合致するもので、官に代わって民が国際交流をリードするといった点でも大きな進歩だった。それを演劇改良の先にある《国立劇場》への下心だと揶揄する向きもあるが、歌舞伎役者が《新富座》再建の開場式舞台上に燕尾服姿で椅子に並んでいる写真を見ると、和洋の力に引き裂かれる近代日本の姿とともに、進化に対して躊躇しなかった歌舞伎役者の勇ましさを感じることができる。こうして前進を図ろうとする柔軟な姿勢が日本演劇の魅力をつくってきたのに対して、演劇改良の発案者木松謙澄らによってもたらされた「近代化＝改良＝西洋化」という構図は、「猥褻野鄙」な日本の演劇を廃し「優美高尚の趣」をもたせるといった発想によっており、むしろ指導的立場にある官の自国文化に対する卑下と自信のなさが痛ましい。

こうした両者の進歩への意志が端的に表れているのが舞台先端のかたちである。舞台先端が今日見るような一直線になった出発点として《新富座》を評価することもできるし、反対に歌舞伎本来の凸型舞台を消滅させてしまったと批判することもできる。下手に設けられていた橋掛かりが、時代を経るにしたがって次第に奥行きを増していたことは史実資料で知られていて、それがついに本舞台と並ぶまでになってしまったという解釈もできないわけではないが、それよりも西洋の舞台に倣うこと、大入りになると舞台上にまで観客を詰め込んだりすることで安全が損なわれる、あるいは安価な席に陣取る連中が目障りで近代化にそぐわないなどといった理由から、観客と舞台との仕切り

歌川豊国「芝居大繁昌之図」

を明確にしようとする強い働きがあったのだろう。しかし、それ以前の日本の演技空間が決して平面的で淡白なものでなく、奥行きと立体感に富んだ陰影の深い空間の中で育まれてきたという事実、その軸足は保守よりも革新の側に立脚点があり、生命あふれる躍動感に伝統が息づいている。

上手を捨てる

計画の障害になるのは、劇場に対するイメージを経験の多少にかかわらず誰もがもっていることである。それは各自の知識や経験をもとにつくられたものだが、他の人にもまた別の知識と経験があるということを想像しない。社会における進化はとどまるところを知らず歩み続けていくが、私たち一人ひとりはそれほど自由ではない。むしろ個人の進歩が持続的であることは稀だ。ある時期進化していたと思われる内容も、大きな流れに飲み込まれ消費されていく。そうして蓄えられたイメージが次第に垣根を築き上げていく。

計画資料が整備され、それらが様々な媒体や情報ネットワークによって共有化されるようになることは好ましいことだ。たしかに教科書や手本となる資料には、計画の基本が図や数値で示されており、そこに間違いがあるわけではない。むしろ親切な良識が凝縮されている。しかし、それは公式ではなく、応用問題の導入にすぎない。それがときとして、わかりやすいキャッチコピーや人づての部分情報として文脈や背景を飛び越して伝搬され、半ば公式化された一途な思い込みが幅を利かせる。その結果、標準化がなんとはなしに出来上がっていく。創造を謳い、独創を旨とする舞台が形式化を求める。

仕込み・公演・撤去がどこへいっても同じ要領で行えることは、技術者の労働時間を節約し、出演者も戸惑うことなく舞台に立てる。標準化された計画は楽で安心だろう。でも、それが出演者・観客みんなにとって幸せなことなのだろうか、と思う。至れり尽くせりの計画が劇場に求められているのだろうか？　演劇人と観客の創造力・想像力は、そんな手の掛からない劇場から生まれるのだろうか？

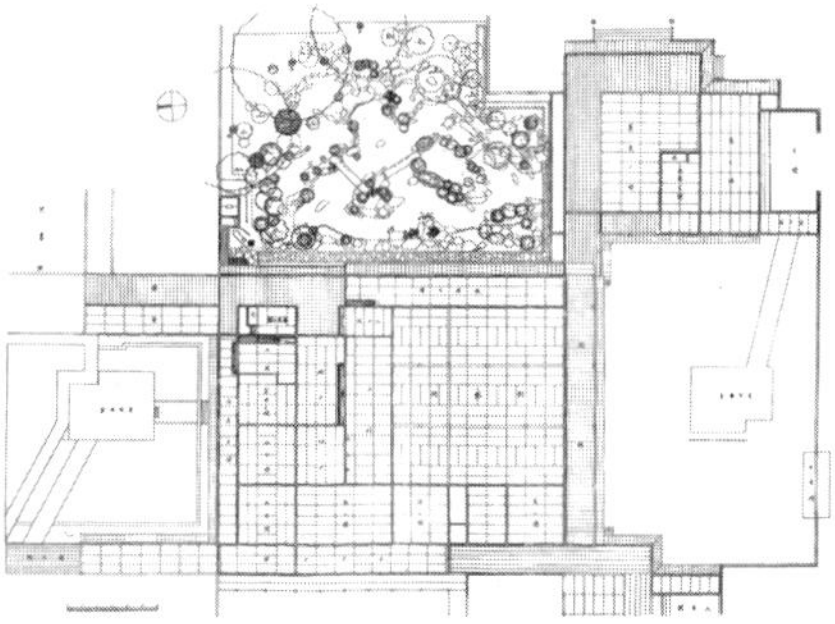

本願寺書院と能舞台

周到に考え抜かれた劇場も悪くはないが、創造力はそれを超えたところからやってくることを知っている者にとっては味気ない。挑戦者であり続けたいと望む劇場人にとって、心揺さぶられる場所こそが望むところだとしたら、劇場は上手でないほうがいい。カブィテいたほうがいい、下世話から上品までを全部引き受けられる大らかさがあるといい。でも、美しさを忘れてしまったら元も子もない。そのために上手を捨て、私たち自身に巣食う紋切型の問題設定や思考パターンから脱却することだ。

高邁な理想、深遠な思想を表現するよりは、日常の卑近な出来事の中から観客の慰みとなる情感を提供する。むしろ平凡でありきたりな毎日を生きる人々に、風俗・流行・評判などといったゴシップ感覚の出来事を身体ごとぶつけて表現する。そこに意図以上の効果が生まれ、社会の制度に対して疑義を発する。そうした点に舞台の魅力があるのだから。

居ると見る

歌舞伎小屋の始まりと能舞台との間には一見差がないように見える。けれど、観客―舞台の関係という点から見ると、全く正反対の性格をもっていることに気づく。今日では、能舞台近くの位置まで整然と座席が配置されており、そのことに誰も違和感を抱かないが、《西本願寺能舞台》におけるように、見所は舞台から離れた書院側にあって、その間には白い玉砂利が一面に敷き詰められているだけだった。これに対して歌舞伎では、舞台近くの土間に多くの観客が入っており、全く逆の構図になっている。両者は同じ形式の舞台を利用しながらも、まるで地と図のように反転した構造をもっている。どちらも日本を代表する伝統芸能であるが、そこに文化が本来的に有している半ば相反した美意識・多様性を見ることができる。一つの文化にも、このように正反対の伝統があるのは嬉しい。

この構図から見ると、能が見るデザインであるのに対して、歌舞伎は居るデザインだといえる。能舞台に二階席がないのは、舞台上の屋根によって二階席からの視線が蹴られ、演技空間全体を見渡せないからという理由をあげることはできる。しかし、歌舞伎においては、舞台上に屋根が掛っていたときから二階桟敷席が設けられていた。そのことを考えると、舞台への視線という観点だけでは十分説明できない。まだ花道が存在しなかった以前から、歌舞伎における演技スペースが客席内にもおよんでいたと推察することもできる。が、芝居見物という言葉からも、歌舞伎においては、その場に居ることが見ることと同等に重視されてきた証しだろう。

歌舞伎において桟敷席がかなり早い時期から設けられていたことは、四条河原の芝居風景を描いた「洛中洛外図」や寛永期の作とされる「遊女歌舞伎図貼付屏風」をはじめ、多くの資料に見ることができる。そうした桟敷席には、上層階級の人びとがお忍びで訪れていたようで、「女歌舞伎図」などには目だけを残して顔を布ですっぽりと被った女性や侍の姿も散見される。しかも、桟敷席の人びとが舞台を注視しているように描かれているのに比べ、土間席の人たちは舞台を気にしながらも同伴の人と話をしたり、飲み食いに興じていたり、周囲を見回したりと、その奔放な様子に私たちの目は釘づけになる。舞台を楽しみにきていることは間違いないのだろうが、それと同時にその場に居ることを楽しんでいるように見える。土間席に陣取る様々な身分の人たちからは、まるで遠足にいった子供たちがお弁当を広げるときのワクワクした気分がほとばしり出ている。この場の空気をつくりだしているのは、舞台上の演技者であると同時に、土間席の見物客たちなのだ。そんな居る進化形がいい。

空間を動詞化する

広場はただ広い場所という意味ではない。また、ただ人が集まるという場所でもない。街を歩いているうちに、何となく自然にそこに出てしまうような場所である。つまり、場所として自立している空間でなく、街路や街並み、生活空間などに依存して成り立っているものだと思う。だから、市民生活に最も身近な市場が立つ場所となり、marketやplaceと呼ばれたりするし、その形からsquare、circus、circleと呼ばれたりもする。街路が複数交わる、人やものなど様々な動きや流れが交わる交点であることが重要である。

市民生活の様々な場面で登場し、柔軟に変化する場所として生きしきたplaceは、がらんどうの通過点にすぎないけれど、特定の曜日・時間には市場となり、ある時には祭やセレモニーが行われ、また憩の場所にもなる。広場はまるで呼吸しているかのように、こうした様々な活動と空っぽの間を行き来し私たちを受け入れてくれる。このことから連想されるのが、スペースspaceのもととなったスパチゥムspatiumというラテン語である。それは、「自由な広がり」を意味するだけでなく「散歩するための場所」という意味合いももっており、ここからドイツ語のシュパツィーレンspazieren（あてもなくぶらぶら歩く）にもつながるという（中村雄二郎『空間への情熱』）。

これを見事に具現化して見せたのが、H・シャローンによる《ベルリン・フィルハーモニー》である。ホワイエからホール内部へと流動的につながり、空間のぶらぶら歩きを誘い、まさに音楽の広場としてその楽しさを体感させてくれる。思想や民族を超え、音楽空間が人びとの広場たらんと願った時代の証しでもある。だからこそ、陽当たりのよいラインやモーゼルのブドウ畑をのんびりと散歩するような空間としたに違いない。演劇や音楽を芸術という高みに奉り、観客や聴衆を席に縛りつけ対峙させるのでなく、両者の共感によってつくりだされるspatiumを獲得した。当初自分が買った席にいくのに案内を見てうろうろしていた人も、慣れてしまえばその複雑さがかえって楽しくなる。人は思い思いに自分の好みや気分に合わせて場所を選び、好きなひと時を過ごすことを知る。

こうした概念が芝居小屋にもあった。見えを切っている主役の日の前を蕎麦屋の出前らしき者が平土間席を横切っているところが描かれた江戸時代の風俗画を見ていると、観客の自由な振舞いに驚かされる。実際の場面を写実的に描いたのではないのだろうが、それにしてもこれには唖然とさせられる。空間が動詞化される、そんな場所にいってみたくなる。

小さくなる、大きくなる

西洋劇場建築史の最初に登場するギリシャ劇場は呆れるほど大きい。人口に対するその大きさは、現在の感覚では理解しがたいほどに写る。日本の劇場建築史にも大規模なものはあったが、勧進能など仮設的なものに限られていた。実際、歌舞伎が誕生した頃の小屋は、舞台と桟敷席以外は屋根もない極めて小規模のものだった。その後、平土間席に屋根を掛ける＞土間席料の値上げが可能になる＞収入が安定化する＞舞台が複雑化・衣裳が豪華絢爛化する＞さらに人気を呼ぶ＞、といった按配で木造劇場の大型化を促進した。しかし、適度な規模、舞台・観客の関係がそこにはあった。劇場の意味・位置付けが違うといってしまえばその通りだが、一つの尺度で測れないことをこうした歴史が教えてくれる。単純なものから手の込んだものへ、小さなものから大きなものへ、素朴なものから洗練されたものへ、身近で手に入りやすいものから遠くでも貴重なものへ、というのが一般的な進化の道筋だが、劇場に関しては逆の流れもある。

ギリシャ劇場から二〇〇〇年後、オペラ［オルフェオ］が初演された場所は、ゴンザーガ家居城の大広間とされる何の変哲もない部屋だった。舞台機構の面では、ヴェネツィアを興隆起点としたイタリア式劇場は飛躍的に進化したが、アルプスを越えてヨーロッパ各地に広がっても規模的には小さなままだった。それが近代的な国家統一の機運とともに、その象徴として扱われるようになると堂々たる構えをもつようになり、都市の顔としての存在感が強調される。そして一九世紀後半の鉄とコンクリートによる近代建築技術を用いた劇場は、耐火構造と大スパンという難題を一挙にクリアし、それまでおよばなかった大空間を可能とし客席空間の拡大化に積極的に貢献した。収入増と経営の安定化を望む劇場主にとってみれば、それは願ってもない朗報であり進歩だったろう。たしかに、大規模客席は経営者を喜ばせたし、それによって給金増が見込まれる役者にとっても悪いことではなかっただろう。しかし、観客にとっても同様に嬉しいことだったか？　それによって安価な切符が増えただろうか？　多くの人々と楽しむという感覚・喜びが増大しただろうか？　レビューやショーといったそれまでない舞台を生み出してくれたが、一方で他の観客と一緒に舞台を楽しむという関係を虚ろで緊張感に乏しいものに変質させ、それによって居る楽しみが半減し、親近感を次第に失っていくことになってしまったのではないか。

大きな客席空間に慣れてしまった現代人には、この一〇〇年くらいに生まれたオペラ劇場や多目

（右）《スタヴォフスケー劇場》プラハ
（左）《コンコルディア劇場》モンテカステロ・デ・ヴィービオ

的ホールの大きさにあまり違和感を抱かなくなっている（《メトロポリタン・オペラハウス》三八〇〇席、《NHKホール》三六七七席）が、私自身が歌舞伎の本当の醍醐味と面白さを知ったといえるのは、《シアターコクーン》（七四七席）の［四谷怪談］（一九九四）を体験してからだ。そこであらためて観客席の大きさ・役者との距離・劇場空間の形式性と融通性について実感させられた。観客である私たちもこのことにもっと敏感になるべきだし、劇場人もそのことに口をはさむべきだと痛感する。

見やすさ、使いやすさの進化と罠

現代の劇場空間しか知らない私たち日本人とって、劇場は演劇など舞台を見にいく場所であって、それ以上のことは求められないのかもしれない。だから、舞台がきちんと見え、聴けることが重要視される。しかし、ヨーロッパ各地に点在する歴史的劇場が今日でも生きた劇場として人々に愛され、活発な公演活動が行われているのを知り、実際にそこに足を運んでみると、誰もが感嘆の声をあげる。建築空間そのものに息をのむ。その美しさに装飾性が大いに貢献していることは間違いないが、それが立体的にぎっしりと詰まった観客の真っ只中に自分がいることや劇場空間の心地よさに由来していることに気づく。観客が揃って一方向に整列する関係になじんできた今日の観客にとって、その包まれ感は未経験の領域だが、現代劇場で受けがちな孤立感が少なく、他の人たちとともにいるという一体感に気持ちが緩んでくるのを感じる。そして、劇場の進化によって見失ってきた大切なものの一つが、その包まれ感とスケール感にあるのではないかと思い巡らすのである。

かつてドイツの劇場で、舞台芸術の向上は劇場・観客・批評家三者の切磋琢磨が欠かせないとよく聞かされた。それを建築面で最も端的に体験させてくれたのが《シャウビューネ劇場》だった。あらかじめ決められた舞台・客席がなく、作品ごとにゼロからつくらなければならない空間は、劇場人はもちろんのこと、観客にとっても実に挑戦的な場で、決して楽をさせてくれない。創造力とエネルギーを要求する空間だからこそ、かかわる者すべてにありきたりのつくり方、見方ではすまされない努力を強いる場でもあった。劇場空間としては、華麗なバロックやロココ劇場と最も遠い位置にあ

《シャウビューネ劇場》ベルリン

りながら、舞台と観客が多様性に富んだ焦点によって関係づけられるという点において共通するものをもっている。馬蹄形の劇場が観客の様々な焦点を空間化させているのに対して、《シャウビューネ劇場》は定型化・類型化された思考を拒否した空間で、対象への決まり切ったアプローチを受けつけない潔さがある。そこでは舞台のつくり手に安易な思考・妥協を許さず、「使いやすさ」という基準が、何を根拠に何を目指して語られるべきものなのか考えさせてくれる。劇場における自由と不自由、魅力と平凡を考えないわけにいかなくなる。

芸術は不必要なもの、不可能なものによって生き続ける。劇場は教室でも研究室でもない。それは、先の三者がともに創りだす場であり、良くも悪くも息づいている生を感じる場である。その意味で劇場は舞台と観客の競演であり共演であるはずだ。快適で居心地がよい椅子も悪くはないが、ホテルのロビーにいるかのように足を組んでいる観客を見ると腹が立つと語った演劇人の気持ちには共感できる。観客が自らの視点で舞台との関係付けを行える、そんな選択の可能性が幅広く保証された劇場でありたい。

未来を描かず今を生きる

振り返ってみると、進化は来るべき将来像を描いてそれに向かって働き掛けるというよりも、周囲との関係で変化していくもののようだ。無作為、無配慮で出現する過酷な環境に翻弄されながら、その厳しさを有利な方向へと働かせることで適応してきた生命の可能性は、環境適応性と融通性、協力性にあった。周りの状況が変化するのに伴って、個体は自ら進化する。それはとどまることを知らないし、たとえ環境が逆戻りしていったん進化した状況から逆のプロセスを追ったとしても、以前のようになるとは思えない。進化とはそうしたものなのだろう。その流れに棹差すことはできない。こうした処世術こそが、個体の生命を維持し長生きさせてきたように思える。もし、劇場世界においてもそうした進化があるとするならば、結果を見ることからいったん離れることも必要なのだろう。ただ、手放しで成すがままに任せるということでなく、むしろ現在の姿に対して疑い続ける客観性をもつこと、変化していくことに躊躇しない柔軟さと変わり続けるエネルギーをもつことだ。その進化の方向性と速度に関する変数がこちら側にないとしたら、他力本願もいい。

このように、進化は何も発展的変化を意味するだけではない。今を生きることに集中するといっても、保守になることではない。世代を経るにしたがって、多様化していくところに醍醐味がある。標準化ではない。古い時代のもの、先祖世代の姿が劣っているということでなく、周囲との関係や環境への適合を求めていく過程で変わっていくだけのことである。つまり、evolutionの語源であるラテン語のevolutio（巻物を解くこと）、すなわちe（外へ）＋volvo（転がる）という言葉の通り段階的な外向きの変革であり、revolutionとは対極的な位置にある。私たちが劇場の進歩を考えるとき、そうした外への展開を心掛け、私たち自身の豊かさ、多様化を育むかどうかを自問すべきなのだろう。

公立文化ホールの劇場機能とその変遷

清水裕之

はじめに

劇場の定義はなかなか難しい。単純に考えると「劇場とは、舞台を創り、見せる場」である。しかし、「どんな」舞台をつくり、見せるのかというところから非常に大きな振幅を見せる。演劇、オペラ、バレエ、音楽といった西洋近代のハイアートはもちろん、日本の場合、伝統的な歌舞伎や能も対象になるし、ポップスや各国の民族芸能、あるいは、「いかがわしい」風俗的表現も劇場の対象になる。

劇場は「生」のものを演じる場であると定義することもできる。観客と演技者の「生」のコンタクトを大切にする舞台関係者からは強い支持を受ける定義である。しかし、一般的には映画館を劇場と呼び、社会通念としてはこの限定すらあやしい。また、同じ「劇場」建築であっても、時代によってオペラを演じたり、コンサートを行ったり、ミュージカルや映画を行ったりと対象が変化することもある。つまり、何をつくり上演するのかという根本的なところで、劇場の定義はすでに曖昧である。

次に「創る」ことを考えてみよう。まず、誰がどこで創るのか。西洋の主要劇場のように劇場に専属の創造集団がいる場合は、劇場とは創る場でもあり創る集団でもある。この場合、劇場の概念はわかりやすい。しかし、創る集団と上演する場が一致しないこともある。日本の場合、ほとんどがこの形式である。この場合、どの範囲を劇場と呼ぶのか。ここでも定義が混乱する。創る集団と上演する場が一致しない場合、上演する場は多目的に使われることが多い。この場合は、演劇も音楽も、そして、時には講演会、学会などの集会も行われる。このような多目的な空間を劇場と呼ぶべきか、呼ばざるべきか。わが国の多目的ホールは劇場とは呼ばないで、ホールと呼ぶという暗黙の習慣もあるが、多目的とて自ら劇場と命名する施設もある。このように劇場とは定義づけることが極めて難しい。

悪所としての劇場、良所としての劇場

劇場は、社会にとって悪所であるか良所であるのか、これも判断に困る。しかし、この概念規定で劇場に関する考え方、特に法律上の扱いが大きく異なる。江戸期には、劇場は花街と並んで悪所であり、規制の対象として猿若町など郊外に囲い込む形で設置された。もっと古い時代においても、劇場は都市の内部に建設することが許されず、河原など都市の外れの地があてがわれた。

日本の法律では、劇場は今でも悪所扱いである。建築基準法、興業場法、消防法等劇場に関する法律では、劇場は衛生面での問題や火災などのリスクが大きく、かつ風紀上も「良い場所」ではないから、立地や室内環境などを規制している。しかし、他方で、地方自治体は、いわゆる文化ホールを公的資金により建設している。これらは、美術館や博物館と並んで教育委員会や首長部局が設置者となっている。これらは社会的に「良い場所」であるからこそ公的資金を用いて建設される。

しかし、良い場所としての劇場を規定する法律は現在日本には存在しない。唯一の根拠法は、地方自治法第二四四条「公の施設」であるが、それは「劇場」そのものを規定している法律ではない。単に公平公正の概念で誰もが使うことができる、つまり原則使用を拒むことができない、民主主義における集会の自由を保障する公共施設を規定しているのみである。博物館法、図書館法に対応する根拠法は存在しない。

それでは、つねに変わらない「良い場所」としての劇場があるのかと問われると、単純にハイとは答えがたい。ハイアートとして認めるクラシック音楽やオペラですら、芸術性が高いといって、つねに良いものかどうか答えることは難しい。バイエルン王国のリードビッヒⅡ世はリヒャルト・ワグナーを擁護したことで有名であるが、彼の芸術三昧は王国を滅亡へと追い込んだ。モーツァルトですら、人格と音楽の価値は比例しないようだ。江戸時代の大奥の悲劇、絵島事件を引合いに出すまで

《日比谷公会堂》

もなく、劇場通いで身を滅ぼした人は古今東西どこにでもいる。むしろ、舞台には危険な香りがつきものであり、そうした両義性を懐深く受け止めない限り、劇場の価値を根源的に評価することはできない。

こんなに曖昧な「劇場」であるから、民間劇場については自由な活動を受け止め、悪事がまかり通る場でない限り、あまりとやかくいわないほうがいい。いろいろな意味で設置者はリスクを負いながら劇場を設置し、鑑賞する人々も何らかのリスクを許容しつつそこにいく。特に演目の内容で強い規制をかけると、それはとても窮屈な社会となってしまう。

問題は公共的な機関、たとえば地方自治体などがかかわって設置する「劇場」である。いかがわしい場所を公的資金で建設することはできない。必ず地域が納得するなんらかの意味を付与しなければならない。しかし、この意味は、地域(国)や時代によって変化をする。したがって、時代の要請にしたがって、臨機応変に定義を使い分けてゆくことが最も現実的であると考えたい。そこで、ここで日本の公共劇場の役割を担いつつある公立文化ホールの意味と社会的要請について時代の変化を追ってみたい。

多目的ホールへの道

公会堂建築から出発した日本の公立文化ホールは、基本的に劇場の使命と一般集会施設の使命を曖昧に負わされてきた。公会堂建築の第一人者佐藤武夫氏は著書『公会堂建築』[*1]において《日比谷公会堂》(一九二九)を建設するときに、東京市から「主として行事、後援会等に供するためで、芝居とかオペラ等の上演については、むしろ考えてはいけない」と釘を刺されたと述べている。しかし、建物が立ちあがると、それは戦前の東京における、西洋舞台芸術、特にクラシック音楽の中心的な公演場所として機能した。建築的に広い舞台をもっているわけではないが、当時の最先端の音響設計技術を応用し、また、立地場所にも恵まれたことによる結果であろうか。

さて戦後になると、新しい民主主義社会をリードするかたちで新聞社、生命保険会社、百貨店が

《文京公会堂》

競って文化ホールを建設した。これらは、日替わりで講演会、演奏会、演劇公演などを行う貸し館型の多目的ホールであり、公立文化ホールもこのかたちを踏襲した。一九五〇年代から六〇年代に始まる多目的ホール時代の到来である。

多目的ホールの形態は、七〇年代に建築音響設計や舞台設備設計などの技術的革新を受け、機能水準を上げてゆく。この形態を法的な側面から位置づけたのは、先に述べた地方自治法第二四四条の「公の施設」概念である。公の施設概念は必ずしも文化ホール単独に向けられたものではなく、公共の福祉のために地方自治体が設置する施設に対する一般的な規定であるが、その典型的対象として公会堂などホール関連施設が例示されている。

公の施設では、特別の理由がない限り、その利用を拒むことができないという規定がある。これが、施設を貸し出し、その内容にはかかわらないという貸し館型多目的ホールの運用形態とその常識化を促進した。ここで当時の公立文化ホールの空間構成について触れておきたい。一九六八年に文化庁が設置された当時、「公立文化施設」という名称でよばれていた公立文化ホールは、基本的に一つあるいは複数のホール（舞台、客席、楽屋など）、会議室あるいは練習室、ギャラリーから構成されていた。中には結婚式場なども含む施設があったが、それは時代に淘汰された。ホール、会議室、練習室、ギャラリーともにすべて貸し空間である。

自主事業と貸し館事業の矛盾

一九七〇年代から八〇年代にかけての公立文化ホールの運営は、基本的に貸し館対応を中心にしていた。しかし、単なる貸し館ではなく、主体的な事業の推進が必要という考え方が生まれ、定着し始めた。すなわち、自主事業の登場である。自主事業の始まりは定かではない。しかし、一九七〇年代には、実施する施設は少ないものの概念は全国的に広まっている。しかし、貸し館運営と自主事業運営との混在は公立文化ホールの概念をますます曖昧なものにした[※2、3]。

貸し館運営では、施設はホール、会議室、練習室、ギャラリーを借りる人や組織が利用契約の対象であり、契約した利用者が行う活動に参加する人は直接契約対象の利用者ではない。たとえば、ある新聞社がホールを借りて、劇団Aの作品を上演したとする。ホールとの契約者は新聞社である。文化ホールは新聞社と契約したことが重要であり、利用料金の不払いなど契約の不履行などには厳しいが、新聞社がどんな公演を企画しようとそれは基本的に関知しない。

劇団Aは東京の有名劇団であり、地方公演ツアーを計画し、ある地域で公演を行いたいと考えていた。しかし、その地域に基盤がないため集客に不安がある。そこで、地元の新聞社にその地域公演の元締めになってもらい、新聞社と公演契約を結ぶ。その契約内容は様々だが、妥当なのは興行収入はいったん新聞社が管理し、劇団は出演料と旅費、宿泊費相当を新聞社から保証してもらう方法である。集客努力を行い、劇団に支払う以上のチケット販売を行えば、新聞社の収入になる。

さてこの場合、観客はどういう具合に集まるのか。ある人は、劇団Aがくるのでそれを見たいと考えてチケットを買う。地域で名の通った新聞社が主催するので、作品に外れはないと考えてチケットを買う人もあろう。公演場所はA文化会館でもB文化ホールでも近隣にあり、仕事帰りや自宅から時間に間に合うようにいけることを確認できればどこでもいい。ホールの音響効果や客席の状況などを考慮する観客はよほどの通であり、割合は少ない。つまり文化ホールと観客は、二重のフィルター（新聞社と劇団）で隔絶されているのである。

貸しホールの一般的な利用にはもう一つの形態がある。それは地域のアマチュア発表会の利用である。たとえばピアノ教室の発表会を考えよう。この場合は、文化ホールとの直接の契約者は教室の先生（主催者）である。そして、発表会場に足を運ぶのは、その教室でレッスンを受けている生徒とその親、あるいは親類縁者、友人である。チケットは有料の場合も無料の場合もあろうが、有料の場合は基本的に先生が集めて、その資金の中から施設使用料などを支払う。ここでも、ホールの客席を埋める聴衆（観衆）と文化ホールは直接の契約関係にはない。つまりプロの公演にせよ、アマチュアの発表会にせよ、文化ホールと客席に座る聴衆（観衆）とは直接の関係にないのであり、その内容に対する聴衆（観衆）への責任は、文化ホールは負わない。

今日でも文化ホールの貸し館運営が一般的なのは、上記のような貸し館管理の単純さと内容に対する責任を負わなくてもよい構図があるからである。そして、地方自治法「公の施設」の規定は、表現の自由を保障するという視点から、むしろ内容に立ち入らないことを想定したものである。

ここで自主事業が登場するとどういうことになるのか。自主事業は本来、そこでオリジナルなものを創造するべきであるが、とりあえず、前記貸し館の場合で行った劇団Aの公演を考えよう。自主事業とは、文化ホールがその施設の設置目的を達成するために事業に責任をもち、また、それに伴うリスクを負う形態である。公立文化ホールが自主事業に手を染める経緯は推測する以外にはないが、貸し館ではその地域の文化状況に積極的にかかわることができないというもどかしさであろう。せっかく公的資金を入れて立派な施設をつくったのであるから、それにふさわしい責任のある事業を行いたい。これはその施設の管理運営を任されたやる気のある担当者であれば誰でも考えることである。この積極性は高く評価するとして、自主事業の導入は文化ホールの管理運営に大きな矛盾を囲い込むことになった。

新聞社に代わって劇団Aと文化ホールが契約をするとしよう。文化ホールは劇団Aの作品Cが大変評価が高く、著名な俳優も出ているのでお客さんも集まると想定した。自主事業であるから、貸し館に優先して一番いい日時にホールを押さえることもできる。劇団Aとは出演料、交通費、宿泊費として定額を支払うこととした。技術者は館側には不足するので劇団持ちで出演料に含まれると仮定する。文化ホールが負担するのは、宣伝費など集客にかかる費用である。自主事業なので施設借用料を支払わないと仮定する。チケット料金は、自主事業の場合、地域の人がアクセスしやすいように低く抑えるケースが多い。したがって、劇団に支払う金額や宣伝費（直接の事業費）は入場料収入だけでは賄えず、地方自治体から助成金、あるいは負担金をもらう。

さてこの場合、注目したいのは、文化ホールとその客席に座る聴衆（観衆）との関係である。貸し館の場合は、極めて間接化されていた関係が、自主事業の場合、チケット販売でダイレクトに結ばれるのである。文化ホールは観客に対してその事業のすべての責任を負う。この場合の利用者は劇団A

《尼崎青少年創造劇場》外観

ではなく、観客そのものである。

このように貸し館と自主事業では利用者概念が劇的に変化する。そして、その共存は文化ホールの活動目標や利用調整において複雑な矛盾を生じさせる。たとえば、利用申込みである。自主事業は文化ホール、あるいはその設置主体である地方自治体が取り組むものであるから、優先的に使用日を設定してしまう。文化ホールが精力的に自主事業を推進すればするほど、貸し館利用者は借りたいときに利用できなくなりクレームがつく。逆に、文化ホールの催し物は、貸し館の場合は内容に介入できないから見るに堪えないものもある。あそこの演目は玉石混交だというイメージが観客に定着し、民間の名の通った劇場のようなブランドイメージを構築できない。

自主事業の導入は、公立文化施設における利用者概念を大きく覆す出来事であった。しかし、今日に至るまでこの矛盾に制度面、運営面で十分に対応していない。地方自治法第二四四条の改正による指定管理者制度の導入においても、この課題が未整理であり、指定管理者業務の解釈にまで矛盾を来している。

芸術文化と生活文化、地域文化と中央文化、プロ文化とアマチュア文化

一九七〇年代の文化政策において、自主事業の導入と並んで文化ホールのあり方で議論を呼んだのは芸術文化と生活文化、地域文化と中央文化、プロ文化とアマチュア文化のそれぞれどこに文化ホールの比重を置くかという議論である*4。

芸術文化とはいわゆる演劇、音楽、オペラ・バレエ、美術などハイアートが中心であり、おもに文化庁-教育委員会というラインで政策が展開された。生活文化とは、文化を広く扱い、日常の生活に広く文化をとらえる発想であり、行政ではむしろ首長部局が中心に扱ってきた。公立文化ホールの活動は、この二つの比重の置き方で事業展開に大きな違いが生まれるため、どちらに焦点を絞るべきかという議論が当時真剣に交わされていた。

同様に、地域文化と中央文化という対比構造も議論されている。先にあげた自主事業の劇団Aの

《新国立劇場》外観

ように、七〇年代当時、主要舞台芸術団体は首都圏に偏在し、多くの文化ホールの鑑賞事業はこれら中央の劇団や楽団の地方公演に支えられていた。しかし、他方で地域には様々な文化活動団体があり、ジャンルもブラスバンド、オーケストラ、合唱、日本舞踊、三曲など様々な活動が行われていた。中央の舞台芸術団体は地方から見ると鑑賞をするべきプロの団体としてとらえられ、地域の文化団体はアマチュアの団体としてとらえられた。「地域におけるプロの創造」という視点がすっぽりと抜け落ちた。地域がプロの文化の創造主体になるという意思を無意識のうちに否定し、プロ文化を消費の対象としてしか扱わないという構図を定着させた。この構図は今でも大きく変わっていない。

また東京ですら、プロの創造活動は貸し館運営の公立文化ホールにおいては、あくまでも外で行われるものであって、公共ホールで舞台芸術を創造するという視点の実現は、《尼崎青少年創造劇場》(一九七八)が登場するまでほとんど皆無であった。

創造する劇場

このような状況に対して、一九七〇年代後半から公立劇場における芸術創造の仕組みづくりが話題に上がるようになる。大きなきっかけは「第二国立劇場(新国立劇場)計画」である。

一九七二年に文化庁に、国立劇場設置の際に積み残された伝統芸能以外の芸能、つまりオペラ・バレエ、現代演劇の振興を図るために「第二国立劇場設立準備協議会」が設置され計画の策定に入った。敷地問題、劇場のキャパシティ問題、建設費問題などで紆余曲折し、ようやく一九九七年に開場した。二五年の長い年月がかかっている。しかし、この長い計画期間により、劇場研究(建築、設備、管理運営)などに多くの集積がなされ、それが各地の公立文化ホールの計画に大きな影響を与えることになった。特に劇場、オペラハウスなど専用劇場の世界レベルの調査が行われ、各地の公立劇場の空間、機能、管理運営の実態に目が向けられたことは大きい。劇場とは単に舞台と客席がある建物ではなく、演劇やオペラやバレエの創造と上演の場であることが認識されていった。

この時代の公共ホール計画は、現在、箱もの行政と呼ばれているように、完成後の運営よりは施設

(右)《世田谷パブリックシアター》外観(提供=世田谷パブリックシアター)
(左)《彩の国さいたま芸術劇場》外観(撮影=細野晋司、提供=(財)埼玉県芸術文化振興財団、協力=香山壽夫建築研究所)

建設の比重が高い計画であったことは否めないが、それでもそこで舞台芸術を創造するためには稽古場や練習室、作業場、充実した楽屋、機能の整った舞台などが必要という認識が高まり、施設の充実や設備の開発が積極的に行われた。

このような過程で登場した考え方が「創造する劇場」である。具体的な事例は、舞台芸術関係者が計画段階から参画して設置された、《世田谷パブリックシアター》(一九九七)、《彩の国さいたま芸術劇場》(一九九四)などである。いずれも計画段階から十数年かけて実現したので、完成時期は九〇年代になっているが、一九八〇年代初頭から計画が始まっている。《世田谷パブリックシアター》は演出家佐藤信が、《彩の国さいたま芸術劇場》は作曲家諸井誠がイニシアチブを発揮して計画が進行した。いずれもそこで舞台芸術を創造するということを中心に計画が進行し、単に建築のみならず管理運営の方法についても、創造性を実現するために具体的にいろいろな可能性が検討された。しかし、西洋の公立劇場のように、専属創造集団の設置は受け入れられなかった。結果として専属創造集団はつくらないが、専門スタッフの雇用により制作組織、システムを充実させ、国内外の優れた芸術創造集団と協力、提携をすることで独自の創造を支える方向が模索された。

クローズドシステムとオープンシステム

公立文化ホールに専属の創造集団をつけるべきだという発想は、非常に古い。しかし、それがなかなか実現できなかったのは、単に行政に理解がなかったという理由で片づけることができない奥深い問題がある。それは、日本の舞台芸術の創造システムが、すでに劇場とは切り離されて成長していたという背景である。この分離は、公立文化ホールに限った話ではない。古くは〈築地小劇場〉の結成から解散の過程に見るように、民間においても理念としては劇場と創造集団の一体化が目指されるが、劇場というハードの維持管理と劇団の芸術的な質を保った創造活動との狭間で次第に両者が分離する傾向が強い。劇場を一つの創造集団で年間の活動を埋め尽くすことの難しさがそこにある。いわんや公立文化ホールにおいては、貸し館運営と自主事業の調整もままならない中で、ある特定の

《静岡県舞台芸術センター》日本平側の楕円堂内観

創造集団に年間の事業展開を委ねるという発想はなかなか通用しない。観客にとっても地域に一つの劇場があり、そこにつねに顔の見える創造スタッフや出演者がいるというなじみの劇場よりは、日本、場合によっては世界の優れた舞台芸術を多彩に展開してくれる劇場のほうに期待する傾向が強い。

劇場と創造集団が一体であるべきという考え方の原点を確認しておこう。それは舞台芸術の創造の特殊性にある。まず、舞台芸術は生の上演であるので、上演する場所の空間条件が強く作品を規定する。音楽の場合は比較的既定条件は少ないが、演劇、オペラ、バレエなど、空間演出を伴うジャンルでは、舞台美術と演技は深く結びつき、公演場所と同じ条件で稽古を行うことが作品の質を上げることに極めて重要となる。また、貸し館では演出に応じて舞台に穴を開けたり、特殊な舞台設備を用いたりすることが許可されないことも多く、技術的な意味でも一体化が望まれるのである。このように制作者側に立てば、創造集団と劇場の一体化は悲願であり、力のあるリーダーが登場した場合、日本でも創造集団と劇場の一体化が実現している。鈴木忠志が牽引して実現させた《静岡県舞台芸術センター》(一九九七)はその代表である。しかし、《静岡県舞台芸術センター》においても貸し館運営こそ行っていないものの、主体的事業として内外の舞台芸術集団の招聘をフェスティバルなどのかたちで実施しており、年間の有効利用とバリエーションの確保などに努めている。

筆者は、劇場と創造集団が一体となって事業、空間、組織の外部依存性を極力排除している劇場の仕組みを「クローズドシステム」と呼んだ。しかし、それは「クローズドシステム」を優れた仕組みとして日本に定着したいという意図で呼んだものではない。むしろわが国の場合は、歴史的経緯からも、劇場に対する観客の期待からも、多様な創造集団が劇場と連携するような仕組みが期待されているのではないかと考えている。しかし、その場合においても、創造性の水準を高めてゆくような可能性はないのかという観点から、まず、日本の場合には創造集団と劇場が空間、組織、事業において分離している事実を明確にさせるために、その分離の状況を「オープンシステム」と呼んだのである。

これは筆者が学んだ工業化住宅(プレハブ)などの建築生産システムに関するアナロジーである。プレハブ住宅はメーカーがすべての部品をコーディネートし、現場での施工も含めて一体的につくりあげることで質の保証をしている。このようなシステムがクローズドシステムである。しかし、地場の工務店がつくる住宅では、キッチンユニットやトイレ、洗面ユニットはいうにおよばず、サッシ、玄関の扉など、すべて一般に流通している多様な工場製品のカタログを通して集め、現場でそれらをコーディネートする。このようなシステムをオープンシステムと呼んでいる。まさに、舞台芸術創造の二つのシステムのあり方に類似しているのである。建築の分野でも、どちらが優れているという判断はしない。それぞれ一長一短ある。ただ、オープンシステムによって、施工組織や部品が分割されると、全体の品質の向上にはそれぞれの部品や施工組織の水準ばかりでなく、それらのつなぎ目のあり方が大きく影響する。部品の性能がよくても、それらがうまく連結されなければ品質は低下してしまう。

同様にオープンシステムに基づく舞台芸術の制作においても、分割された組織どうし、あるいは空間の連結がうまくゆかないと、個々の能力が高くてもその能力を生かしきれない。たとえば、稽古での演出はうまくいっても、劇場に入ったときに劇場技術者の能力や劇場の性能が高くないと、その演出意図を十分に生かしきることはできない。また、狭い稽古場で練習していた内容を、広い舞台で上演するとうまく演出や演技の調整がとれない。業者に別途発注していた大道具を公演の二、三日前に劇場に運び、はじめてそのセットでゲネプロを行っても、すぐに演出通り使いこなすのは難しい。このようにオープンシステムにおける創造には、インターフェースに十分な気配りをする必要があるのである。

しかしながら、公立文化ホールと民間の創造集団、あるいは制作組織との連携は必ずしも十分に整っていない。わが国の舞台芸術創造の水準を上げるためには、個々の能力や性能というよりは、むしろその連携のあり方を吟味する必要がある。

《せんだい演劇工房 10-BOX》外観

練習のための施設

オープンシステムを前提にわが国の舞台芸術創造環境を考えた場合、すでに公立文化ホールの数も二八〇〇施設ほどに達し、公演のための場所は全国に十分に整備されてきた。しかし、練習施設、稽古施設については、創造集団が基本的に民間の集団であり、資金不足などからかなり貧困な状況である。

特に地域では、たくさんのアマチュア舞台芸術組織があるが、それらは練習施設に苦慮しているところが多い。こうした声を受け、地方自治体が練習施設、稽古場施設の建設を検討するようになった。古くは《新潟市音楽文化会館》（一九七七）が地域の要望を受けて、充実した練習施設をもつ公立文化ホールとして登場している。その後、各地で練習施設の充実が始まり、《名古屋市演劇練習館》（一九九五）、《せんだい演劇工房 10-BOX》（二〇〇二）、《京都芸術センター》（二〇〇〇）などが完成している。これからもこうした施設の需要は大きいと考えられる。これらの練習室は貸し館として運用されることが多い。しかし、特に地域に貢献している公共性の強い芸術集団には優先的に使用するような事例もある。《名古屋市音楽プラザ》はオーケストラなど音楽団体の練習施設であるが、「名古屋市が音楽芸術の普及向上を図るために設立した団体のうち、市長が特に定める団体が合奏場を音楽の練習に使用しようとするとき」（つまり、ここでは〈名古屋フィルハーモニー交響楽団〉の場合）と条例に明記され、優先的な利用が可能とされている。

市民参加

一九九〇年代の動きとして顕著なのは、公立文化ホールにおける市民参加である。

九〇年代はバブル崩壊後の失われた一〇年と表現される。しかし、実はこの時代は、市民参加型社会システムの誕生と成長の時代であった。バブルが崩壊し企業のエネルギーが一気に縮小するのと並行して、まちづくりなどを通して地域における市民の連携が大きな盛り上がりを見せた。特に阪

《可児市文化創造センター》ワークショップの様子

神淡路大震災は不幸な出来事ではあったが、国や行政の活動に先駆けて市民組織が非常に大きな役割を果たしたことでその力が社会的に評価された。そして一九九八年には特定非営利活動促進法(通称NPO法)が制定され、それまで法的根拠が薄かった小さな市民活動に対しても法人化の道が用意された。その第一号が舞台芸術関係の組織〈富良野演劇工房〉であったことも注目に値する。

このような流れの中で、公立文化ホールの計画にも市民参加を導入しようとする試みが全国に広まった。その嚆矢が《黒部市国際文化センターコラーレ》(一九九五)である。施設の設計、建設段階から地域と専門家と行政が連携し、完成後もユニークな市民参加運営を行っている。このほか《小出郷文化会館》(一九九六)、《長久手町文化の家》(一九九八)、《可児市文化創造センター》(二〇〇二)、《茅野市民館》(二〇〇五)などがある。計画段階から市民参加を始めたこれらの施設では、単に設計施工における市民の参加のみならず、完成後の市民運営、市民サポートなどに積極的に取り組んでいる。

パブリックシアター、コミュニティシアターに向けて

先に創造する劇場という方向性を示した。しかし、公共施設として、なぜ創造する劇場をつくる必要があるのか。単に芸術文化が貴重だからといって、公的資金を投入することはなかなか難しい。そこに何らかの社会的価値を定義、説明することが求められる。

劇場が公的に整備されるということは、地域にとって価値がある、あるいは地域がその存在によって恩恵を受けることを理論づけなくてはならない。創造する劇場を公的な枠組みで設置しようとする舞台芸術関係者が、ここではじめて強く公共性を意識することになる。

一九八〇年後半から一九九〇年代はそうした理論化が進んだ時代でもあった。当初は、舞台芸術はこんなにすばらしいものだ、こんなに価値があるものだという芸術家側の一方的な主張が多かったのだが、次第により具体的に舞台芸術と社会との関わりに注目する論が展開されるようになる。その一つがパブリックシアターという考え方である。その主張のリーダー的な存在が演出家佐藤信である。

《金沢市民芸術村》外観

佐藤は自らが中心的に牽引する《世田谷パブリックシアター》の計画を通して、わが国にパブリックシアターという考え方を広めようとした。佐藤によると、パブリックシアターと「ナショナルシアター」とは「対抗的な概念」*5であり、「そこにいけば誰もが日常の役割を離れて、公平に自分の意見を生の声と身体を使って表現できる空間」である。「劇場といっても専門家から観客への一方通行ではなくて、声と身体の表現については、専門家と非専門家の双方向的な活動を創りだし、収容する機能をもった施設」をつくりたいと語っている。ここではじめて、地域コミュニティとのアクティブな、双方向的な関係性を積極的につくりだす機能としての劇場が目指されるのである。

同じように、公共ホールと文化政策のあり方により積極的な意味づけを考え続けてきた演劇評論家衛紀生も『芸術文化政策と地域社会　レジデントシアターへのデザイン』*6において、レジデントシアターとしての地域劇場の展望を明確に描いている。また、政治学者森啓も、舞台芸術関係者とは異なる視点から『文化ホールがまちをつくる』(学陽書房、一九九一)と題する編著を通し、まちづくりという視点から文化ホールがこれから重要な役割を果たすことを示唆した。

これらの著作や活動を通して、舞台芸術は地域ともっとかかわれる存在であり、その関わりは地域の人々と積極的で双方向的な関係性をつくることで、もっと身近にできるという考え方が次第につくりだされていった。そしてこの考え方は「公共性」「公共圏」の考え方と結びついて、市民参加、まちづくり活動など舞台芸術活動との連携を導きだしていった。衛紀生が参画し、市民参加を運営の基軸に据え、市民ディレクター制度などを生みだした《金沢市民芸術村》(一九九六)などはその好事例の一つである。

まちづくりへの展開

森啓が「文化ホールがまちをつくる」と主張したように、行政側からも文化ホールに新しい期待が生まれた。一九八一年、宮城県旧中新田町(現加美町)の田園地域にクラシック音楽の響きに焦点を当てた公立文化ホールが誕生した。《中新田文化会館バッハホール》である。当時の町長の強い思いか

《喜多方プラザ文化センター》

ら生まれた施設であったが、全国の音楽家の熱いまなざしを受けて小さな町に著名な音楽家が集まり活気づき、町長はのちに知事にまでなった。この成功は全国の市町村に広まり、バブル経済下ではあったが各地で特色のあるホールが続々と建設された。

しかし、ホールの運営はそれほど簡単ではない。小さな町では音響、照明、舞台などの専門技術者を集めるにも苦労する。そこで考えられたのが舞台技術ボランティアである。そのさきがけが《喜多方プラザ文化センター》(一九八三)である。《喜多方プラザ文化センター》では、技術職員の不足を市民の技術ボランティアを育てることで解決しようと試みた。公募したところ予想した以上の五〇名の応募があった。「うらかた」の誕生である。彼らはプロによる技術研修を受けたのちに、地域のアマチュアの舞台上演のサポートを行うようになった。ここで重要なのは、その後の展開である。地域のボランティアスタッフが地域のいろいろな文化団体の上演を支援する活動を通じて、文化センター、技術ボランティア、文化団体のネットワークが次第に形成された。そして、それらのネットワークの上に、さらに町を巻き込んだ市民イベントが誕生する。「喜多方発二一世紀シアター」である[*7]。これは喜多方市内に点在する倉などを活用し、夏の四日間、全国の芝居、音楽、人形劇、落語、大道芸など、多様なジャンルが集まって自分たちの作品を発表しあう一種のショーケースのような催しである。この運営は、《喜多方プラザ文化センター》のスタッフと、先の技術ボランティアに端を発する地域の文化関係者の結びつきによって支えられた子供から大人までを含む幅広い市民ボランティアによって担われている。このように地域の住民とともに歩むことができた文化センターは、まちづくりの核としても大きな役割を果たすことができるのである。喜多方の事例は単に舞台芸術を上演、鑑賞する場としての文化ホールの機能をはるかに超えて、地域のコミュニケーション創造施設として、もっと大きな役割を担い始めている。

さらに今日では、重厚長大産業から知を創造する産業に都市を組み替えてゆく必要があるという「創造的都市論」が西洋諸都市で展開されるのを受けて、わが国でも横浜市のように芸術文化を創造の核の一つとして都市の再構築に役立てようという動きが活発化している。「創造的都市論」では、芸術も一つの創造的行為として地域活性化の原動力として活用しようとする。そこでは、単に行政が何か重点的に官製の事業を行うというのではなく、幅広い主体がチャンスを与えられ、それぞれの特徴を生かしつつ、多様な事業が展開されることが期待される。横浜においても、行政がアートＮＰＯと積極的に協力関係を築き、古い施設を有効利用しつつ、多様な主体による複合的な町の活性化が目指されている。このような動きの中で、公立文化ホールがどのような関わり方をすることができるのか、注目してゆきたい。

今後の展望

それでは、最後に公立文化ホールの今後の展望を二つほど述べておきたい。

市民の位置づけ――ボランティアからガバナンスへ

九〇年代に文化ホールの市民参加が著しく進展したことはすでに述べた通りである。また、横浜のようにアートＮＰＯの活動も広がりつつある。しかし、現在が最終到達点ではなさそうである。いくつかの課題が見え隠れする。

一つは公立文化ホールにおける市民ボランティアのあり方である。九〇年代にできた市民ボランティアグループの中には、すでに一〇年近く活動を続けているところもある。文化ホールをめぐるボランティア活動は、大きく分けて接遇、企画、情報発信、技術サポートである。特に、チケットもぎりや客席案内などの接遇は一番進展している。きちんとプロの研修指導を受けて発足した接遇業務は、多くの文化ホールで大きな戦力になっており、また、お客さんに感謝されると参加者の充足感も大きいようである。《長久手町文化の家》のボランティアグループ「フレンズ」は活動一〇年の取りまとめとして、自らの力だけで『シアターマネジメントマニュアル』（二〇〇七）*8という三七ページにおよぶ接遇マニュアルを作成し、印刷した。そこには、経験に裏付けされたしっかりとした自信が伺える。技術サポートも小さな文化施設では貴重な戦力となっている。しかし、これは安全管理のうえから、プロのもとに厳格な管理が要請されており、そのシステムはまだ発展段階である。ホームページや広報誌の作成にかかわるボランティアグループも増えている。

企画については、少し考えなければならないことがある。市民ボランティアが成功すると、自分たちは何でもできると錯覚をする危険が増す。舞台にかかわる仕事は極めて専門性が高い。これまで公立文化ホールでは専門性をおろそかにしすぎてきた。《世田谷パブリックシアター》が創造する劇場として成功を収めたのは、優れた施設計画によるところも大きいが、何といってもそこに雇用された芸術監督以下、制作と技術のプロ集団の力が大きい。専属の劇団はもたなかったが、優れたナビゲーターとしての芸術監督のもと、トップレベルの制作者、技術者が劇場のマネジメントを固め、連携する舞台芸術団体を強く牽引してきた。アマチュアの企画力はたしかに力になる部分はある。しかし、アマチュアはあくまでアマチュアである。本来、公立文化施設は市民、行政、専門家が三位一体となって優れたサービスを提供することが望ましい。この意味で、あまりに自信過剰な市民ボランティアは、本来の趣旨と違う方向に文化施設の舵を切りかねない。

それでは、これからの市民参加はどういう方向に向かうべきであろうか。予断を恐れずに書きたい。それは「ボランティアからガバナンスへ」の方向性である。文化ホールを支えるボランティア自体は、今後も重要な役割として必要だろう。また、それは市民の自己実現の重要なチャンスを提供し続けるであろう。しかし本来、市民が文化ホールにかかわるということは、これまで行政任せにしてきたホール運営に対し、市民の主体的なまなざしを入れ、開かれたホール運営を達成することである。このためには、市民は積極的に文化ホールのガバナンスに身を投じるべきではないか。それは具体的には、そのような組織運営がなされるのかによっても異なるが、公益団体としてその運営にかかわるのであれば、たとえば理事会、評議会などへの積極的な関与である。むしろ、具体的な実務はそこに雇用されたプロ集団に任せ、そのプロ集団が地域のために働きやすい環境をマネジメントするのが、市民を含めた開かれたガバナンス体制であると考える。自ら中途半端に企画をするのではなく、むしろ優れた企画や事業を展開するプロを地域にどのように雇用できるか、彼らの仕事をどのようにナビゲーションできるのか、オープンシステムによる創造を考えるとすると、異組織間の仕事のインターフェースをどのように構築するかなどを自ら考えてゆくべきではないか。

また同時に、自ら寄付金など資金を調達する力を身につけるということでも必要である。自ら資金調達を行い、さらに活動の大きな将来目標を構築し、それに合わせて優れた専門家を適材適所に配置する。こうしたことができる市民が誕生することを期待したい。また、指定管理者制度も、行政の理解のもとにこうした開かれたガバナンスの仕組みとして考えてゆくことができれば、その意義は大きいのではないか。

地域における水準の高い舞台芸術集団との連携

本論でもふれたが、自主事業が当たり前になった今日でも、公立文化ホールは地域のプロの芸術集団とどう向き合うべきか、論理づけた検討がなされてこなかった。日本ほど全国に立派な公立文化ホールが設置され、しかし、舞台芸術のプロの創造集団が中央、特に東京に集中している国は珍しい。地方分権という掛け声は高いが、地域文化の自立に本当に目を向けている政治家は、どれほどいるのかと疑いたくもなる。

一方で、公立文化ホールは舞台芸術の創造という側面からは、専用ホールという形態、技術は進化しつつも、いまだに充実した創造環境が得られないまま今日に至っている。

筆者らが全国二七六九施設の公立文化施設に対して行った調査*9によると、回答数一二〇〇施設のうちの一〇九施設が大学、民間、芸術との連携が強い「専門連携型」に分類された。専門連携型＝パブリックシアターというわけではないが、このような専門連携型施設を核に、各都道府県に平均で四、五件のパブリックシアターが展開され（つまり全国的に二〇〇あまりとなる）、それらが地域に優れた芸術プロ集団が根づくような事業展開を行うことができれば、日本の地域間文化環境格差は大きく是正されるのではないか。この場合、地方自治法第二四四条の規定による「公の施設」の枠組みとは異なるパブリックシアターに対する法的整備も必要になろう。これからの文化政策には、このような骨太の変革が期待される。

パブリックシアターでは、地域の住民と芸術家との双方向の関係を創ることが目指される。芸術集団側は、自分たちの行っている活動は優れていると自負するあまり、外部の意見や期待をあまり聞きたがらない傾向がある。しかし、むしろ積極的に外部の評価や期待を受け入れて、地域とともに成長するような姿勢をもってほしいと思う。地域と文化芸術を結ぶ誰でも参加できる仕組みとして、地域は芸術家に新しい関係を求め始めている。このような新しい仕組みに、芸術家はどのようにかかわることができるのか、これまでとは逆の発想が芸術家に求められているように思われる。住民と芸術集団と行政が連携した開かれた公立文化ホールの運営が各地に広がることを期待したい。

＊1——佐藤武夫『公会堂建築』二六ページ、相模書房、一九六六年
＊2——清水裕之「ホールタイプと運用方法」『特集劇場 PART2 公共ホールのゆくえ』一一二ページ
＊3——清水裕之「文化会館をめぐる文化事業「文化振興会議」に見る文化行政と文化会館(その二)」『日本建築学会計画系論文報告集』第四〇二号、三一-四三ページ、一九八九年八月
＊4——清水裕之「文化会館をめぐる文化行政「文化振興会議」に見る文化行政と文化会館(その一)」『日本建築学会計画系論文報告集』第三九二号、六〇-七一ページ、一九八八年一〇月
＊5——佐藤信「パブリックシアターの可能性」『私たちと劇場』(清水裕之編著)、一三-一四ページ、芸団協出版部、一九九三年
＊6——衛紀生『芸術文化政策と地域社会 レジデントシアターへのデザイン』テアトロ、一九九七年
＊7——清水裕之『アーツマネジメント』一一六-一一七ページ、放送大学教育振興会
＊8——『長久手町文化の家フレンズ、シアターマネジメントマニュアル』二〇〇九年三月。フロントスタッフの役割、対応などについて丁寧に解説された研修マニュアル
＊9——清水裕之、加藤祐貴「公立文化ホールにおける自主事業、計画性、外部機関情報活用度、外部組織連携に関する状況把握と類型化」『文化経済学』第五巻第二号、二九-四六ページ、二〇〇六年九月

日本のオペラハウス

井口直巳

序

私たちはオペラハウスといえば、ヨーロッパの大きな街を代表する劇場をイメージしている。オペラの来日公演はその国を代表する劇場が多いので、オペラハウスはどこも豪華絢爛で巨大な文化の殿堂のように誤解しがちであるが、そうではない。

イタリアには上演活動が行われている劇場は約一二〇〇あり、エンテと呼ばれていた国立劇場に相当する主要一二の劇場は一年間のシーズン制で、二〜三カ月のシーズン制やエンテの下の劇場が四〇以上ある*1。ドイツでは約八〇〇の公立劇場と約二〇〇の私立劇場の中でオペラなどの音楽部門をもっている劇場が一〇〇程度あり、そのうちで国立や州立劇場のクラスは五〇程度*2となる。引越公演で来日しているのはこれらの代表格になるが、ヨーロッパの小さな街には古い馬蹄形の劇場が残っていて、今でもコンサートの練習や集会などでも公会堂のように使われている。街には教会と劇場があり、人が集まる必要のある「聖」と「俗」を分担している。

オペラハウスという用語は、劇場の種類と劇場の活動、つまり外見と中身の双方に用いられる。日本には約二八〇〇もの公共ホールと約三〇〇の民間の劇場があるが、中身となる約一五〇あるオペラの上演団体の中で劇場と一体なのは約一割しかなく、大半は劇場を借りて、二〇〇八年には全国の三八三の会場で一二一九回のオペラが公演された。

このとらえどころのない日本のオペラハウスなるものを、外見を「縦糸」、中身を「横糸」にしながら考えてみたい。

日本で最初のオペラ上演《東京音楽学校奏楽堂》

縦糸の一／オペラと歌舞伎

オペラとヴァイオリンは一六世紀のイタリアの大発明で、今日に残る最初のオペラとされているヤコポ・ペーリ作曲の「エウリディーチェ」は、一六〇〇年にフランスのアンリⅣ世とマリア・デ・メディチの結婚を祝して上演された。一六三七年にヴェネツィアに最初の公開オペラ劇場《サン・カッシアーニ劇場》が完成してからオペラハウスはヨーロッパの封建社会の中で広まるが、多層の馬蹄形のボックス席は特権階級の個室や社交の場となり、一階平土間や天井桟敷が庶民に開かれていく。一方でコンサートホールは、世界初の《ゲバントハウス》が一七八一年にライプチヒに建設されてから「産業革命がもたらした市民階級が都市文化の中で定期的に集まる場」[*3]として広まっていった。

歌舞伎の誕生は出雲阿国の一六〇三年とされ、シェイクスピアも同時代を生き、同じ頃に生まれたオペラとともに四〇〇年後の今日まで人々を楽しませている。歌舞伎は始めから庶民の娯楽であり、それゆえに幕府からはつねに弾圧された。江戸では《中村座》《市村座》と《森田座》の三座のみが許可され、一八四一年の《中村座》の大火事の後は吉原の遊郭近くに強制移転させられたが、その人気は衰えなかった。

明治になって西洋音楽とオペラが日本に流れ込んだときに、すでに人びとはオペラと同じ約三〇〇年の歴史をもつ歌舞伎を日々楽しんでいた。日本におけるオペラ史はそのような環境で始まり、時代ごとにオペラが上演できる劇場を建設し、欧米より数多くのコンサートホールが全国に建設された専用ホール時代の掉尾として、明治一三〇年となる一九九七年にオペラ専用劇場である《新国立劇場》が完成した。

横糸の一／オペラ上演の夜明け

明治初めに来日した音楽家による夜明け前の光景として、劇場史には必ず登場する守田勘弥が座主をしていた《新富座》(一八七八再建)での一八七九年の公演は当時の状況をよく伝えるものとして興

《帝国劇場》

味深い。《新富座》は江戸三座の一つ《森田座》の直系で、当代の名優九代目団十郎や五代目菊五郎を擁する劇場である。先取り精神の旺盛な守田勘弥が横浜の《ゲーテ座》で〈ヴァーノン歌劇団〉を見て、河竹默阿弥の新作「漂流奇談西洋劇」の劇中劇として彼らにオペレッタを演じさせたところ「まるで鶏が絞め殺されるみたいだ」と観客には不評だった*4。新内や清元の澄んだ高い声に粋を感じる日本人の感性には、西洋の楽器より声楽のほうが受容に時間を要したと思われる。

オペラと歌舞伎が誕生してから三〇〇年後の一九〇三年に、《東京音楽学校奏楽堂》(一八九〇)で日本人がはじめてオペラへの挑戦をした「オルフェウス」が学校有志によって上演された。舞台装置は藤島一郎など美術学校の教官たちが描き、衣装も三越呉服店が担当するなど本格的な取組みであった。舞台写真からは奏楽堂の舞台での多くの試みと、《バイロイト祝祭歌劇場》(一八七六)が「ニーベルングの指輪」の上演を再開した時代の大きな影響が感じられる。その四年後に音楽学校の主催で再演を計画したが、オペラは風紀を乱すという理由で中止に追い込まれた。すでに学校の音楽教育は西洋音楽に転換していながら、その総合芸術たるオペラを丸呑みするには時期尚早であった。

縦糸の二／オペラハウスを標榜した《帝国劇場》

日本の劇場史のエポックとなる《帝国劇場》(一九一一)の出現は、オペラにおいても画期的な出来事といえる。二四名程度の素人集団とはいえ、専属の管弦楽やプリマドンナ柴田(のちの三浦)環と契約して歌劇部をつくり歌劇部員の養成も始めた。そして、ローシーと原信子に引き継がれてのちの浅草オペラに至るまで中核となる人材を育てた。開館の翌年二月公演の新作オペラ「熊野」は失敗作とされているが、これを見た小林一三はその翌年に〈宝塚歌唱団〉を結成し、一九一九年には新歌劇場を、一九二四年には四〇〇〇人収容の大歌劇場を完成させた。今日まで続く〈宝塚歌劇団〉の始まりであり、《帝国劇場》の近くに一九三三年に完成した《東京宝塚劇場》はのちに、後述するＮＨＫが招聘した〈イタリア歌劇団〉の会場となって日本のオペラ史の新しい頁を開くきっかけとなった。

《帝国劇場》は、「西洋劇場で求められる高さと歌舞伎劇場で求められる開口幅のそれぞれの最小

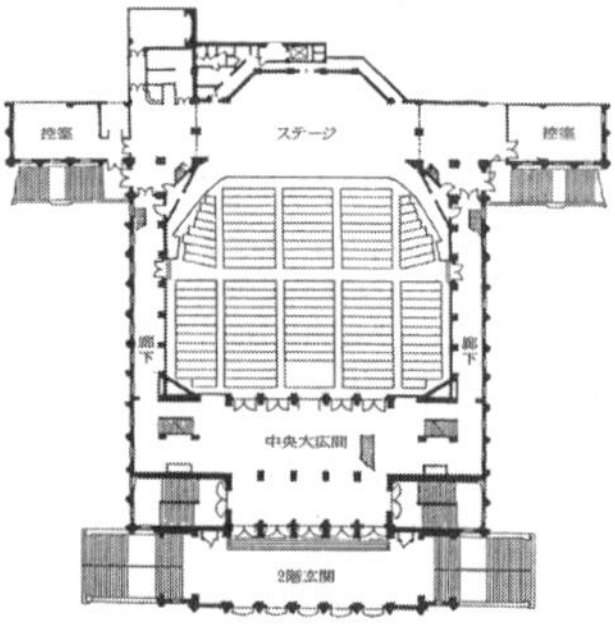

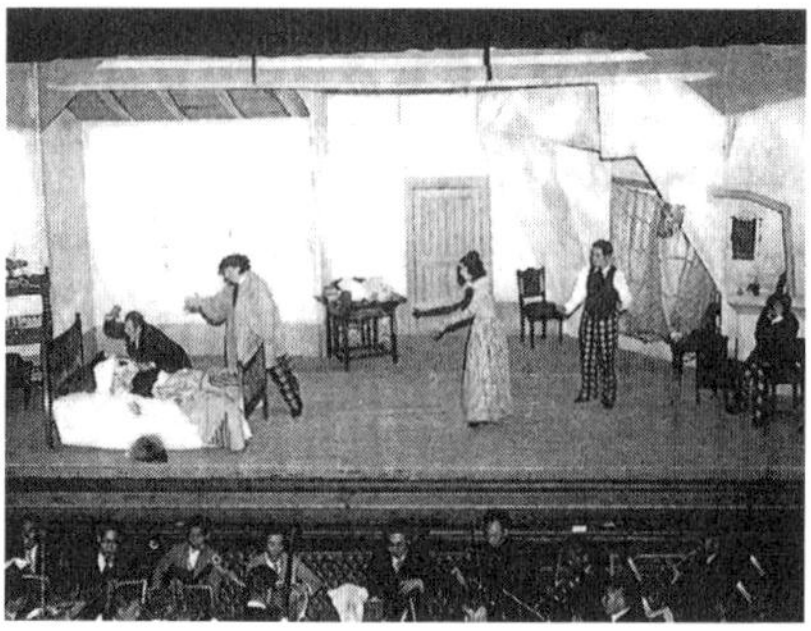

（右）《日比谷公会堂》平面図
（左）「ラ・ボエーム」上演風景

値」[5]とされるプロセニアムと、奥行きも少ないながら一九世紀のオペラハウスの舞台を有していた。一、二階へは正面玄関から入り、ボックス席とその裏の貴賓休憩室、二階の食堂や喫茶室が社交の場となり、三、四階はベンチ席で立見をあわせると七〇〇人以上は廉価に楽しめた。横河民輔の設計は西洋のオペラ劇場をただ模倣するのではなく、華美に走らず耐震や設備にも留意したもので、劇場関係者によらない斬新な経営戦略と相まって「劇場へいけば、いろいろな人に会える。そのことをはじめて教えた帝劇の廊下は、大正文化の華を象徴する場所」[6]になった。

二〇世紀の初めに、少なくとも東京には、当時の水準におけるオペラハウスが名実ともに存在していた。私には映画館としての最後の姿しか記憶にないが、《旧帝国劇場》から《日生劇場》《旧帝国ホテル》と並んだ都市景観のたおやかさは東京の原風景として忘れることができない。

縦糸の三／《日比谷公会堂》、公会堂を逸脱して得たもの

一九二九年に《日比谷公会堂》が完成してからは、多くのオペラ公演が移ってきた。今日ではコンサートホールとしても不十分な施設とされているが、八名による指名コンペから選ばれた佐藤功一が、公会堂なので講演以外を考えた設計は御法度の中で最低限の舞台袖を確保した意義は計り知れない。そして一九三四年の「ラ・ボエーム」で藤原義江がオペラ公演をスタートさせると、イタリアで活躍して帰国した三浦環や原信子らによるレベルの高い上演が日常化してくる。

こうして日比谷と銀座の狭い一帯にオペラ、コンサート、宝塚歌劇、新劇、レビュー、歌舞伎、映画など、あらゆるエンターテイメントが集中する中で、《日比谷公会堂》は今日の《東京文化会館》にも匹敵する役割をオペラとコンサートで担っていた。その記憶こそが建築の価値として再評価され「開設八十周年を期して、より充実した機能を備え、さらに発展を続けるためにも、いよいよ改修工事に向けた検討が開始された」[7]のは大変に喜ばしい。

（右）「リゴレット」上演風景
（左）「夜明け」上演風景

横糸の二／オペラ公演は戦時中も続いた

オペラの小劇場ブームが大衆芸能になった〈浅草オペラ〉は一九二三年の関東大震災を境に衰退していったが、大正から昭和二〇年代までの日本はオペラが日常的に公演されていた時代であった。《帝国劇場》や《日比谷公会堂》の他にも《歌舞伎座》《新橋演舞場》《大阪朝日会館》《京都南座》などが会場になった。一九三九年三月の「カルメン」から、正式に〈藤原歌劇団〉を名乗り名コンビの堀内敬三の演出で《歌舞伎座》での公演が始まる。これが大成功となり、一二月には「椿姫」と「リゴレット」の日替わり公演を行い、いわゆるレパートリー上演の先駆けとなった。

ヨーロッパで戦線が拡大し、世界的な音楽家が来日して渡米するまでの間に多彩な演奏会が行われたこの時代の中で、一九四〇年に戦前のオペラ史で金字塔となる日本初の本格的な創作オペラ「夜明け」が山田耕筰自身の指揮・演出により《東京宝塚劇場》で初演された。

関西では、大劇場を有する〈宝塚歌劇団〉はレビュー路線になって戦後も別の道を歩むことになるが、オペラは宝塚交響楽協会が中心となってワグナーなども上演されるようになった。

横糸の三／戦後のオペラ復興と第一期の終焉

戦災を免れた《日比谷公会堂》では終戦三カ月後の一一月に「カルメン」が演奏会形式で行われ、《帝国劇場》は一〇月に六代目菊五郎の「鏡獅子」などで再開し、翌年一月に「椿姫」のオペラ公演、六月に滝沢修らによる「真夏の夜の夢」、八月に〈東京バレエ団〉の「白鳥の湖」が公演された。歌舞伎、オペラ、演劇、バレエという順番であるのは大変に興味深い。

〈藤原歌劇団〉は東宝と組んで《帝国劇場》でのオペラ公演を開始し、一九四七年には「タンホイザー」を日本初演して高い評価を得たが、同時に舞台が狭いといった劇場への問題点も指摘されるようになってくる。その中で特筆すべきは一九四八年一一月に〈藤原歌劇団〉が《帝国劇場》で行った「ドン・ジョバンニ」で、一四日間に昼夜二七回も公演されている。モーツァルトは当時まだ日本で

「トゥーランドット」上演風景

なじみがなかったが、集客率は九割で延べ四万人が観たことになる。これは現在の首都圏の推定オペラ人口と変わらない。また小さなオペラカンパニーで一九五一年の〈東京オペラ協会〉の「トゥーランドット」などで公共ホールの《日比谷公会堂》や《日本青年館》が活発な活動の場に使われた。

増井敬二は大著『日本オペラ史』を一九五二年までを前半として刊行することについて、「私は設立者たちが〈二期会〉という名称を決めた理由、即ち日本の声楽界あるいはオペラ界のそれまでが第一期であり、この時から第二期に入るとしたのは、少なくとも結果に於いては非常に正鵠を得ていたと思う」と述べ、第一期をアマチュアの時代と定義している。〈二期会〉は、それまで芸術的にも興行的にも不安定だったオペラの公演を、安定して継続していくために若手の声楽家たちで結成された。

横糸の四／会場を模索した〈イタリア歌劇団〉

一九三四年から途絶えていた来日オペラ公演は、NHKが招聘した一九五六年の第一回〈イタリア歌劇団〉で再開された。会場となった《東京宝塚劇場》と《産経ホール》《宝塚大劇場》における舞台や楽屋の混乱ぶりに、本格的な来日オペラ公演の実現への格闘の様子が伺える。NHKは主要な歌手と指揮者、演出家だけを招聘して、オーケストラと合唱団、舞台、照明は日本側で準備する。一九五九年の第二回は《東京宝塚劇場》と前年に開館した《フェスティバルホール》で、一九六一年の第三回からは同年に開館した《東京文化会館》と《フェスティバルホール》で、一九六七年の第五回からは《東京文化会館》のみ、一九七三年の第七回からは新しい《NHKホール》（一九七二）のみで一九七六年の第八回まで主催しながら会場を模索した。〈イタリア歌劇団〉とは、その名の通り特定の劇場やカンパニーではなく、日本での公演ごとに集められた集団である。

私は第三回の「トスカ」から多くの公演を天井桟敷席で楽しんだ。オペラ体験が増すにつれて、演出や指揮者に不満は出たものの、プリマドンナやタイトルロールがすばらしいと満足してしまうイタリアオペラの特質を、私たちは知ることができた。そして〈イタリア歌劇団〉の舞台は毎回NHKがテレビ放送したことで、全国にオペラの愛好家を増やすことになった。

《東京文化会館》初期案

〈イタリア歌劇団〉の会場は、《フェスティバルホール》《東京文化会館》《NHKホール》から変わることがなかった。そして今日まで来日引越公演の会場として定着し、日本のオペラハウスの役割を担いつづけてきた。同時代の《日生劇場》(一九六三)と《神奈川県民ホール》(一九七五)を加えると、日本のオペラ史の第二期における重要な公演の大半がここで行われていることに注目したい。

縦糸の四／《東京文化会館》、オペラハウスになった唯一の公共多目的ホール

一九六一年に完成した《東京文化会館》は、あらゆる意味で日本のクラシック音楽界を決定的に変えるターニングポイントとなった。日本のホールが公会堂から多目的ホールに移行する時代に東京都の文化会館として誕生しながら、その後の専用ホールの時代を経てもなお、日本を代表するコンサートとオペラ、バレエの会場として不動の地位を保っている。一九九九年に大規模な改修を受けて舞台装置などが大きく変えられた際にも、内外観や音響を変えないことに神経が注がれ、築五〇年になろうとする現在でも人びとに愛され続けている。

初期の設計案の半分以下にされても、建設当時は常識を超えていると感じられたホワイエ空間の大きさは、時代をくぐり抜けてきた大きな要因であった。コンサートと異なり幕間の長いオペラ公演では、この空間の豊かさは非常に重要である。数人で立ち話に興ずることも、大勢の人混みの中から友人を捜すのにも不自由しない、多くの階段といろいろな居場所のバリエーションはオペラハウスに必須の条件である。ちょうど半世紀前に開館して入れ替わるように解体された《帝国劇場》の「帝劇の気分を代表したのは、幕間の廊下だった」*5という劇場の気分はしっかり継承されている。

ホールの内部は、明らかに劇場空間として設計されている。開館以来私が数えきれないほど通っている五階席からの眺めや音響ほど天井桟敷を実感させ、また上演内容に応じて客席の選択肢が多い点でも劇場を知っている建築家ならではといえよう。その日の演出を予想して舞台の見える高さや角度を考えながら座席を選ぶオペラファンの楽しみや、壁面が観客で埋まる劇場らしい空間性においても、日本では今日に至るまでこのような豊かな空間は他に出現していない。

横糸の五／〈ベルリン・ドイツ・オペラ〉の衝撃

オペラハウスの歌手、オーケストラ、合唱、舞台、衣装などが丸ごと来日する、いわゆる引越公演は一九六三年に《日生劇場》の柿落しで行われた〈ベルリン・ドイツ・オペラ〉が最初であった。柿落しの企画の相談を受けた吉田秀和は「劇場の総監督以下指揮者、独唱者から合唱団、管弦楽団のほかに技術の裏方にいたるまで一切を呼んで、完璧な形で公演させてみたら」と提案した*8。一九六一年に壁の建設により陸の孤島になった西ベルリンで、〈旧ベルリン市立オペラ〉(一九〇二)がトータル・シアターの旗手ルドルフ・ゼルナー総監督によって〈ベルリン・ドイツ・オペラ〉として再建され、その威信をかけて四演目一六公演を一七日間にわたり繰り広げた。ワグナーの大オーケストラが設計の想定外だったピットに納まるかを泰明小学校の校庭に椅子を並べて検証するなど、オペラハウスの引越公演は初体験の連続だった。日本中の音楽家、愛好家、舞台関係者、文化関係者が、単に舞台だけでなくオペラハウスにはいったい何が詰まっているのかを実感し衝撃を受けた。

〈ベルリン・ドイツ・オペラ〉は一九六六年に第二回、一九七〇年に第三回の公演を行い、ドイツオペラの基本レパートリーを日本に紹介した。柿落しでは観客の誰もと同じようにただ圧倒されてしまった私も、第二回からは席を変えて劇場全体の雰囲気を堪能した。観客のざわめきが納まらないうちに、「魔弾の射手」の序曲が地底から沸きあがるように空間を満たすにつれて客席が静まっていく様を天井桟敷で体感して、これがオペラハウスなのだとはじめて実感した。この上演を吉井澄雄が「狼谷の大スペクタクルを舞台にどう実現するか、日生劇場舞台部の最大の試練」と記した公演プログラムに記載された、医師に至るまで三六〇名の来日メンバー表は壮観ですらある。

縦糸の五／《日生劇場》、オペラハウスの幻影

《日生劇場》は、企業が本社ビルに劇場やホールを含めて建てる先駆的な例である。村野藤吾は苦心したファサードと、一階フロアを開放することによって、日本生命日比谷ビルという大企業の本社

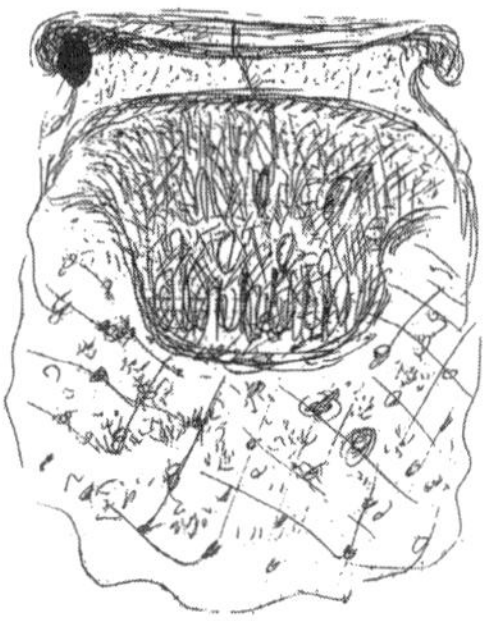
《日生劇場》村野藤吾の天井のスケッチ

と《日生劇場》という非日常空間の二つを両立させた。《旧帝国ホテル》と並んでいた特徴的なファサードは、こうした要素を含みつつも劇場らしい華のあるところが特徴である。《日生劇場》のホワイエから劇場内までの内部空間は、一歩足を踏み入れた瞬間から非日常の世界を醸成している。事務所ビルの制約による低い天井は、むしろ劇場らしさに転嫁され、盛装した女性は洋装でも和装でも違和感がなく、また西洋人の目からもオペラハウスに求める華やかな空間になっている。

客席に座ると自然に天井を眺めるのもオペラハウスならでは。アコヤ貝の天井とモザイクタイルの壁が波打つ特徴的な空間の設計は、一〇分の一模型の中に村野藤吾や石井聖光が入って音響試験をしながら形を決めていった。村野藤吾は、可能な限り手工芸的な表現を重んじてそれにふさわしい材料と工法を工夫し、表現の細部までこの考えを徹底するように配慮したと書いている*9。最も特徴的な劇場内部空間については「音響とか色の調子……、底光りするのと、それから全部曲面でやろうと思って、そうすると私がいままで見た範囲では、外国でもないし、なるべくなら、ひとつなにもないものをやってみたかった」と語っている。オリジナリティの勝利である。

《日生劇場》では、オペラの自主公演として日本人作曲家への委嘱初演などを続ける一方で、開館一周年記念の「ウェストサイド物語」が日本初のブロードウェイ引越公演であったように、ミュージカルにも積極的で、舞台周りが狭いながらも劇場としての魅力は衰えることがない。

横糸の六／《フェスティバルホール》での出来事

二〇一三年のオープンを目指して建替え工事中の《フェスティバルホール》は開館五〇年目の二〇〇八年末に閉館したが、〈大阪国際フェスティバル〉の企画力によって数々の記憶に残る舞台が積み重ねられてきた。オープンの翌年から三度の〈イタリア歌劇団〉や一九七〇年の〈ベルリン・ドイツ・オペラ〉の大阪公演、関西のオペラ団体の公演を行ってきた。中でも一九六七年の一〇周年記念事業の「バイロイト・ワグナー・フェスティバル」は日本のオペラ史の金字塔と評されている。

第二次世界大戦後に、ワグナーの孫のヴィーラントとヴォルフガングがいっさいの政治色を排し、

「オペラハウスがほしい」
熱こもる音楽界
ファン開拓の
運営研究組

当時の『日本経済新聞』（一九七〇年九月八日夕刊）

最小限の舞台装置と光の演出による新バイロイト様式で注目された最先端の舞台が大阪に出現した。ワグナーの大オーケストラを収めるため、ピットがバイロイト風に舞台下に広げられた。夜行列車で大阪まで出かけた私は、このときに見た「トリスタンとイゾルデ」と「ワルキューレ」の舞台が今でも忘れられない。日本の照明家に多大な影響を与えたヨゼフ・スヴォボダの透明で、深い光の芸術は四年前の《日生劇場》と同じ演出とは思えず、再現できないがゆえにその一瞬に無限の価値がある舞台芸術の最たる例と思わざるをえない。その影響は、一九七二年に〈二期会〉が「ワルキューレ」の日本人による初演を《東京文化会館》で行った際の演出や照明にも顕著に現れていた。

横糸の七／「オペラハウスがほしい」

一九六〇年代のこうした来日公演や〈二期会〉〈藤原歌劇団〉をはじめとするオペラ団体の上演は、あらゆる意味で日本に本格的なオペラハウスを求める機運の原動力になった。若杉弘らの指揮者や多くの歌手が、オペラを目指して海外に出て行くきっかけでもあった。特に引越公演で来日した舞台関係者からの日本の多目的ホールと母国のオペラハウスがいかに異なるかという発言が大きな外圧となって、日本の音楽界全体のムーブメントになっていった。

当時の新聞[*10]は「オペラハウスがほしい」という見出しでその熱気を伝えている。「外国から一流の歌劇団を招くのも結構だが、その必要経費をまずオペラハウスの建設に用いるほうが先決ではなかろうか」という〈ベルリン・ドイツ・オペラ〉で来日中のルドルフ・ゼルナー総監督の話を紹介し、「従来の多目的ホールは例外なくオペラの上演には不十分な機能しか備えていない。東京文化会館でさえそうである」「東京でも、かつての昭和二〇年代には、オペラが一カ月のロングランを持ちこたえるだけの観客層を持った時期があった。（略）そうしたファン層開拓の拠点としてのオペラハウスがほしいという声も強い」と結んでいる。この翌年に当時の文化庁は《第二国立劇場》関係の調査費を計上し、ここに日本初のオペラハウス建設の国家プロジェクトが動き出すことになった。

《新国立劇場》コンペ案のパース

縦糸の六／《第二国立劇場》改め《新国立劇場》

紆余曲折を経て一九八六年に《新国立劇場》の国際設計コンペが行われた。明治以降の日本が西欧近代国家に追いつこうとして最後に残ったビルタイプとして、多くの研究者がオペラハウスを欧米に学ぶことになった。レパートリーシステムを前提に、多くが二〇世紀に増築された欧米のオペラハウスと同じでなければならない時代背景を負っていたともいえよう。

二〇世紀の初めと終わりに位置する《帝国劇場》と《新国立劇場》には相関点が多い。日露戦争に勝利して政財界、マスコミまでがこぞって国の威信をかけた劇場を求めた《帝国劇場》と、一九七〇年の大阪万博の頃から頻度を増すオペラの引越公演における外圧を背に経済大国日本にふさわしい専用オペラハウスを求める声。設計者の横河民輔を劇場視察に派遣し、結果としてオペラ、演劇、歌舞伎も可能とする多目的劇場の原点となった《帝国劇場》と、歌舞伎や伝統芸能専用の《国立劇場》(一九六六)、《国立演芸場》(一九七九)、《国立能楽堂》(一九八三)、《国立文楽劇場》(一九八四)が建設されて、積み残されたオペラと演劇のための専用劇場として国をあげて誕生させた《新国立劇場》。

一方で《帝国劇場》が株式会社として建築的には西欧化と舞台の多目的性を目指すとともに〈帝国歌劇部〉や〈帝国女優養成所〉を併設して斬新な経営戦略をもっていたのに比べ、《新国立劇場》はオペラと演劇の舞台の専用性を追求しながらも運営面では財団法人として既存の各芸術団体の調整のうえに成立させる道を選んだ。柿落しの直前に〈二期会〉が「これからは野党になる」と発言して波紋を呼び、柿落し公演には私も失望したが、《新国立劇場》の進む道の険しさを予感させた。

横糸の八／多目的ホールの活用

いわゆる市民オペラは、一九六八年に《大分文化会館》で上演された「フィガロの結婚」が最初とされ、〈大分県民オペラ〉では創作オペラや県内、県外、国外の公演など活発な活動が続けられている。一九七三年には〈藤沢市民オペラ〉が始まり、近年では四回公演になるほど人気を博している。こう

第三回「北とぴあ国際音楽祭」ラモー「アナクレオン」(撮影＝林喜代種)

した住民参加の県・市・区民オペラで、定期的に公演が続いている団体は少なくとも首都圏で二〇以上、全国では五〇以上にのぼる。市民オペラでは、各地の文化会館クラスの多目的ホールが立派にその役割を果たしている。世界にも類を見ないアマチュア・オーケストラの数と音楽大学が輩出する歌手、そして地域住民のためにある公共ホールの存在がなければこの盛況はありえない。

私は東京都北区から依頼されて一九九四から九九年まで総合プロデュースした「北とぴあ国際音楽祭」*11で、都心から一五分の王子駅前の立地で何が求められるのかを最初に考えた。そして一三〇〇席と完備された舞台機構をもつホールで、これまで日本になじみのないバロック・オペラやオペラ・バレエを上演することにした。コレグラファーのナタリー・ヴァン・パリが衣装・演出して自ら踊る歌舞伎役者並みの活躍で、パーセル、リュリ、ラモーらによる新演出のオペラのプロダクションを毎年続けて『音楽の友』の年間ベストテンに入る評価が得られた。首都圏の競合ホールの中にあって、《北とぴあ》は二〇〇七年の会場別オペラ上演回数でも全国六位と健闘しているが、ホールの立地や特性を見極めた企画が問われる時代になったことを示している。

縦糸の七／多面舞台の劇場

《新国立劇場》建設の成果として、《愛知県立芸術劇場》(一九九二)、《アクトシティ浜松》(一九九四)、《横須賀芸術劇場》(一九九四)、《新国立劇場》(一九九七)、《滋賀県立芸術劇場》(一九九八)、《兵庫県立芸術センター》(二〇〇六)など、典型的なオペラハウス仕様の多面舞台を有する劇場が各地に完成した。《新国立劇場》プロジェクトで得られた膨大な研究成果とノウハウは、日本の劇場設計に多くの貢献をもたらしたが、それほどの舞台が日本各地に必要なのかという疑問も投げかけられた。

音楽教育の場では、大阪音楽大学の《ザ・カレッジ・オペラハウス》(一九八九)や昭和音楽大学の《テアトロ・ジーリオ・ショウワ》(二〇〇七)など、中規模ながら本格的なオペラハウスといえる施設が、オペラを含む実演による教育の場になっている。古いオペラハウスのストックが豊富な国と異なり、こうした施設は日本特有のもので、インフラとしてのオペラハウスはほぼ日本中に充足した感がある。

《テアトロジーリオショウワ》

横糸の九／第二期の終焉

これまで見てきたように、日本の音楽愛好家の記憶に深く刻み込まれた大規模なオペラ公演は、《東京文化会館》《日生劇場》《ＮＨＫホール》《フェスティバルホール》、そして《神奈川県民ホール》などの公共ホールで行われてきた。《尼崎市総合文化センター》（一九八三）が〈関西二期会〉をフランチャイズし、《オーチャードホール》は「バイロイト音楽祭」の本格的な引越公演での一九八九年の柿落し以降もオペラの自主企画を続けている。これらはすべて多目的ホールである。多目的ホールではオペラの公演には不十分という批判から多面舞台劇場が誕生するまでの間に、オペラのニーズは急速に拡大した。来日引越公演は七〇年代の一〇年間に八団体だったが、八〇年代は一九団体に増え、八〇年代後半からは毎年五〇回程度の年間公演数が、二〇〇二年には二三三回まで増えて日本の全オペラ公演回数の四分の一を占めるまでになった。

私は、日本のオペラ史はここに第二期を終えたと認識している。増井敬二は第二期の始まりを〈イタリア歌劇団〉や〈ベルリン・ドイツ・オペラ〉の引越公演がインパクトとなり「今までのアマチュアの段階から今日のプロのほうに進み始めた」[*12]と述べているように、引越公演によって聴衆の目が肥えることで日本のオペラ団体のレベルも著しく向上した。第一期がオペラの中身の準備であるとすれば、第二期は中身の充実と外見の建設に要したが、オペラに十全な劇場がいくつも完成されいろいろな公演形態が始まったこの時代をもって、日本のオペラ史は第三期を迎えたと考えられよう。

縦糸の八／劇場はつねに変容する

多くのビルタイプの中で劇場ほど変容する建築は他にない。特に舞台は観客に知られることなく増築や大規模な改修が行われている。一九九九年に大改修された《東京文化会館》は、コンサートで見る音響反射板は改修前と変わらないが舞台の下を掘り下げてそのまま奈落に収納され、舞台上のフライタワーも外観は変わらずに、上部六メートルまでの屋根と壁の躯体はすべて解体されてコン

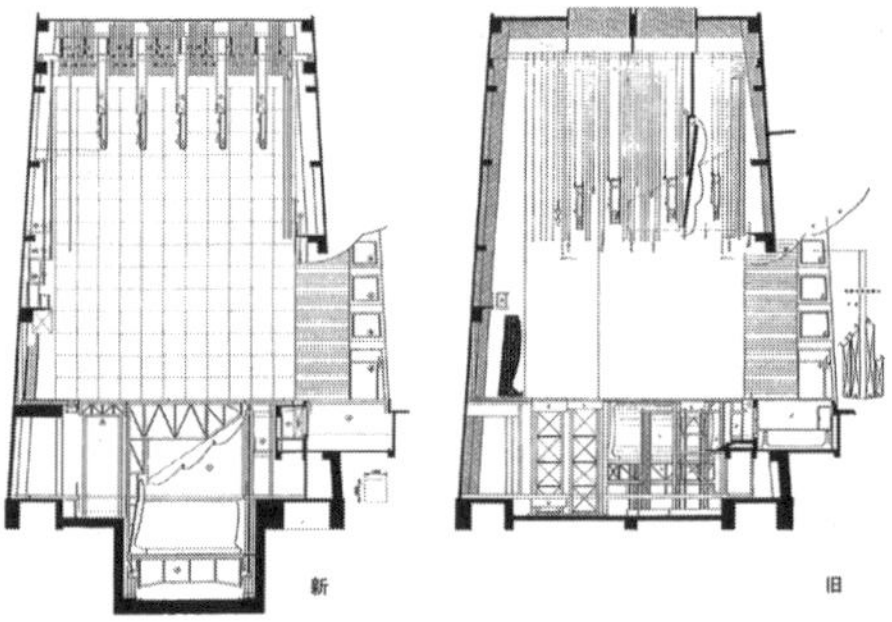

《東京文化会館》構造部分

クリート造から鉄骨造に変え、構造体の重量を減らして吊りバトンの積載重量をアップしている。《日生劇場》でも開館一一年目の一九七四年から七八年、八八年、九九年、二〇〇五年と劇場を閉鎖しての改修が行われ、今日の劇場に求められる性能を回復させる努力を随時行ってきた[*13]。公演のない日が珍しいほど盛況の《サントリーホール》でも、開館二〇年目の二〇〇六年のメンテナンスを機に、ホールオペラなど多様さを増す公演スタイルに適合させる改修を行った。

縦糸の九／多面舞台劇場による地殻変動

《滋賀県立芸術劇場》は《ボローニャ歌劇場》の引越公演で柿落しされ、翌年の第一回の「ドン・カルロ」から音楽監督若杉弘と鈴木啓介の演出で、ヴェルディの日本でまだ上演されていないオペラを毎年紹介していく意欲的なプロデュースオペラが二〇〇六年の第九回の「海賊」まで続いた。他にも幅広い企画が展開されて黄金時代を築いた若杉弘は、《新国立劇場》の芸術監督に移り日本のオペラ史の第三期を牽引してきたが、任期半ばで惜しまれつつ逝去した。

《兵庫県立芸術センター》では、音楽監督佐渡裕によるプロデュースオペラが人気を博している。一演目の公演が二〇〇六年の八回から、二〇〇八年の「メリー・ウィドー」では追加公演をして一二回まで増加した状況は、かつて日本にあったオペラのロングランを思い起こさせるものがある。

こうした極めてオペラハウスらしい活動において、関西のオペラには地殻変動が起きてきた。これはオペラを十全に行える劇場がそのポテンシャルを発揮した例として注目され、二〇一三年に開館する新しい《フェスティバルホール》はどのような戦略でこれに臨むのだろうか。

横糸の十／自主制作と引越公演の変化

日本のオペラの環境は、十全な公演ができる劇場によって自主制作が容易になった。《新国立劇場》や《滋賀県立芸術劇場》はその筆頭であるが、石田麻子は、自主制作・共催公演混合型として《愛知県立芸術劇場》や《広島アステールプラザ》、国内団体提携型として《横須賀芸術劇場》や《尼崎市総合

ホールオペラ「フィガロの結婚」

文化センター》、招聘型として《アクトシティ浜松》や《オーバードホール》をあげている*14。

海外からの引越公演は年々盛んになり、一九九五年の六五回から二〇〇六年には二三五回まで増加した。これまでの大規模な引越を東京など限られた都市で行う団体のほかに、日本のオペラ年鑑*15の分類では五都市以上で公演する場合に該当する巡回型の団体が九〇年代から増加したのが原因である。二〇〇八年の一年間に《プラハ国立劇場》は八県で一〇公演、《バーデン市立劇場》は一九県で二〇公演、《ウクライナ国立歌劇場》は何と三〇都道府県を巡回し六〇回もの公演を行った。この背景には、各地域の公共ホールが国内のオペラ団体より安く海外団体を購入できるオペラの市場商品化とともに、多目的ホールの存在と企画力における問題も見逃せない。

縦糸の十／コンサートホールの逆襲

かつてオペラの公演は舞台上演か演奏会形式に限られていた。オペラハウスがない時代に中途半端な振付で公演をすると批判を浴びたが、本格的な舞台上演に接する機会が増すにつれて、プロセニアムのないコンサートホールで衣装や演出のあるオペラ公演が受け入れられてきたのは、明らかに施設の充実の成果といえよう。その先駆けは「ホールオペラ」と名づけた公演を一九八九年から開始した《サントリーホール》で、全国のコンサートホールに広まり、舞台上演との線引きが難しいほどの存在になりつつある。これは日本だけの現象ではなく、舞台上演での演出でもプロセニアムの外まで使うことが頻繁になるにつれ、劇場形式の区別がなくなってきた。それはまた日本が二〇世紀末にせっかく各地に建設した二〇世紀型のオペラハウスへの挑戦状でもある。

切

第二期までのオペラハウスの公演は、かつて批判を浴びた多目的ホールが大半である。それを可能にしたのは、《帝国劇場》の横河民輔、《日比谷公会堂》の佐藤功一、《東京文化会館》の前川國男、《日生劇場》の村野藤吾の誰もが、設計条件を越えて建築家として注ぎ込んだ英知による。それなしには、

日本でのオペラの舞台上演回数

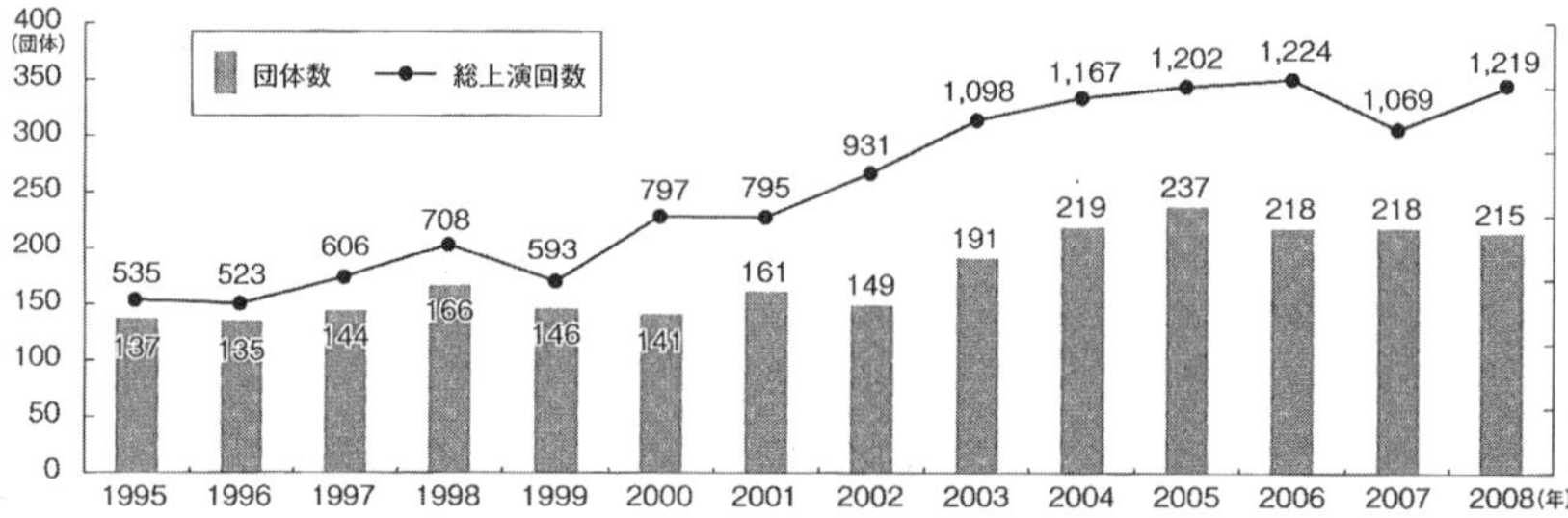

建築は生き延びられず、演奏者も聴衆も建築に愛着をもてず、改修に心血を注ぐ者も生まれなかっただろう。多面舞台劇場もまた多くの英知が結集されて建設されたが、たとえ舞台周りが十全でなくても劇場内やホワイエの空間がオペラハウスらしさに満ちて、数々の公演の記憶が刻まれることによって、建築は改修を重ねつつも生き延びていくことを一〇〇年の歴史は物語っている。

日本でのオペラ上演回数の増加にも翳りが見られ、欧米各国でもオペラハウスの芸術運営の改革が進められている。歌舞伎という採算のとれた興行が存在する日本で、外見が充足したオペラ史の第三期に求められるのは、消費されるオペラから創造の現場へ回帰する中身である。その中身によって、二一世紀型の外見となる新しいオペラハウスが日本に誕生することを期待して、この織物の切場としたい。

＊1——永竹由幸：公開講座「イタリアにおけるオペラマネージメント」昭和音楽大学オペラ研究所、二〇〇三年
＊2——中山欽吾：シンポジウム「オペラ劇場運営の現在」昭和音楽大学オペラ研究所、二〇〇四年
＊3——日本建築学会編、井口直己『音楽空間への誘い』鹿島出版会、二〇〇二年
＊4——昭和音楽大学オペラ研究所編、増井敬二『日本オペラ史』水曜社、二〇〇三年
＊5、6——小林徹也ほか「よみがえる帝国劇場展」早稲田大学演劇博物館、二〇〇二年
＊7——開設八〇周年記念事業実行委員会『日比谷公会堂八〇年の歴史と伝統』二〇〇九年
＊8——「ベルリン・ドイツ・オペラ第三回公演プログラム」
＊9——『村野藤吾著作集』鹿島出版会、二〇〇八年
＊10——『日本経済新聞』一九七〇年九月八日、編集委員川本雄三
＊11——一九九九年の第五回を最後に財政難で中断され、それ以降の企画にはかかわっていない。
＊12——増井敬二：公開講座「日本のオペラ一〇〇年の歴史」昭和音楽大学オペラ研究所、二〇〇四年
＊13——草加叔也「日生劇場の価値」『劇場演出空間技術』六八号、二〇〇八年
＊14——石田麻子「地域におけるオペラ公演開催について」
＊15——『日本のオペラ年鑑一九九五～二〇〇八』日本オペラ連盟

三つの建築から近代劇場を考える

五十嵐太郎

純粋芸術のための近代劇場

近代劇場を確立したとされる《バイロイト祝祭劇場》（一八七六）について、ニコラウス・ペブスナーは『ビルディングタイプの歴史』（一九七六）の「劇場」の章において、煉瓦とハーフ・ティンバーによる質素な外観と述べている。なるほど、同時代に建設されたネオ・バロックのスタイルによるパリの《オペラ座》（一八七五）に比べると、これは首都の顔を飾る壮麗な建築ではない。ゆえに、様式史的な分析を得意とするペブスナーにはものたりない外観だが、内部空間は作曲家リヒャルト・ワグナーの要求をかなえた新しいタイプの劇場だった。彼は建築家のゴットフリード・ゼンパーと共同し、純粋に芸術を鑑賞する場を求め、ミュンヘン近郊の田舎町バイロイトに、ブリュックバルトの設計により祝祭劇場を実現している。特徴は以下の通り。まず、上からのぞき込むボックス席を除き、扇形に広がる雛段状の観客席を設けたこと。聴衆から見えないように、オーケストラ・ピットを深く沈めたこと。そして舞台転換のための高いフライタワーである。これらの要素は二〇世紀の劇場を予見した。

階級の差異を表現すると同時に社交の場となった桟敷席をなくした背景には、音楽のもとに聴衆は平等であるというワグナーの思想が指摘できる。観衆同士のコミュニケーションは不要なものとされ、それぞれの個人が直接に演目と対峙し、圧倒的なスペクタクルの芸術に酔い痴れる。オーケストラを隠したり、馬蹄形ではなく、円形に座席を配置することなども、ワグナーはすでに一八六二年に主張していた。岡田暁生の『西洋音楽史』（中公新書、二〇〇五）によれば、一九世紀はドイツ語圏において交響曲を中心に、真面目に鑑賞する演奏会文化が栄え、聴衆は謹厳実直な中産市民だったのに対

《ドレスデンゼンパー》

し、パリではグランド・オペラやサロン音楽が流行り、社交界のスノブが聴き手となってステータス・シンボルを競っていた。そしてワグナーに至っては、音楽が「宗教なき時代の宗教となった」。実際、彼の最後の歌劇「パルシファル」はしばらくバイロイトのみで上演が許可されており、多くのファンがわざわざそれを聴くために、巡礼地としてここを訪れたのである。

装飾的な要素が少ないのは、建設資金があまりなかったせいともいわれているが、芸術への没入体験にとってはむしろ邪魔なものになるからだろう。そうした意味において機能主義的な楽器・視覚装置として劇場なのだ。それぞれの表現ジャンルの純粋さへの志向は、ハンス・ゼードルマイヤーが『中心の喪失』(石川公一、阿部公正訳、美術出版社、一九七一)において指摘したように、あるいはクレメント・グリーンバーグが絵画の自律性を論じたように、近代芸術の特徴である。またワグナーは、二重のプロセニアム・アーチによって、舞台と客席を切り離し、額縁の向こうに理想の世界を出現させた。ちなみに、一八世紀の演奏会では、おとなしく聴かないことのほうが当たり前だった。飲食をしたり、おしゃべりやトランプをしたり、煙草をふかしたり、犬も連れてきたという。どれも今では顰蹙ものだろう。渡辺裕は『聴衆の誕生』(春秋社、一九八九)において、劇場で「われわれは真に芸術的価値のある作品を鑑賞するという精神的な体験をする」という習慣が一九世紀に成立したことを論じている。

一九世紀は劇場の大衆化が進んだ時代でもある。少数の王侯や貴族のための施設ではなく、なるべく多くの観客を入れて、料金を安くすることが目指された。そのために、劇場の間口を広げるとともに客席の奥行きを深くしたり、高密度の客席配置を提案するなど、様々な工夫がなされている(清水裕之『劇場の構図』鹿島出版会、一九八五)。また新しい構造技術として鉄筋コンクリート造が導入されると、片持ち梁によって上階の座席を張りだし、収容人員をさらに増やすことも可能になった。イギリスではじめてキャンチレバーの座席を用いた劇場は、《パレス・シアター》(一八九一)だという。かくして少数のプレイヤーによる超絶的なパフォーマンスを大人数の観衆が鑑賞する。思想家のエドワード・サイードは、これを「脱日常的催事(オケイジョン)」と呼ぶ。一九二〇年代には、ラジオ放送が開始され、レコードの電気録音技術も登場し、複製としての音楽が流布するようになっても、劇場はリアルな一回性の経験を与える。サイードは『音楽のエラボレーション』（大橋洋一訳、みすず書房、一九九五）において、二〇世紀のホールは博物館や図書館と共通した性格をもつが、音楽のパフォーマンスは極めて純化された時間的経過の中で展開するために、文学や絵画よりもはるかに大きい直接的な重要性をもつという。本を読み返したり、展覧会を再訪できるが、コンサートにもう一度出かけることはほとんど意味をなさないからだ。

変化する機械としての劇場

ペブスナーは、近代劇場における技術革新として回転する舞台をあげている。カール・ラウテンシレーガーがミュンヘンの《レジデンツ劇場》において、一八九六年に回り舞台を発明したという。モーツァルトのオペラ［ドン・ジョバンニ］の公演のためにつくられたものである。また小川俊朗の『劇場工学と舞台機構』（オーム社、二〇〇〇）は、一七世紀にルーブル宮殿で小型の回り舞台が使われた事例を紹介している。素早い舞台の情景転換のためだ。むろん、日本でも、一七五八年に回り舞台が歌舞伎に導入されている。大阪の《角座》において、狂言作者の並木正三が発案したものだ。これは音響の効果ではなく、視覚的な演出と結びつく。そして近代を迎え、人力から機械仕掛けになる。

回り舞台以前を確認しておく。ルネサンスの時代にパラディオが設計した《テアトロ・オリンピコ》（一五八三）は、ローマ時代の半円形の座席の形式を用いながら、空を描いた天井をかけ、劇場を室内化し、舞台には透視図法を利用しつつ傾斜した街路の装置を導入している。バロックの時代に確立したプロセニアム・アーチの形式は、その奥に透視図法的な奥行きをもたらす。いずれも正面からの固定した視点を強く意識した舞台装置である。清水裕之は『劇場の構図』において、一九世紀の劇場における変化を「平面からマスへの転換」と指摘し、こう述べている。「平面的な門型の大道具を何列も並べ、パースペクティブの奥行を形成させ、それを引き出したり、引き込めたりすることによって舞台の転換を図るバロック劇場以来の舞台装置の構成理念は、岩や階段など立体的な大道具と、群衆によるレリーフ、そしてそれを囲む大きな箱或は空という新しい舞台装置」に変容した、と。ゆえに、

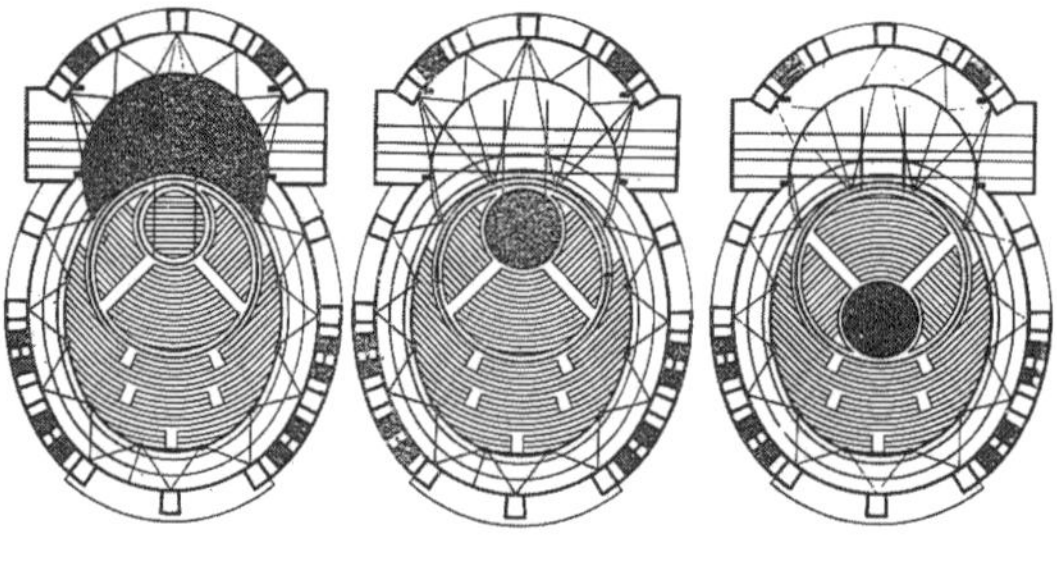

《トータルシアター》

横に装置をスライドさせるよりも、回り舞台が有効になった。

回転舞台のアイデアを拡大解釈したのが、前衛的な演出家エルヴィン・ピスカトールとの共同作業から生まれたグロピウスの《トータルシアター》（一九二七）である。これは実現されなかったプロジェクトだが、全体は楕円形であり、その片側に回る円形の部分を抱え込む。この円形の中の中心ではなく、偏心したところに客席にも舞台にもなる円をもつ（円の中の円というデザインは、バウハウスが好んだダイアグラムの図式にも似ていよう）。すなわち、従来のような舞台の一部が回るのでなく、舞台そのものが回転できる円の一部に含まれるシステムによって、客席との関係も複雑に変化していく。《トータルシアター》は、メカニカルなシステムがデザインの肝になっており、機械をメタファーとするモダニズムらしい発想だろう。時計仕掛け、いや変容する「トランスフォーマー」というべき建築である。さらに楕円の周りは演劇の回廊が囲んでおり、立体的な演出も可能になる。ちなみに、一二本の柱の間に置かれたスクリーンに様々な場面を自由に投影でき、映画の時代も意識しつつ、三次元的な映像空間を想像している。

ともあれ、《トータルシアター》は、ダイナミックに形態が変わることによって、同じ建築でありながら、複数の劇場形式に対応する。通常は伝統的な対向型のプロセニアム、一番小さい円の部分を舞台にすると、張りだした前舞台となる。そして、これを一八〇度回転させると、全体の中央に舞台があるアリーナ形式に変わる。三番目のバージョンは、舞台を切り離すプロセニアムやシューボックスではなく、街の広場を使い、観客の参加をうながした中世の聖史劇や、多角形の桟敷席とその一辺を舞台とし、中央の平土間が観客席となるイギリスの《グローブ座》（一五九九）などの系譜に連なるだろう。設計者のグロピウスは、ローマのヴォルタ会議において、「今日の劇場建築家に与えられた課題は、照明や空間に関する演出家の要求のすべてに答える柔軟な装置を創りだすことであり、その装置は演出家の構想や想像を限定することがないよう、無性格なものにすることが望ましい」と語っている（『ワルター・グロピウス』グロピウス展委員会、一九八〇）。つまり、彼は伝統的な芸術を解体する前衛的な演劇にも対応できる空間を目指した。

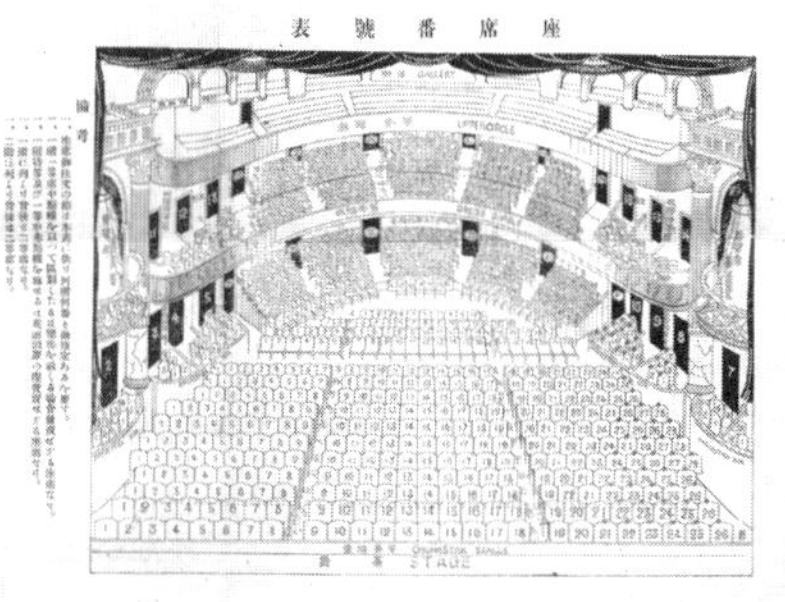

《帝国劇場》座席番号表

ところで、《トータルシアター》以前にも、『バウハウスの舞台』(オスカー・シュレンマー編、利光功訳、一九二五／中央公論美術出版、一九九一)において未来的な劇場が提案された。モホリ＝ナギの論文「演劇、サーカス、ヴァリエテ」は、「劇場の来るべき形式」は空中に浮かぶ可動の吊り橋と跳ね橋、見物席に張りだされたバルコニー、舞台と接合した花道、前後や上下に動かせる構造物と皿状の板などを備えるという。そして「新しい空間はばらばらな平面」によって成立する。同書では、この意見を反映したかのように、様々な可動な部分を組み合わせたファルカス・モルノールによる《U-劇場》の紹介が続く。上下、あるいは前後に動く、サイズや形状の違う矩形の第一・第二・第三舞台と、吊り下げられた第四舞台。天井の近くにある円筒状の中空の物体とその下部にある橋。そして舞台と階上席の間の跳ね橋。また観客席には、高さの調節できる回転式の椅子が並ぶ。それぞれのパーツがモダン・デザインの快楽を追求し、調整可能な機械の部品の集合体として劇場が構想されている。おそらく、観察のイメージも、オスカー・シュレンマー的なメカニカルな身体なのかもしれない。

日本という悪い場所の劇場

日本初の本格的な洋式の大劇場として登場したのが、海外を調査した横河民輔の手がけた《帝国劇場》(一九一一)である。ヨーロッパでは古典主義は珍しくない。だが、日本では文脈が異なる。洋風のデザインを採用し、民間のものだったとはいえ、《帝国劇場》は近代化の象徴として丸の内のオフィス街に仲間入りをした。本場ではすでに《バイロイト祝祭劇場》を嚆矢とする新しい潮流が始まっていたが、《帝国劇場》はむしろパリの《オペラ座》などを参照している。これを実現すべく努力した渋沢栄一や西園寺公望らが青春期の一九世紀中頃にヨーロッパの文化を見聞したことも、その一因だろう。もっとも、ハコは立派でも、当時の日本における洋楽の受容は低いレベルだったに違いない。嶺隆の『帝国劇場開幕』(中公新書、一九九六)は、歌劇部の指導者としてロンドンからイタリア人の舞踊振付師G・V・ローシーを招いたものの、附属管弦楽団の演奏能力と歌劇部員の歌唱力はひどく、怒声と罵声で叱咤し、苛立っていたと指摘している。やはり工学技術の移植に比べて、歴史の中で洗練さ

《国立劇場》

れた文化の輸入には時間がかかるのだろう。とはいえ、切符の導入、全館椅子席、場内での飲食禁止、芸術としての鑑賞、四時以降の開演など、新しい観劇の制度をもたらした。

横河はこう述べている。西洋には演劇の種類によって専門の劇場があるけれど、《帝国劇場》では、オペラ、ドラマ、歌舞伎、能狂言、映画、奇術、ミュージカル、音楽など、「何でもやれるようにと云う外なかった。故に凡ての場合を考慮に入れない訳にいかぬ」、と。ここにバウハウスの理想とは対極にある、近代日本の多目的ホールに対する現実的な悩みが認められるだろう。ホール建築で知られる佐藤武夫も、四〇年後に以下の発言をしている。「今、日本でも国立劇場だとか、ミュージック・センターだとかの動きがあるようですが、欲張って、あれもやりたい、これもやりたい、万能の小舎を作りたい、と言うような考えだけは止めて頂きたい」(『薔薇窓』相模書房、一九五七)。

日本は前衛が正しく機能しない「悪い場所」(椹木野衣)だった。また横河は、「実を言えば、廻り舞台も花道も用いたく無かったのだが、劇場の方の要求でそれに従うことにした」という。その結果、とり外しができる花道が設けられている。実際、《帝国劇場》では、採算と興行の問題を考えて、積極的に歌舞伎が上演された。横河は回り舞台を日本伝統の歌舞伎に結びつけて考えたようだが、逆に本場のヨーロッパではこの装置を使い始めていたのは興味深い。ともあれ、《帝国劇場》は洋風のデザインを基調としながら、プロセニアム・アーチの向こうで日本の伝統的な劇が行われたのである。逆に《歌舞伎座》(一八八九)は、内部が芝居小屋の形式を維持しているのに対し、古典主義のファサードをもっていた。

美術の分野でも、明治時代に導入された油絵を「洋画」と呼び、従来の絵を「日本画」と命名したが、絵具の違いによってジャンルを分けながらも、両者は奇妙に交配している。その一例として、和洋折衷主義的なパフォーマンスを行う宝塚の劇場があげられるだろう。ここでは独特の舞台装置が認められ、オーケストラ・ピットと観客席の間に「銀橋」という幅一・二メートルの細い湾曲したステージを導入し、両側の袖花道と接続している。

日本の場合、市民会館の一部にホールを組みこんだり、多目的ホールによって代用したために、公立による専用の劇場や音楽施設がなかなか登場しなかった。そうした意味では、やはり日本という「悪い場所」では、ゼードルマイヤーが指摘した純粋な芸術のジャンルに対応した建築の登場も難しい。近代美術も最初からホワイトキューブに置かれていたわけではなく、しばしば百貨店で展示されていたが、日本初の公立近代美術館が鎌倉に開館するのは、戦後の一九五一年だった。当時の決して大きくはない絵のサイズを見ると、どのような空間に展示されるのかを想定して描いたように思われる。劇場も仮にハコが先行しても、すぐには内容が伴わない。教育機関によってパフォーマンスを行う人材の層が分厚くなり、それを支えるシステムとメディアが整備され、ふさわしい近代的な観衆が育つことが必要である。日本においてオペラやバレエが上演できる本格的な施設の登場は、前川國男の《東京文化会館》(一九六一)を待たねばならなかった。

日本劇場興行史序論

徳永高志

興行とは何か

現代の日本において、劇場の「中身」＝ソフトを表す場合、また、演劇・芸能を実施する場合に「興行」という言葉を使うことが多い。

そもそも、興行とは何か。興行の代表的な英訳として、① a show；a performance ② show businessがある。すなわち、実演芸能そのものと芸能にかかわる経済行為という二つの意である。これは、英語に興行を表す言葉がないとともに、日本では劇場で行われる行為全般を広く曖昧に興行と呼んできたことを示している。本稿では、日本にしぼって興行の意味の変転を追いながら、劇場マネージメントの歴史を追ってみたい。

前近代の「興行」

興行という言葉が歴史上に現れたのは、一般に『吾妻鏡』や『平家物語』、すなわち一三世紀前半であると考えられる。「政道興行」「灌頂興行」などと用いられていて、大規模な政治的宗教的行為の実施を意味していたと思われる。一三世紀後半には「寺社興行法」という言葉があり、宗教的権威＝国家秩序を恢復することを指していた。芸能などの実施を現す表現は、一世紀ほどのち、一四世紀後半に記された『太平記』に橋の勧進のために見世物を「催す」、という文脈で現れている。これは、かつて宗教的儀式に芸能が大切な役割を果たしていたことを考えれば、不思議ではない。「興行」は、何かを開催することで抽象的精神的世界を再構築するキーワードであった。

金比羅大芝居（香川県琴平町）。金比羅宮修理のための勧進を恒常的に行うため、という宗教行為を名目として、一八三五年に常設の金比羅大芝居が設立された。この劇場は次々と転売されて、〈稲荷座〉〈千歳座〉〈金丸座〉と名称を変え、また映画館に転用され、一九六〇年代には、いったん廃墟と化した

江戸時代になると、興行は能や雅楽の奉納など宗教的儀式に伴う芸能行為との意味を残しながら、次第に宗教的行為から離れ、a performanceの意に移行していく。今日、私たちがイメージする劇場が成立したのもこの時期である。興行の諸相を今少し具体的に見てみよう。

興行をキーワードとして、江戸時代の芸能を分析したのは、守屋毅であった。彼は、一八世紀以降、芸能の商品化が進行したことを指摘した。言い換えれば、芸能の上演行為＝興行が経済行為として認識されたのである*1。

興行が経済行為となるためには、場の確立＝劇場の設立が必須条件であった。歌舞伎に限っていえば、一六二四年に、猿若（中村）勘三郎が《猿若座》（のちの《中村座》）を設立したのが常設劇場の最初とされている。その後、一六五二年には歌舞伎など芝居への女性の参加が風紀を乱すとして禁止され、結果としてドラマの追求がなされ、元禄期には演劇としての歌舞伎が飛躍的な進歩を遂げた。それに加えて、歌舞伎、人形浄瑠璃などの演劇や落語、説教節などの芸能が、階層の広がり（＝鑑賞者の商工層への拡大）と地域的広がり（＝地方都市上演の拡大）を獲得するにつれて、芸能の商業化が進行した。また、固定された屋根と客席をもつ劇場空間が形成された一七二四年以降は常時公演が可能となり、劇場が利得を生むもの、と認識されて、興行が次第にshow businessのニュアンスを強めていった*2。

一方、身分制社会のもとで芸能は自由な経済行為ではなかった。一七世紀半ば以降、公には大規模な歌舞伎のみが幕府に認められた。江戸では、元禄期以降四座が官許されたが、一七一四年の江島生島事件で《山村座》が廃絶、基本的に明治維新まで三座が維持された。上方では一七世紀半ばに京都四座、大坂六座が認められたが、浮沈を繰り返しながら、幕末には二座ずつが辛うじて継続した*3。

江戸では、興行権を与えられたものは「座本」と呼ばれた。彼らは役者で世襲制であり劇場の所有者でもあったから強い力をもった。それに対して、大坂では劇場主のほかに、興行権をもつ「名代」がいるのが普通で、座本は江戸と同様俳優であったが、名目のみのことが多かった。時代が進むと、名代も実質上の興行師の間で売り買いされ、出資者である「金主」が強い力をもった。塚田孝は、この金主に大坂指折りの豪商がなっていたことを指摘し、演劇と劇場が投資する対象になっていたことを

明らかにしている。すなわち、大坂のほうが、演劇と劇場が江戸時代の身分制や権力構造から自由であったともいえる。以下で紹介する松竹や東宝の出自が関西＝上方であったことと、無関係ではないだろう[*4]。

各地域の劇場では、江戸や大坂などの歌舞伎の巡業がなされるとともに、それぞれの地域の劇団の興行が行われていたことが、近年、わかってきた。それは、いわゆる農村歌舞伎の枠組みにおさまるものではなく、幕府の方針と、それぞれの封建領主の支配と、地域の演劇への欲求と、それを経済行為として利得を得ようとする層とのバランスの上に成り立っていたことが、竹下喜久男や神田由築によって明らかにされている[*5]。

近代の「興行」

興行は明治維新後になると、ほぼ現代と同様の意で使用される。たとえば、法律上最も早く興行という言葉が使われた一八九九年の著作権法で、「興行権」は「各種の脚本及楽譜の著作権は興行権を含有す」と規定され、興行は明快に芸能行為の実施を指している。

では、興行の実態はいかなるものであったのか。

江戸時代との最大の違いは、劇場の運営と俳優の分離である。象徴的な例は、一八九九年、《歌舞伎座》の成立であった。よく知られているように、歌舞伎愛好者で演劇改良運動の提唱者でもあった福地源一郎が、自分たちの理想を実現しようと設立した劇場であった。彼が、劇場経営の経験のある千葉勝五郎を財政の責任者として起用して、共同経営した。座本が俳優で強い権力をもっていた東京では劇的な変化であった。俳優は劇場と契約する存在となったのである。これに先立って一八七八年に新設開場された《新富座》は、もともと俳優であった一二世守田勘也が依然として維持していたが、これを機にいっそうの興行の近代化を余儀なくされた[*6]。

一方関西では、すでに劇場の運営と俳優の分離が進んでいたので、興行の変化は劇場と俳優の契約関係や観劇チケットの販売方法に現れた。二〇世紀に入る頃から、《朝日座》をはじめとする各劇場

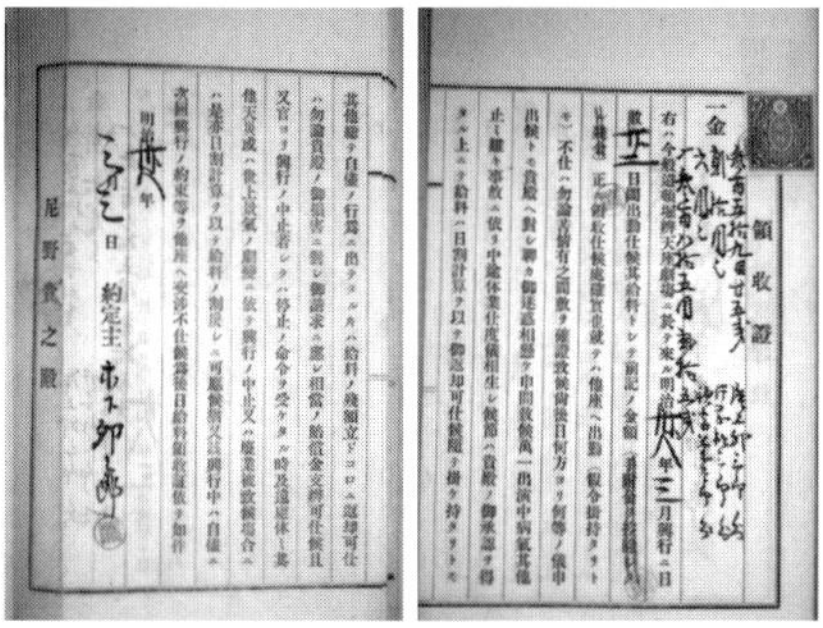

《弁天座》と二代目尾上卯三郎一座との契約書（提供＝疋田正博）

では、茶屋を通じてひいき筋を中心に座席（多くは升席）を配分する方式を改めて、規定のチケット代金のみを受け取る方法に改められた。また、竹田芝居の系譜を引き継ぐ《弁天座》が劇団と結んだ契約によれば、劇場は事前に手付金を支払うこと、公演直前に出演料全額を支払うこと、他劇場からの引抜きや契約違反の場合は、劇団が違約金を支払うことなどが決められていた。

《朝日座》のような急速な茶屋の解体が、すべての劇場にできたわけではなかったが、まずは劇場と出演者の契約の整理から始まり、チケット制の導入、茶屋の解体へと、次第に劇場運営のシステムが移行していった*7。

全国的な興行会社松竹の登場が、この移行を加速させた。松竹は、京都の劇場経営を基礎に、一九〇二年に白井松次郎、大谷竹次郎兄弟が合名会社を結成したことに始まる。一九〇六年の《中座》を手始めに、一九〇九年に《朝日座》が、一九一〇年に《新富座》が、一九一三年に《歌舞伎座》が、そして一九一六年には《弁天座》が実質的に松竹の経営に移行した。一九二〇年代には、東西の大劇場のほとんどが松竹の影響下に置かれた。

これらの劇場では、すでに各劇場で試みられていた興行の近代化を背景に、俳優-劇場-観客の一貫した契約関係を確立し、各劇場のキャパシティと機構にあった上演内容を割り振るといった経営を行った。一九一一年に設立されて、日本で最初の劇場のクローズドシステムを採用した《帝国劇場》にしても、一九三〇年に松竹に移行されるや、客席がやや少ないことと換気装置があることを理由に映画館に転用された。一九三二年には、阪急資本が設立した㈱東京宝塚劇場（一九三四年から㈱東宝）が加わり、戦後の二大興行会社の原型が出来上がる。それぞれ当時の娯楽の王であった映画の制作・配給会社も傘下におさめ、ショービジネス全般を掌握することになった。

地方の劇場の興行は、大都市とは異なる様相を見せていた。二〇世紀に入る頃から地方劇場は急増した。給与所得者が増え芸能の需要層が増加したこと、一八九〇年に小芝居が公認されるなど、歌舞伎以外の多様な芸能が増えたことが基本的な背景にあった。この頃には木造トラス工法が地方に普及し、比較的容易に規模の大きな劇場が建設できるようになったこともあるだろう。

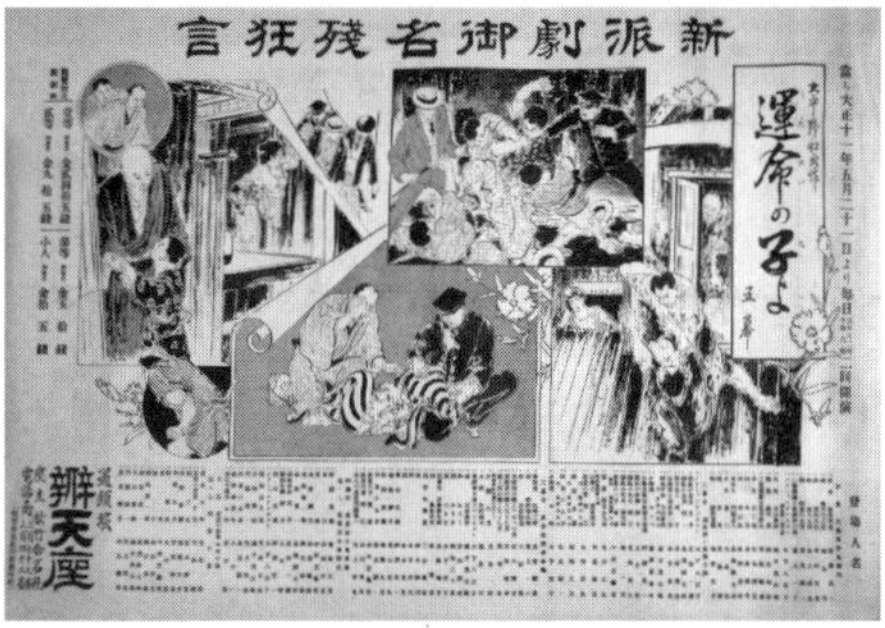

一九二三年五月の《弁天座》の番付（提供＝疋田正博）。松竹の経営となった《弁天座》では、大きな舞台を必要とせず上演費用の安い新派や大衆演劇ばかりを上演した

現在残されている劇場では、《八千代座》（熊本県山鹿市、一九一一年開場）や《内子座》（愛媛県内子町、一九一六年開場）が、この時期を代表する中小都市の劇場であるが、いずれも株式会社形式をとっていて、小口の出資を一〇〇人以上から集めて建設されていた*8。

注目すべきは、《内子座》では通常の株とは別に「興行株」（通常株と同様の一株二〇円、二〇株）を設け、興行権を分与していた点である。内子町および近隣の一〇人がこの株を購入し、興行権を得ていた。彼らが《内子座》で興行を行えば行うほど、《内子座》の収入が増え、一般株主の配当が増える仕組みであった。興行株主は劇場公演の内容を左右し、劇場の経営権をもつ株主とともに、劇場の命運を握ることになった。一九三〇年前後まで各劇場は、劇場間の競争はあったものの総じて安定した経営を行った。

一方、一八九五年に設立された《明治座》（岐阜県中津川市）は、劇場貸出しに関して、公演の規模と内容（大規模な歌舞伎であるのか、見世物であるのかなど）により一日三〇銭から二円五〇銭の料金を設定したが、「営利的に関せざる公会並に地芝居は無料」とし、地域の公会堂としての役割が付与されていた。《明治座》のあり方は、すでに公立文化施設の萌芽ともいえる形態を示していて、言い換えれば公共性と営利の両方をにらんだ経営が始まっていたのである*9。

全体として、地域住民が所有権と興行権をもつ劇場はその意思を反映したものになり、運営の方式もまたそれに左右された。大都市部と地域で、規模、経営者、観客は異なっていたが、二〇世紀以降のすべての劇場は、江戸時代後半から始まった芸能の商品化の延長線上にあったといえよう*10。

現代の「興行」と展望

戦後、制定された興行場法では、「興行場」とは映画、演劇、音楽、スポーツ、演芸などを公衆に観せ、または聴かせる施設と規定された。また、興行権は、松竹、東宝、吉本興業といった芸能関係の企業に帰属するのが一般的になり、劇場と切り離された。その結果、俳優などのパフォーマーも各企業に帰属することになった。興行主の直営劇場は、映画館以外は徐々に減少し、劇場主＝興行者ではなく

《内子座》内部。広告は当時のままで、広告主のほとんどは株主であった

なっていく。

近年の例であるが、戦後を代表する東宝グループの直営劇場であった《梅田コマスタジアム》（一九五六年設立）は、一九九二年に《劇場・飛天》という名称で若干場所を移動して建て替えられ、チケット単価の高い一カ月単位の直営公演を行う劇場として運営されたが、予想ほどの観客を得られず、二〇〇〇年に《梅田コマ劇場》と名称を変更、さらに二〇〇五年に《梅田芸術劇場》と名を変えた。依然として阪急系列の株式会社経営ながら、数日単位の直営公演と、一日単位の公演、貸し劇場として、運営されるに至った。最大規模の興行会社にとっても、劇場は次第にパフォーマンスを見せる道具と化し、またはレンタルされる場となったのである。

一方で「興行」は多分に危険な博打的要素を含む行為、との理解も定着する。

木村錦花『興行史の世界』（青蛙房、一九五七）に紹介されたエピソードによれば、讃岐高松の興行師石原佐太郎は同地の《大和座》を根城にしていたが、自分が違約して先に迷惑をかけたときには自らの指を差し出してけじめをつけたため、指が二、三本しか残ってはいなかったものの、義に厚く信頼があったという。興行という言葉は、プロレスなどにも使用され、当たれば儲かるが失敗すればすべてを失うものと考えられるようになった[11]。

一九八〇年代以降、自主事業を行う公立文化施設が数多く生まれたことは、「興行」を劇場と地域に取り戻すきっかけであった。しかしその自主事業が、危険な商行為とはほど遠い税金で守られた啓蒙的なもの＝社会教育と位置づけられてスタートしたため、クラシック音楽や一部の演劇を除き、自他ともにそれまでの興行と完全に隔絶したものと認識された。

にもかかわらず、契約の相手はそれぞれ旧来の興行習慣で活動を続けていたために、多くの混乱と誤解が生じた。そのために、施設側が芸能世界を必要以上に神秘性をもって語ったり、恐れたりした。この齟齬は現代の公立文化施設の運営にも微妙な影を落としている。

他章で詳述されている《茅野市民館》（長野県茅野市、二〇〇五年開館）を例にあげれば、計画当初より市民との協働を強く打ち出しているがゆえに、毎年、主催事業を決定する際に、事業を他興行会社から買

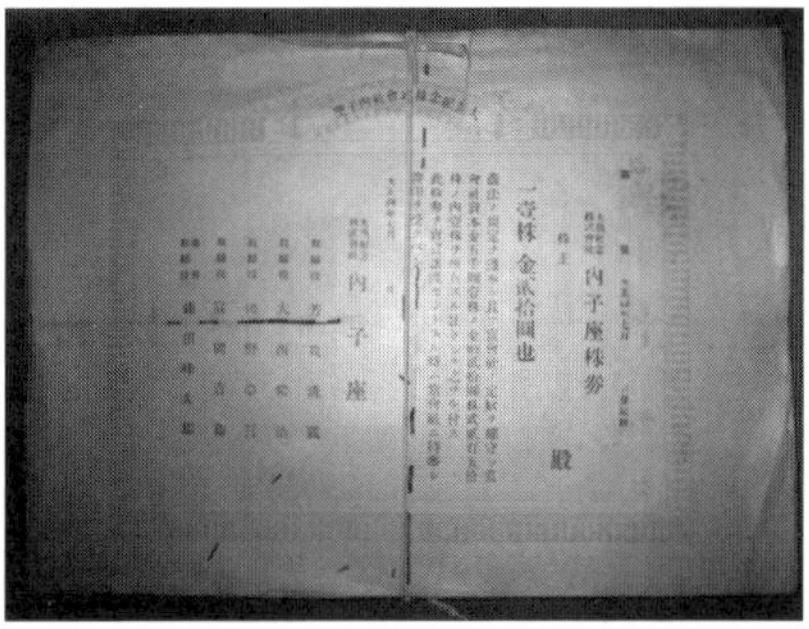
《内子座》の株券（提供＝内子町）。《内子座》の建設総費用は当時の金額で六〇〇〇円であった

うことの是非、何をもって主催事業とするのか、その採算性は何を基準として計るのか等々、興行の公共性をめぐって市民と館スタッフらとの間で熱心な議論を積み重ねている。しかしながら、確たる規準を策定するのは困難で、毎回、手探りで方針を決めざるをえない。まして一年に数本の主催事業を興行会社から購入している公立文化施設の多くは、その是非を市民と検討する機会すらない*12。

全国的に見れば、ほとんどの劇場（ないし類似施設）が公立文化施設である以上、劇場自らが一定のファンドレージングを行いつつ、市民との協働のもとに果たすべき役割を再検討して「興行」を実施しうる能力を身につけ、公共劇場化しなければならないであろう。芸能世界側も、株式会社や財団、特定非営利法人などの公開性の高い経営形態を獲得して、あらたな興行の仕組みを形づくる必要がある。それが「興行」という言葉が本来もっていた意味＝「文化芸術の世界の再構築」を志す第一歩になるのではないか。

*1――守屋毅『近世芸能興行史の研究』弘文堂、一九八五年
*2――地方の劇場と演劇の関係を概観した資料として、服部幸雄『歌舞伎の原郷―地芝居と都市の芝居小屋』吉川弘文館、二〇〇七年
*3――天保期には、宗教的儀式として黙認されていた宮地芝居が禁止され、小規模な演劇や人形浄瑠璃の上演が困難になった。
*4――塚田孝『近世の都市社会史』青木書店、一九九六年
*5――竹下喜久男『近世地方芸能興行の研究』清文堂出版、一九九七年。神田由築『近世の芸能興行と地域社会』東京大学出版会、一九九九年
*6――『歌舞伎座百年史』本文篇上下巻および資料篇、松竹株式会社、一九九三、一九九五、一九九九年
*7――近代における劇場と演劇の変遷については、徳永高志『芝居小屋の二〇世紀』雄山閣、一九九九年。地方劇場の変遷については、同『劇場と演劇の文化経済学』芙蓉書房、二〇〇〇年
*8――宮沢智士編著『内子座八〇の年輪』内子町町並保存対策課、一九九五年
*9――藝能史研究會編『日本庶民文化史料集成 第六巻 歌舞伎』三一書房、一九七三年。所収の岐阜県劇場関係資料を参照。
*10――かつて地方の劇場は地域の人びとが自ら演じる舞台で、大都市部の興行目当ての劇場ではなかったという「農村舞台論」が語られていたが、《明治座》に見られるように、一八九〇年頃からすでに一定程度興行を目的として劇場が設立されていたし、爆発的に観客が増えた一九一〇年代に設立された地域の劇場は、興行が主目的で地域の催事の際に劇場貸出料を安くするといった程度の優遇があるだけであった。
*11――江戸時代に「侠客」「博徒」と呼ばれる階層が、大都市以外の地域の芸能興行を掌握しネットワークを形成していた。彼らは、江戸時代の身分制においては周縁に位置していて、近代以降も彼らに対する賤視が継続していたことも、現在に至る興行師が、江戸時代と断絶していたにせよ、こうした理解の背景にあると考えられる。
*12――地域の公共劇場の理念を明確に整理したものとして、清水裕之『二一世紀の地域劇場パブリックシアターの理念、空間、組織、運営への提案』鹿島出版会、一九九九年

《駒場小劇場》から公共の小劇場へ

高萩 宏

劇場でない空間への憧れ

七〇年代初め、男子校の演劇部員だった僕は、少人数で演じる男優だけの楽しい戯曲を見つけられず、自分たちで脚本をつくって上演した。「ロミオとジュリエット」の台詞が入っていて、別役実や清水邦夫の作品に影響された不条理でゲームのような芝居だった。公演場所は校内の図書館の付属室、天井は低く客席は一〇〇人も入れば満員だった（翌年、野田秀樹が高校一年生で別役実作の「門」を演じ、その翌年処女戯曲「アイと死を見つめて」を上演することになる場所だ）。文化祭での公演では満員の客を集めたが、無理に冬休みの前に行った特別公演は出演者の家族を入れても観客はまばらだった。

そんな高校時代、浪人時代、そして大学の演劇研究会に入ってからも、僕はよく芝居を見にいっていた。高校からの集団観劇でいったのは《日生劇場》の〈四季〉の作品だったが、心ときめく観劇経験はいわゆる劇場での芝居ではなかった。たしかに、七〇年代の東京は現代劇を行える劇場が圧倒的に少なかった。新しい演劇を志していた人たちは劇場を飛び出し、テントや倉庫や映画館で上演していた。公園や神社の一角にテントを張っていた紅テント、黒テント。ガラス屋さんの地下を劇場に改造したアンダーグラウンドシアター《自由劇場》、喫茶店の上の《早稲田小劇場》、映画の終わったあと芝居を上演していた《新宿アートシアター》など、公演する場所と上演する内容は深く結びついているように見えた。そして、いわゆる劇場でないところの芝居のほうが圧倒的に心に残った。

その流れが変わり始めたのは、一九七六年に《ＶＡＮ99ホール》で公演していた〈劇団つかこうへい事務所〉を、《紀伊國屋ホール》が招聘してからだ。その後つかさんは、《紀伊國屋ホール》を拠点に長期公演を打ち続ける。大きな舞台装置を必要としない、つかさんの舞台は《紀伊國屋ホール》の袖のあまりない舞台構造にぴったり合っていた。熱気のある舞台とつねにいっぱいの観客で、《紀伊國屋ホール》で上演することは若手劇団の憧れになっていった。

六〇年代、七〇年代に、芝居のできる空間を求めてあふれ出したエネルギーは、八〇年代には小さなスペースでの上演から始めて、《本多劇場》《紀伊國屋ホール》で公演することを「上がり」とする「小劇場すごろく」という小劇団の成功への軌跡に纏め上げられていった。

《駒場小劇場》廃墟の再生

七〇年代半ば、東京大学の学生劇団は公演の際、五〇〇人ほど入る舞台付きの（上演のための舞台というより講演会用のもの）二〇一と呼ばれていた大教室を使うか、固定の椅子がついていない比較的大きなゼミ室を使うか、学友会館二階の二〇〇人ほど入るスペースを使うのが普通だった。教室の場合、駒場祭といった特別の期間を除けば長期の使用は難しく、稽古のあと、毎回現状復帰することが使用の条件だった。七五年、僕は東大劇研として春には二〇一で「白馬童子」という公演を土日に行い、立見もいっぱいにし、駒場祭では「一本丸太助　惚れっぽいのはご免だぜ」という作品をゼミ室で上演し、追加公演まで含めて入りきらないほどの観客を集めた。そのときの駒場祭で、大学構内にテントを張った演劇の興行があった。こんな上演の仕方もあるのかと、僕たちは次の公演場所を校内に探した。その頃の東京大学駒場校内は、変な場所が至るところにあった。東側のくぼ地には小さな池が残っており、急斜面は人が下りるのも難しい崖で野生化した兎がいた。自動車部が専用に使っていたグラウンドはかなり広く、無免許で車の運転ができた。

「東大駒場寮食堂北ホール」は、そんな中で浮上してきた空間で、もともとは駒場寮の食堂だった。がっちりしたコンクリートのかまぼこ型の建物で、屋根も高く、冷房はとても望めないし、暖房するにもえらく費用がかかりそうな空間だった。寮生が減ったため南側だけを食堂として使うようになり、北側の一五メートル×二〇メートルの部分は締め切って使わないようにしてあった。管理は大

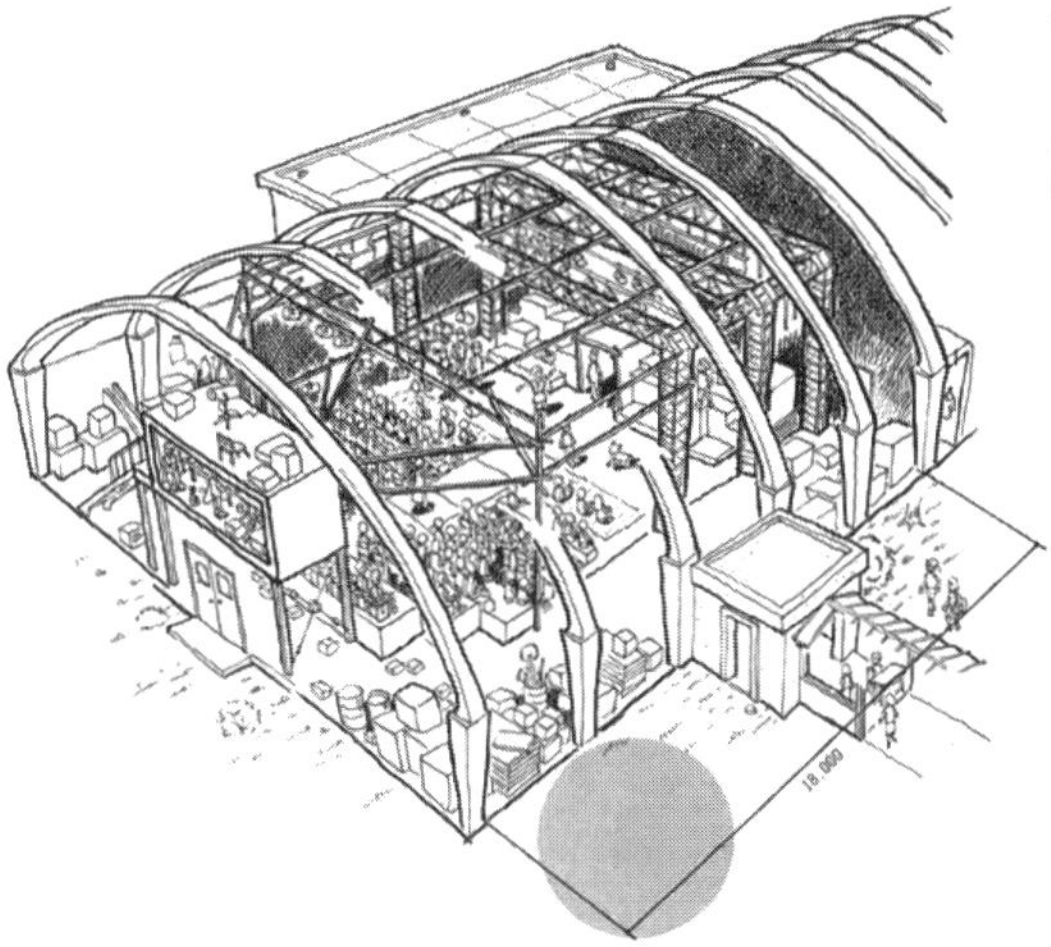

《駒場小劇場》

学当局ではなく寮委員会だった。かまぼこ型の天井の上に天窓がついていて、真っ暗にならない。僕たちは外側から急勾配の屋根に上って、黒い覆いを貼りつけることに成功した。高すぎる空間だったので、ホールの中に改めてテントを張ることも考えたが、結局もとの天井をそのまま生かすことにした。工学部の学生だったスタッフが図面を引き、工事現場のパイプを借りてきて足場を組んだ。舞台をつくり、高い足場に照明を吊り下げ「駒場サーカス劇場」と名づけた。〈夢の遊眠社〉と名前を変えて第一回公演「咲かぬ咲かんの桜吹雪は咲き行くほどの咲き立ちて明け暮れないの物語」を行った。

〈遊眠社〉が使ってすぐの夏、如月小春さんの所属していた劇団〈綺畸〉のスタッフ数人が、劇研が何時もたむろしていたカレー屋のぐりむ館を訪ねてきた。〈綺畸〉は、東京女子大の学生と東大の理系の学生を中心に結成されたばかりの集団だった。自分たちもあそこで公演をしたいという。別に我々に占有権があるわけでもなかったので寮委員会を紹介した。公演ごとに舞台設備に使った鉄パイプなどはとりはずして、もとの広い空間に戻すことが使用の条件だったので、結成したばかりの小さな集団に同じことは絶対できないだろうと思っていたら、一二月に彼らなりの使い方を工夫してなんとか公演してしまった。この「流星陰画館—星影の残酷メルヘン—」の作・演出が東京女子大生の如月小春さんで、ご自身も軍人役で出演しており女優としても輝いていた。如月さんがエッセイでこの場所のことを取り上げている。

「初めて駒場小劇場に入った日は暑かった。ギィッと軋む重たい扉をあけると、石造りの床からはもわあんと熱気が立ちのぼって、ヤブ蚊がその中をけだるそうに浮遊している。窓ガラスは破れ放題、高い天窓からは空が見える。ほとんど壊れかけたうちでたった三本ばかり残った蛍光灯が申しわけのあかりをなげかける。昼間だ。真っ昼間だ。なのに暗い。……私はその時、ここはゴミ捨て場だと思った。……実際、ここはそういう意味で劇場空間の初源がある（と私は思っている）。夏は暑くて冬は凍るほど冷たい、という環境設備を含めて、ありうべき空間の属性が備わっている」。（如月小春のフィールドノート「駒場小劇場ゴミ捨て場説」より）

七七年春に、〈遊眠社〉はこの劇場での二回目の公演を行った。そのときは、もう「駒場小劇場」と呼んでいたので、命名は〈綺畸〉なのかもしれない。二回目は空間の使い方も工夫した。だだっ広さを避けるため全体を使うことをあきらめ、劇場部分を奥の半分に限定する。残った半分の空間はお客さま用のロビーとして使った。空間が大きかったからできたこともあった。舞台奥の高みに水槽をつくり、寮から熱湯を運んで水槽に満たしてドライアイスを大量に溶かして、一気に舞台と客席を白いドライアイスの煙で満たした。まず大きなスクリーンに見立てていた幕を少したるませて、その内側にドライアイスを大量に貯める。そのたるんだ幕を舞台側に倒すことで、どっと舞台から客席までドライアイスを流し込み、野田秀樹ともう一人の役者（現在は東大教授になっている）の二人の胸まで煙に浸かった状態で最後のセリフ「お前の指を夕日の竈にくべに行こう」。前のほうの観客の頭まで隠れるほどに大量に流れ込んだドライアイスが真っ赤に染まるラストシーンは、自分でいうのも変だが感動的だった。

寮食北ホールは八〇年に入って大学が予算をつけて劇場化し、正式に《駒場小劇場》と呼ばれるようになった。空間の半分に照明を吊るせるように、常設のがっちりした鉄骨のブリッジを三つつくり、反対側に照明のオペレーター室を設置した。五〇センチほどの高さの縦三メートル、横六メートルの「でか台」と称される台を組み合わせて舞台面をつくるようになっていた。しかし、これが重くて数人がかりで押して動かすのがやっとで、夜中の作業などで難渋した。

《駒場小劇場》の管理は最後まで寮委員会だったが、駒場キャンパスを拠点とする学生劇団が協議会をつくって公演日程の調整にあたっていた。〈遊眠社〉は八二年に学内での公演を卒業した。如月さんも八二年には《駒場小劇場》を離れて、その後〈NOISE〉というパーフォーマンス集団を立ち上げて、八〇年代に数多くできた都会のおしゃれなスペースで活動していく。

《駒場小劇場》からは、その後〈夢見るOn The Rock〉〈ネヴァーランド・ミュージカル・コミュニティー〈現プラチナ・ペーパーズ、主宰堤幸彦〉〉〈瞑風過激団〈現ク・ナウカ、主宰宮城聰〉〉などの劇団が巣立った。現在は、この場所は駒場寮の取壊しとともになくなり、その伝統は大学の止規の建物としての「駒場小空間」という名のホールへと受け継がれている。空間も設備も最新のものに一新されたが、大学当局の管理下に入った空間では徹夜もできず、料金をとることもままならず、運営上は使いにくくそうだ。

小劇場第三世代という意味

ここで少し、小劇場運動という言葉に注目してみる。ヨーロッパにおける小劇場運動〈リトルシアタームーブメント〉は、一九世紀半ばに起こっている。劇場経営の免許制度が廃止されたのち、より舞台と観客の親和間を強調して始まり、大劇場での商業的成功を目指すのでなく、芸術性、実験性の高いオリジナルの戯曲作品の上演を目的としていた。パリでアントワーヌが始めた《自由劇場》では、ゾラなどのリアリズム演劇が生肉など本物の小道具を使って上演された。ロシアではスタニスラフスキーらの《モスクワ芸術座》がリアリズム演劇芸術理論に則ってチェーホフやゴーリキーの作品を世に送り出した。アメリカにおいては、二〇世紀初め、ブロードウエイの商業的な芝居に飽き足らない人たちが「小劇場運動」を始めている。彼らがユージン・オニールを世に送り出し、独自のアメリカ演劇の基礎を築いていった。欧米における小劇場運動は、各国でオリジナルな劇作家を育て、世界的な同時代演劇が創られていく基礎を築いたともいえる。

欧米の小劇場運動は、大劇場でのスター主義や万人向き上演に対する反対運動としてリアリズムを標榜して起こった。日本の戦後の小劇場運動は、そのリアリズム演劇を目指していた新劇運動に対抗して起こっている。日本では、第二次大戦後、東宝や松竹に代表される商業演劇が娯楽として大いに栄えていた。しかし、リアリズムを標榜した運動としての新劇も地方鑑賞組織の大発展で興隆を極めていた。日本の小劇場運動は、こうした新劇団の状況に対してアンチを唱えて始まった。

戯曲を重んじリアリズム演劇を標榜する日本の新劇運動、といっても当時の劇団はテレビや映画に出演して稼いでくるスターの力が作品の選定においても演技の方向性においても大きかった。そういう新劇の劇団経営に対してアンチを唱えたのが小劇場運動第一世代だ。三〇〇席の《俳優座劇場》より、さらに小さな、劇場とは呼べないような空間やテントで、肉体の復権、日本の土壌に根ざしたオリジナルな作品の上演を目指した。第一世代は、新劇の養成所の出身者が多く、自分たちの育ててくれた新劇への強烈なアンチという姿勢がはっきりしていた。

それと比べて、〈夢の遊眠社〉や〈第三舞台〉〈劇団綺畸〉など、小劇場第三世代といわれた劇団の多くは学生劇団から出てきた。商業演劇も新劇も、第一世代の様々な実験も、一観客として見て育った世代が、小劇場の第三世代と呼ばれた劇団の核を担っている。第三世代は前述の「小劇場すごろく」という言葉に代表されるように、拠点空間をもたず、劇場を次々と変えていくことで劇団の活動を広げていったことが特長だった。つまり、世代的なくくり方はされているものの、小劇場第三世代と呼ばれている世代は、第一世代と比べると空間へのこだわりは少なかった。上演内容と上演していた空間の結びつきも弱かった。たまたま、使えた空間が小劇場だったといってもよいかもしれない。しかも、〈遊眠社〉などは、《駒場小劇場》を拠点としていたとはいっても、前述のように《駒場小劇場》は小劇場と呼ぶには意外に大きな空間だった。

公共の小劇場空間への期待

小劇場運動と呼ばれた世代は、グループとしては第三世代まではくくられたが、九〇年代の「静かな演劇」と呼ばれたグループは、第四世代とは呼ばれなかった。彼らは平田オリザが拠点としていた《アゴラ劇場》が小劇場空間であったから、上演場所としてそこを選んだというより、日常生活に近い、舞台と客席が同じ空間に存在する小さな空間を意識的に選んで上演していった。それは、口語日本語劇を標榜する彼らの戯曲のテイストともあっていた。彼らは成功しても、決して広い空間に出ようとはしなかったことで、先行する世代と大きく分かれている。

「静かな演劇」と呼ばれた彼らは、第一世代から第三世代とまで呼ばれた小劇場運動も含めて、何でもありになった日本の演劇状況全体を体験しながら、自分たちの表現に一番ふさわしい場所として小空間での上演を意識的に選び取ったということで、欧米の小劇場運動に近い存在なのかもしれない。欧米においても日本においても、小劇場を選び続ける彼らは、興行的な成功を目指していなかった。

日本においては、彼らが台頭してきた九〇年代は国としての文化芸術政策がようやく始まった時期だ。九〇年の芸術文化振興基金の創設に始まり、九六年には芸術団体への三年間の継続支援という画期的な施策などを含む文化庁の「アーツプラン二一」が始まっている。ここに至って、日本ではじめて演劇人が自ら発表の場所を求めて様々な空間を使っていくのではなく、公共のお金を使って演劇人が活動しやすい場所として演劇専門の小劇場がつくられる、という事態に至る。その象徴が一九九七年に開場した《新国立劇場》のザ・ピット、区立の《世田谷パブリックシアター》のシアタートラムであった。行政はようやく表現したい人たちへの恩恵的な支援から一歩踏み出し、社会のためになんらかのかたちで役に立つように公共のお金を投資的に演劇の発表の場に使うことに舵をきった。《世田谷パブリックシアター》のシアタートラム、《新国立劇場》のザ・ピットが、何でも演劇表現の実験ができる劇場空間として使われ、そこからその小さな空間ならでは、といわれる舞台芸術上の成果が数多く出てきているのもそういった一連の文化政策の成果であるといえる。

二一世紀に入り、公共による小劇場空間は次々とつくられてきている。それらの空間は、小劇場第一世代が自分たちの表現できる場所をビルの地下やテントに求めたのと異なり、映像が使えるようになっていたり照明機材の最新のものが整備してあったり、舞台表現をより深く多様に発展させることのできる空間である。武蔵野市の《吉祥寺シアター》、調布市の《せんがわ劇場》、川崎市の《アートセンター》、杉並区の《座・高円寺》で、表現したい人たちがつくり演劇関係者や演劇好きの人たちが喜ぶだけの作品でなく、地域社会から新たな観客を開拓し、地域の様々な期待に応えられるような作品が現れることを期待する。《東京芸術劇場》の小ホールも、二〇一一年四月からの一年間と少しの改修を経て二〇一二年には再オープンし、その一翼を担えればと思っている。

地域の文化会館は誰のものか
文化政策的観点からの一考察

小林真理

はじめに

歌舞伎や能の公演を行う芝居小屋とは異なる西洋の舞台芸術を上演、鑑賞する場としての劇場というものが日本に出現するのは、明治以降近代化の歩みを始めることによってであるが、日本政府が正式にその設立に積極的であった節はない。国が劇場という名の施設を設置したのは、戦後約二〇年を経た一九六六年の《国立劇場》が最初であり、一九八四年に文楽をはじめとする上方伝統芸能の中心的な役割を担う《国立文楽劇場》が開場し、さらにそれに遅れること三〇年を経て《新国立劇場》が開場したのが一九九七年である。その後、沖縄にも国立劇場を開場したが、基本的に舞台芸術のジャンルごとに殿堂的な施設を建設してきた。地方自治体レベルに目を転じると、その名称こそ文化会館であったり、文化ホールであったりするが、舞台芸術公演を行うことを目的に設えられてきた施設が建設に拍車をかけるのが一九八〇年代に入ってからのことであり、その勢いは全国的に波及した*1。筆者は質の高い、多様な舞台芸術が日本全国で競い合うように展開される将来を夢見るが、ここではそのための基盤づくりとして、これまでの日本に何が欠けているのかということに注目をして、今後の政策的方向性を考えてみたい。その際に、これらの施設がどのようにして全国各地に広がりを見せたかについて、その原点に立ち返って考えてみることと、現在一部議論が始まっている「(仮)劇場法」を前提に、他の関連法規がこれまでにどのような役割を担ってきたかについて検討してみたい。

舞台芸術施設の特徴

文化施設のこれまでの歩みを見るとき、一九八〇年代以降にできた舞台芸術に適した文化会館は、それまでに開設された市民会館とは異なる、むしろ図書館の必要性を認識するのと同レベルの思想が流れているように思う。もちろん当時の経済状況や、おおむね公共施設の整備が終わったといわれる時代で、新たな「箱モノ」的公共事業として登場した一定程度の文化ホールを批判的にとらえることは十分に可能である。また、自治体ごとに多様な公共施設が整備される中で、文化ホールがそのカタログの一つとしてしか機能しておらず、「隣の自治体には〇〇があるのに、うちにはない」、といった住民意識が、文化のニーズとはかけ離れたところで計画されたこともあるだろう。たとえそうだとしても、「文化」や「芸術」に対し、何がしかの思いが込められたということを思い起こしておきたい。というのも、施設面に注目すると、それまで一九六〇年代頃から建設されてきた多目的集会施設として一五〇〇ほどの席数をもつ「市民会館」と明らかに異なっている点があるからである。

その特徴は第一に、市民会館は一般的に人口がある程度集中している県庁所在地レベルの都市に存在するのに対して、文化会館はそれに限られない。そもそも民間事業者が、利益を目的に行う事業を展開することができない地域に設置されたということを思い起こす必要がある。第二に、使う側からの要望も含めて文化会館の高度化・専門化にも関係しているが、優れた音響設備に代表される高機能な舞台機構や設備を有していることである。第三に、美術館や博物館においてコレクションが重視されるように、ハード面だけではなく自主事業を展開することを前提にソフトに注目されていた。それは詰めた議論ではなかったかもしれないが、生の演劇や演奏を見たいという程度であったとしても、中身の問題に注目したということだ。そして現代において最もその価値が見直されるべき特徴として第四に、生身の人間の身体を使った文化活動が素材であるということである。前述した通り、これまでの文化の理解に重要な役割を担ってきた書物や形態資料（博物館に展示可能な資料）に限定されない、文化理解のメディア（媒体）として生身の人間の身体性に注目されるようになった。

一九八〇年代以降に建設されてきた文化会館の源流をさかのぼったときに、そもそもは集会施設であった公会堂に行き当たることが、同様の機能をもった欧米の劇場とは異なるということが指摘される。たしかに行政府による設置という面に注目すれば、この見解は正しいのだろう。いや、行政府による設置と限定するのも正確ではなく、大阪の《中ノ島公会堂》が民間の篤志家によって建設されたことを思い起こせば、個人のイニシアチブで設立されたものを、なにがしかのかたちで行政府が管理を委託されたものもある。もし、文化会館を舞台芸術のための施設という特徴に注目するのであれば、その憧れの源流は江戸時代に各地で展開していた芝居小屋にさかのぼることも可能であろう。公会堂であろうと芝居小屋であろうと、両者ともに欧米の多くの劇場で当然視されてきた劇場と劇団が一体型で活動しているものと異なるという点では一致しており、公会堂は演説や講演を行う者が、また芝居小屋においては興行主が外からその施設を利用・活用したい者がやってくるということには変わりはない。しかしながら、欧米の劇場についても、いつから創造団体が一体化して活動しだしたのかということは考えられなければならないだろうし、創造的機能が重視されなければならなかった状況があることも考慮に入れる必要がある。おそらく、一八世紀に劇場が果たした役割は、その形態や運営方法に似たように見えるものがあったとしても、果たす機能が一九世紀や二〇世紀では異なる。しかしながら現在なお、関連の芸術への発展に貢献するような創造的活動をしている劇場が評価される伝統が欧米にはある。それは芸術が発展していくことが、新しい表現への人間の工夫と創造性の発展と同様に考えられ、そのことが社会的広がりをもって（それは社会階層という限定的な場合もあるが）、芸術活動の価値が承認されているということである。つくりあげられた表現の評価は当然のこととして、新しいものをつくりだそうとする活動（過程）そのものに社会的承認が得られているといえばいいだろうか。したがって、地域劇場であっても、地域の住民のための劇場という意味合いとともに（というよりは、むしろ）、行政区画や国といった政治制度に限定されない当該芸術活動そのものへの貢献とともに、舞台芸術にかかわるアーティストたちのキャリア形成と雇用の場として機能しているという意味で、住民に限定される閉じられた空間での活動ではない。それに対して日本の文化会館は、施設としての機能は欧米の劇場やコンサートホールと同レベルかそれ以上のものであるが、その運営については住民自治で運営されている文化施設（日本でいうところの公民館的な施設）に近い内容である。したがって、芸術活動の発展という側面に目が向いている場合については、これまでの公民館活動を抜け出させるために、専門家の必要性が積極的に要請されたりする。

文化受容・発信のパラダイム転換としての自治体文化行政論

この文化ホールができてきた背景には、一九七〇年代後半から展開される自治体文化行政論が大いに影響し、それまでの都市部にしか存在しえなかった文化施設の概念を変えたという点で、画期的な意味をもっていた。自治体文化行政論に大きな影響力をもった松下圭一や森啓は、その論考の中で自治体によって行われる文化行政が国の法律によって行われるものでないこと、法的根拠の欠陥を市民文化の振興という市民と地方自治体との合意によって形成することで担保し、そのことはそれを行う行政がそれまでの行政文化を一新させること（行政の文化化）を条件としていた。国の法的枠組みがないことは、自治体職員自らがその施設の企画を構想し、財政的裏付けを思案するという企画力と実行力、そして市民との合意形成という調整が試される事業となり、それまでの行政職員の振舞いを一転させるということを、行政が文化的になる（より高度化する）と表現したのである*2。

これは、それまでの国からの指示（法律）を待って施策を展開するという行政施策遂行のあり方を覆すという発想であり、それは「地方の時代」や真の意味での地方分権が求められていく時代背景、そして地域の固有性（文化性）への発見とも結びついた。したがって、自治体文化行政論は地域の文化的資源を再確認しながら、地域から全国に向けて文化を発信する、という目的があった*3。その場として、文化ホールに注目が集まったということである。それまで、舞台芸術系の生の公演などについては、集客が見込まれる都市部でしか催されなかったことは、先に述べた市民会館がそのような場として例外はあるものの、県庁所在地レベルの都市に建設されてきたことからもわかるであろう。自治体文化行政論の一環として建設された施設が、それまでに集客が見込めない地域、あるいは利益を生み出しにくい仕様で設立されたことに注目しさえすれば、同じように機能させることが目的ではなかったことがわかる。民間事業者であれば決して公演を打たない地域に、文化施設をつくったことの意味こそを問い返さなければならないということである。

実はその先駆け的なモデルが、一九八〇年代当時から文化施設建設担当者が必ず訪れたという兵庫県の《尼崎青少年創造劇場（愛称ピッコロシアター）》と宮城県加美町（旧中新田町）《中新田文化会館バッハホール》だ*4。《ピッコロシアター》は一九七八年に設立され、それまでの集客と経営的利益を重視する施設とは異なるコンセプトでできあがっていることは、その名称と施設仕様を見れば明白である。民間事業者が、公演事業を成功させるために二〇〇〇席以上を望むのに対して、この施設は大ホールでも五〇〇席で、中ホールが二〇〇席ほど、そして小ホールが一〇〇席未満の規模である。現在、大ホールといわれるものが一〇〇〇席以上を示していることを考えれば、その半分以下ということになる。したがって、その席数だけを見ても、民間事業者が公演を行って利益を得るというタイプのものを目指していたわけではないことがわかる。この施設は、発足当初から館長を民間の専門家に委ね、施設開館後に俳優や舞台技術養成の学校を併設し、さらにのちに劇団を創り、芸術監督を置くという一般の欧米の劇場の運営方法がとられてきた。そのことを可能にしたのは、俳優養成学校と専門家集団としての劇団、施設を有して活動を行ってきた〈宝塚歌劇団〉が存在したことも大きかったのではないかと思う。この《ピッコロシアター》の活動が注目されたのは、阪神淡路大震災のときであり、被災者向けの活動を積極的に行い、それが紹介されたおりである。

また《バッハホール》も、「田んぼの中のコンサートホール」として注目を浴びた。所在地や子供から大人まで参加できる学びの場としての「バッハ音楽院」での地道な活動もさることながら、贅沢な空間に設置されたパイプオルガンは、日本におけるパイプオルガンによる音楽文化や文化ホール建設に影響を与えた。西欧においてパイプオルガンが設置されているのはキリスト教会が中心であり、その文化を背景にパイプオルガンのための作品も宗教曲を中心に発展してきた。それをその文化的背景を抜きに、ホールに設置してしまうこと自体は奇妙なことであり、もし西欧のパイプオルガンの設置のあり方を正当だとするならば、その行為自体許されないということになるだろう。しかしながら、先にも述べたように、自治体文化行政の発想はそれまでの文化受容や文化創造のパラダイム転換であったことに目を向ければ、文化ホールという場にそれまで決して日本では一般的ではなかったパイプオルガンを設置し、そのことがその後の文化ホール建設に与えた影響を考えれば、文化のあり方に与えた影響は決して少なくない。不思議に思うのは、見学に訪れた多くの施設建設担当者が、この《ピッコロシアター》の運営や《バッハホール》の思想をなぜ模倣しなかったのかということである。文化会館を演劇中心の施設として建設した自治体が、すべて兵庫県のように運営を行っていたとしたら、また文化受容と発信のパラダイム転換を提案する《バッハホール》の気概を持ち続けていたら、どれだけ日本の舞台芸術をめぐる状況は変化したかを想像すると、残念に思われる。

博物館法に見る文化に関する法政策の一事例

全国に文化会館が整備されてきたきっかけは、国の法的根拠がないことが幸いしたという言い方もできる。しかし、長らく続く自治体の財政状況の低迷と、理念をもたない文化会館建設の横行は、これら整備された文化会館の運営には厳しい状況を強いてきた。また、市町村合併により複数館を管理しなければならなくなった自治体においては、その活用に頭を悩ませているところも多い。そのような中で、民間の関連団体から「劇場法（仮称）」を制定させてはどうかという動きがでてきている[*5]。これらが劇場関係者、あるいは劇場にかかわるプロフェショナルな人々による運動であるが、それに対する是非を述べる立場ではないのでここでその具体的な内容には触れず、本稿ではそれを議論する前提を考察しておきたい。ここでは比較として、地域の文化の振興に大きな影響を与える施設として存在する博物館の成立ちと現状について、法政策的側面から簡単に見てみたい。

博物館法が構想段階で、博物館の社会への普及を考えた人たちからどのように想定され、それに見合った法が制定されたかどうかは別として、博物館法の構造を見ると以下のように機能してきたことがわかる[*6]。博物館法は昭和二六年に制定された法律であり、改めてその目的を記すまでもないが、昭和二四年に制定された社会教育法の精神に基づき、「博物館の設置および運営に関して必要な事項を定め、その健全な発達を図り、もって国民の教育、学術および文化の発展に寄与することを目的」とするものである。法律の構造を見ると、博物館の組織法といった内容であり、この法律における博物館がどのような定義を採択していてどのような事業を展開するものかを述べ、それを運営する組織の形態について、館長や学芸員資格を規定するという構造である。この制度が「この法律において『博物館』とは」と規定するように、この法律外で博物館の名称使用を禁ずるものでもない。当時、博物館と考えられていたものの一六〇館のうち、三分の二にあたる一〇〇館が私立博物館であり、「貴重な資料の散佚はもとより、博物館の存立があやぶまれる有様」であった[*7]。

ここに博物館法が博物館、とりわけ私立博物館に公共的役割を担わせることにより、また公立の博物館には登録博物館という制度をかぶせることにより、その運営上の窮状を財政的に救うことが実際上重要な課題であったことがわかる。登録制度は、まさにこのために生まれた制度ということがいえるであろう。一般的に、許認可制度を設けることは、新規参入を制限することにより、質の確保や産業の育成を図るものであるが、当初この登録制度は一定の条件を満たした者に対して活動の内容に口は出さないが、補助金を交付したり税金を免除して、運営を支援するという仕組みとして機能したといえる。そもそも憲法上、公の支配に属さない「宗教上の組織若しくは団体」「慈善、教育若しくは博愛の事業に対して」は、公金その他の公の財産を支出したり利用に供したりしてはならないわけであるから（日本国憲法第八九条）、登録制度を設けて「公に支配」に属させることは、団体などの財政運営補助には不可欠な制度であったことがわかる。

そしてこれにより固定資産税が非課税になり、さらに博物館資料の輸送運賃および料金に関して国有鉄道運賃法で優遇規定が存在したことも、当時実質的な財政支援の意味があったのである。さらに第二四条では「補助金の交付その他の援助」として「国は博物館の健全な発達を奨励するため必要があると認めるときは、博物館を設置する地方公共団体に対し、予算の範囲内で、その維持運営に要する経費について、補助金を交付し、その他必要な援助を行う」としたことにより、博物館法が成立した当初から博物館の窮状を救うために財政支出を計画した。なお同条は、現在「国は、博物館を設置する地方公共団体に対し、予算の範囲内において、博物館の施設、設備に要する経費その他必要な経費の一部を補助することができる」となっており、「維持運営に要する経費」から変化していることがわかる。さらに、現行法規では削除されている第二五条で、「前條の規定による補助金の交付は、博物館を設置する地方公共団体の各年度における博物館維持運営に要する経費等の前年度における精算額を勘案して行うものとする」という規定からも、地方自治体設置の博物館に関する維持運営費を補助金で交付していたことがわかる。

博物館法は昭和二六年に制定されて以来、一次改正といわれる昭和三〇年七月二二日以降、大きな改正を伴わずに機能してきた。昭和三〇年の改正は、学芸員の資格付与を文部大臣の認定制度にすること、そして学芸員の内容を人文科学学芸員と自然科学学芸員の区別をなくするということにあった。このような改正に至った経緯は、それまで学芸員の資格取得の方法として、大学において博物館に関する科目を取得する方法と、文部大臣が委嘱して行う講習を受講する方法の二つが存在していた。そして後者については、博物館法の附則第六項の暫定資格者等に対する資格取得の道を開いたものであるが、暫定資格者も学芸員資格を取得することができたのでその役割を終えた。しかしながら、大学で科目を設置していたのが当時六大学で、昭和三〇年六月までに三四名しか資格取得者がいなかったことから、「大学のみに大きな期待をかけることもできない現状」ということであった[*8]。そこで学芸員をいっそう充実させるために、この資格を文部大臣認定制度に改めるということにしたものである。さらにこの学芸員不足を解消すべく、大学における学芸員資格養成機能をもたせることにあった[*9]。加えて、この改正時に、「博物館相当施設」という概念が追加されている。これは一次改正という名称がついていることからもわかるように、博物館法の目的を達成するために、不足していた学芸員の充足と地域の実情に応じた学芸員制度と登録制度の見直しであったといえる。その後、数度の改正が行われているが、これらは他の法律の制定および改正に伴う玉突き的改正であり、博物館法の必要から生じたものではない。平成一九年六月二七日の改正（学校教育法等の一部を改正する法律附則八条による改正）に至るまで、先の一次改正を含めて一八回もの改正が行われている（平成二〇年に改正法が成立すれば、これで一九回目の改正ということになる）。しかしながら、それを詳細に見ていくと、博物館法が法制定当初に計画していた構想を実現しようとして設計されていた仕組みを骨抜きにされていく過程と見ることができる。

このような状況に拍車をかけるのが、一九九〇年代以降の自治体財政状況の低迷である。整備した博物館施設の運営を維持できないような状況が続く中で、また博物館活動からの現場の強い要請もある中で、平成一八年の教育基本法改正に伴う博物館法改正については、大いに期待が寄せられたといえる。というのも、これまでに博物館法下部法規に相当するものは変更を加えられてきた経緯があり、たとえば学芸員の資格認定や博物館相当施設の指定に関する省令レベルの「博物館法施行規則」は平成一九年までにすでに第一七次の改正を行っており、「公立博物館の設置及び運営上の望ましい基準」といった指針も、社会状況の変化の中で変更されてきた。しかし、現状の他の法令による制度変更などについては、下部法規の改正ではいかんともしがたい問題でもあり、法改正に着手するということはなにがしかの制度変更を期待したいところだったはずである。実際、この契機をとらえて博物館法の内容を見直し、抜本的な改正につなげようという機運があったことは、文科省が二〇〇六年九月に「これからの博物館の在り方に関する検討協力者会議」を設置したことにも、その意気込みが現れているといえよう*10。しかしながら、そのような成果は得られなかった。様々な政治力学が働いたことは確かであるが、そうであったとしても何を目標にするのかということの確認がなかったことが問題なのではないかと思うのである。つまり法改正をするということは、目標を達成するために現状の問題をどのように解決していくことが求められているかを検討すべきであるが、改正のための改正であるのなら意味がない。法が制定されるということは、このような事態も引き受けなければならないということである。かりに優れた法というものが構想され制定されたとしても、法そのものは制度であるので、硬直化を免れないことも視野に入れておく必要があることを、この博物館法改正の経緯を追うことによって考えさせられる。

この経験を踏まえたうえで、同じ営みを文化会館でも行うのかということを考える必要がある。行政のスリム化と地方分権化の潮流がある中で、国法で既存施設の制度的枠組みを変更することは、法が遡及しないという原則に立つのならば難しいように思われる。ただし、博物館法の「目的」が、博物館そのものの重要な存立条件となっていることも確かであり、今後成立する劇場に一定程度の制限を設けることは、質の最低限の確保に必要なことかもしれない。もしそのような前提に立つとして、今後どのように文化会館を生き生きとした舞台芸術表現の場としていけるのか。

文化会館活性化のための文化政策とは

さて、それでは今後文化会館を機能させていくためには、どのような政策的可能性があるのか。一つには指定管理者制度の活用と、もう一つは文化団体の非営利産業政策への転換が有効だろうと考えている。指定管理者制度は、その趣旨とは異なり、コスト削減の道具として利用されてきたところがあるが、二〇〇三年に地方自治法が改定されて公の施設の管理運営に関して指定管理者制度が導入された際に、総務省自治行政局が改定の趣旨について述べていることで、文化政策分野に関して疑問に思ってきたことがある*11。法改正の趣旨は、第一に、住民のニーズが多様化してきたということ、第二に、住民のニーズの多様化に効果的、効率的に対応するためには民間の事業者のノウハウを広く活用することが有効であるということ、そして第三に、公的主体以外の民間主体においても十分なサービスの提供能力が認められるものが増加してきた、ということをあげている。そもそも本稿で問題としている領域において、第三に述べられているような信頼できる民間主体が増加してきたといえるのか、という点である。たしかに阪神淡路大震災以降に設立されたNPO法も手伝い、公的サービスを代行可能な非営利組織というものが成長してきている。市民の権利を守ることが公的主体の役割であるとすれば、注目すべきアートNPOの活動は、本来公的主体が行ってしかるべき内容をその活動の中心にしながら行っている*12。しかしながら、これらはむしろ施設を前提としない活動が中心であり、NPO認証第一号の《富良野演劇工房》は例外的な存在といえるだろう。

一方でビジネスとして行われてきたはずの音楽事務所などが、景気の状況も影響してか倒産が相次いでおり、新聞記事によると「クラシック音楽事業者は、公演を企画して主催するとともに、そうしたノウハウのない公共ホールなどに公演を売って収益を得て」おり、音楽事務所の経営もそれに依存してきたことが指摘されている*[13]。営利企業であるから倒産というかたちが見えるわけであり、非営利的な活動をしている団体でNPOのような制度に則っていない活動は、自然消滅をしていくような状況があるのではないか。そこでそもそも産業、ここでいう産業は、達成しなければならない目標に向かって、営利にせよ非営利にせよ活動を続けて、サービスなりモノを継続して生み続けられるかということであるが、それが成立しているかどうか疑問視するべきではないかと思う。さらに具体的にいえば、芸術団体が硬直的である必要はなく、自由に組織を運営し解散をするのはありうることとしても、活動を続けていきたいという意思のある団体が「補助金」に依存しないで活動を続けていくための契約による関係構築があってもいい。具体的には、既存の文化会館と結びついて公共サービスを意識することにより、自らの活動を広げることも可能ではないだろうか。

これまでの公演の下請けではなく、劇団や芸術団体がそのノウハウを活用して、公共サービスを提供する文化会館の一主体としてかかわるということである。もちろんこれまでにもいくつかの自治体で試みられてきたわけだが、それを政策的にうながすことも可能ではないか。その意味で、文化領域の固有性に着目したときに、その固有のルールをつくれれば、指定管理者制度の活用方法が広がるように思える。佐藤郁哉はその著書『現代演劇のフィールドワーク』（東京大学出版会、一九九九）で、日本の小劇場の「上がり」が、テレビに出演することであることをあぶり出した。もちろん劇団が、優れた俳優の輩出の場として機能していくことは当然としても、劇団が地域の芸術文化の中核を担うことに意義を認める発想が普及してもいいように思う。たとえば青森の《弘前劇場》や鳥取の《鳥の劇場》が、芸術活動を続けながらそれと同様のエネルギーを投入して公共心をもった活動をしていることを知るにつけ、制作を支援するのとは異なる活動支援があるのだろうと思う。

さらに、回り道をしたが、指定管理者制度導入にあたり、法的に明確ではない施設の位置づけや使命を、ここで今一度「遅ればせながら」市民参加の可能性が拓けないか、ということである。全国の地方自治体の文化会館の状況を概観したときに、住民が意志決定にかかわっている会館はおおむね活発に使われているといってよいだろう。住民のニーズの調整は、芸術的に突出した卓越性を生み出すには時間がかかるかもしれないし、即座に創造的集団とのパートナーシップということにはならないかもしれない。しかしながら、地域の文化を誰が創り出すのかといえば、過去、現在、そして将来の住民にほかならないのではないかと思うときに、法的な枠組みに頼るのではなく、自治体文化行政論の目指したところに戻りたいと考えるのはあまりに理想主義的であろうか。

＊1——本書は劇場機能という面に着目することを趣旨にしていると思うが、本稿ではとりあえずは文化ホールという言葉に、コンサートホール専用会館、演劇専用会館などを含めて論じておきたい。
＊2——今でこそ「市民」という言葉は一般的に使われるようになっているが、一九六〇年代に活発化する市民運動は、行政に対抗する反対運動が象徴的であったので、市民との合意形成ということは決して容易ではなかった。現在でもまだ、市民を行政に対抗する立場として、露骨に嫌悪を現す自治体もある。
＊3——舞台芸術ではないが、たとえば大分県で行われた一村一品運動は、地域に必ず一つは誇れるものがあるという発想のもとで、地域の食文化などの固有性を発見しようという試みであった。
＊4——本杉省三、衛紀生『地域に生きる劇場』芸団協出版部、二〇〇〇年
＊5——たとえば、芸能実演家団体協議会を中心としたグループによる「芸術協」、劇場技術者の団体である「JATET」によるなど。
＊6——なお博物館法の構想については、生島美和「棚橋源太郎の郷土博物館論の現代的意義　地域博物館論の基盤としての位置づけ」『教育学論集』第二集、二〇〇六年三月。同「市民の研究活動の場としての博物館理念の考察　博物館法第三条第一項第一号の現代的解釈」『日本社会教育学会紀要』No.四二、二〇〇六年六月。同「『地域社会教育施設論』構想への試論　寺中構想と地域博物館論の検討を通じて」『日本公民館学会年報』第三号、二〇〇六年、が示唆的である。また、「博物館法制定一〇周年記念座談会」『博物館研究』第二四巻第一一号、日本博物館協会、一九六一年一二月
＊7——川崎繁「博物館法の思い出」『博物館研究』一六-一九ページ、一九七九年二月二五日
＊8、9——昭和三〇年六月二日、参議院文教委員会の寺中作雄（旧文部省社会教育局長）の発言より。
＊10——この会議は、二〇〇七年三月三〇日に「新しい時代の博物館制度の在り方について」（中間まとめ）を公表し、その後パブリックコメントを経て、のちに五回の検討会議を開催して、二〇〇七年六月に報告書を公表した。その中での「今後、早急に検討する必要がある事項」として、第一に登録制度関係、第二に学芸員制度関係、そして第三に大学院における学芸員養成制度の創設、があげられたのである。
＊11——平成一五年五月二七日、衆議院総務委員会での総務省自治行政局長畠中誠二郎氏の発言。「近年、一つは住民のニーズが多様化いたしまして、それに効果的、効率的に対応するためには、民間の事業者のノウハウを広く活用することが有効であるというふうに考えられたところでございます。また、二つ目は公的主体以外の民間主体においても、十分なサービスの提供能力が認められるものが増加しているということでございます」
＊12——NPO法人Arts NPO Link『Arts NPO DATABANK 2008』二〇〇九年三月
＊13——「音楽事務所破産の〝舞台裏〟世界不況、芸術文化も直撃」、中日新聞二〇〇九年三月一六日夕刊

劇場のリニューアルについて考える

日本の劇場もヨーロッパと同様に長い歴史をもっている。日本で最も歴史があるものの一つは《京都四条南座》である。発祥は元和年間（一六一五〜二三）とされており、何度かの建替えや改修を経て、現存する《京都四条南座》は一九二九年に竣工した。一九九一年に舞台設備などを一新しリニューアルオープンした。《京都四条南座》はリニューアル・保存に成功した例であるが、残念ながらこれは例外である。築地にある《歌舞伎座》は一九二四年に建て替えられたもので、二〇一〇年にいったん閉館し、数年後に高層ビルをもつ五代目としてリニューアルオープンする予定である。一八七三年に起源をもつ《明治座》も、一九九三年に高層ビルに建て替えられその中に劇場が入ってしまった。一九二五年に開場した《新橋演舞場》も一九八二年、同様に建て替えられた。

それら日本の古典芸能を上演する劇場に対して、歴史は浅いものの日本における西欧の舞台芸術を上演する劇場も時を重ねてきている。今後、一九二九年開館の《日比谷公会堂》、一九六〇年開館の《京都会館》、一九六一年開館の《東京文化会館》、一九六三年開館の《日生劇場》など著名な劇場が完成後五〇年以上を迎えたり、迎えつつある。このような劇場の今後を考えるうえで、西欧の劇場のリニューアル、保存・再生事例について知っておくことは大きな意味があるといえよう。そこで、ここでは主としてイギリス三事例とイタリア一事例を取り上げ、そこでの諸相を見ていくこととしたい。

（左）《エディンバラ・フェスティバル・シアター》フライタワー
（右）《エディンバラ・フェスティバル・シアター》正面

劇場のリニューアルについて考える――1

イギリスの劇場とリニューアル

勝又英明

ヨーロッパの街では、古い建築物の外観はそのままだが、内装は新たに手を加えて全く新しい価値を見出した建築物など、上手に生かしている例を多く目にすることがある。ロンドンには大から小まで三〇〇館以上の劇場がある。その大部分はロンドンの街並みに溶け込んだ古い建築の外観をもつ劇場である。イギリス全体を見ると約一二〇〇館の劇場がある。その中で、約半数の劇場が転用されたり改造・増築されたりして、古い建物を大事に使い続けている。ここではイギリスの三つの劇場のリニューアルを見て、イギリスにおける劇場の改修について考えてみたい。

《エディンバラ・フェスティバル・シアター》

《エディンバラ・フェスティバル・シアター》は、旧市街からやや離れた街の中にある外見上はガラス張りのモダンな劇場である。

この前身の一度目の劇場は一八三〇年代に現在の地域に発祥した。一九二八年に三度目の劇場として再建され、さらに六五年後の一九九四年に、ガラスファサードとエントランスをもつ現在の《エディンバラ・フェスティバル・シアター》としてリニューアルされた。一八三〇年代に最初の劇場が誕生してから約一五〇年後である。

《エディンバラ・フェスティバル・シアター》は客席部分は旧劇場のままで残し、舞台部分とホワイエ部分を改築した劇場である。ファサードを見ただけでは、ガラス張りの新しい劇場にしか見えない。ホワイエもモダンなデザインである。だが一歩客席内に入ると、馬蹄形のヴィクトリアンスタイ

（右）《サドラーズ・ウェルズ・シアター旧劇場》（五代目の劇場）
（左）《サドラーズ・ウェルズ・シアター》

ルの劇場が待っている。

《サドラーズ・ウェルズ・シアター》

《サドラーズ・ウェルズ・シアター》は、ロンドンの劇場の集積地であるウエストエンドから北に向かった比較的静かな住宅街にある。現在の劇場は一九九八年に開館したもので、一六八三年に同地で開館して以来、五回目の建替え（六つ目の建物）である。

旧劇場は一九三一年に建設されてから六〇年以上経過していた。ロンドンにある他の劇場と比較すると機能的に全く見劣りのするものであった。そこで旧劇場の再建計画がもちあがり、一九九〇年から検討が開始された。旧劇場の主な問題点は、建物が安普請で貧弱であること、客席規模（約一五〇〇席）に比べて舞台の広さがアンバランスに狭いこと、ホワイエが狭く観客のための設備が貧困であることなどである。再建計画のプロセスの中で様々なプランが検討され、現在の敷地において建替えを行うという結論に達した。

改修の計画を立てるにあたり、設計者らに示された書面では劇場の性格づけを次のように示していた。「劇場は一部のエリートのためであってはならない。新しいサドラーズ・ウェルズは決してナショナルシアター、バービカン、ロイヤル・オペラ・ハウスの〝まね〟であってはならない」。革新、冒険、利用しやすさが新劇場建設へのキーワードとなった。

今回の建替えの大きな特徴は、新劇場の一部に旧劇場の客席周りの壁と客席のバルコニーの構造躯体の一部が残されていることである。旧劇場のサイトライン（客席から舞台への視線）は一階客席部分のスロープがやや緩い以外は満足すべきものであり、設計の初期の段階で積極的に残すこととなった。しかし、実は客席の一部躯体と地下部分を残し、ほとんど新築してしまった劇場である。新劇場の外観は前面にガラスを多用したモダンデザインであるが、主な仕上げを煉瓦タイルとし、周辺の歴史的な環境に配慮し、かつ周辺からの騒音の遮音に配慮したデザインである。しかし内外観上、旧劇場の痕跡は全くない。

《ロイヤル・オペラ・ハウス》

《ロイヤル・オペラ・ハウス》

《ロイヤル・オペラ・ハウス》は、ロンドンのコヴェント・ガーデンにある世界でも有数のオペラハウスである。ロイヤル・オペラ、ロイヤル・バレエの本拠地である。

一七三二年、初代の《シアター・ロイヤル》が建設された。その後、数回の焼失や再建・改修を経て、一九六〇年代、円形客席部分の拡張など小規模な改装が実施された。一九九六〜二〇〇〇年に大規模な改装工事が実施されて、五番目の劇場としてリニューアルオープンした。

《旧ロイヤル・オペラ・ハウス》は、世界でも有数のオペラハウスであったにもかかわらず多くの問題があった。まず、旧劇場の建設後約一五〇年以上経ち、構造上問題であることである。次に各所とも狭いということである。また舞台機構設備が非常に古いために、舞台演出に支障をきたしていることである。これらを解決するために劇場の隣接地を活用し、劇場のスペースを大幅に拡張した。ファサード、エントランスと客席を残し、全面的にリニューアルすることとなったのである。旧劇場の客席は、旧デザインを尊重しながら九〇席ほど拡張して二一七四席となり、サイトラインも改善された。隣接する旧《フローラルホール》を復元し、劇場ロビーとして活用した。舞台、舞台機構設備は、全面的にリニューアルされ最新のものとなった。また劇場スペースが拡張されたことにより、楽屋、作業場、リハーサル室、大道具倉庫などがリニューアルされた。

古い劇場の悩みは同じ

ロンドンやイギリスにある多くの劇場は、老朽化と旧式化した設備により、同じような悩みを抱えている。歴史的建造物に指定されているものも多いため、リニューアル、建替えも自由にというわけにはいかないし、建設資金の問題もある。建替え、リニューアルに対する厳しさは日本以上である。この三つの劇場はリニューアルの一つの方向性を示した事例である。劇場を長く使うことに歴史のあるイギリスでも、見えないところでは大いに工夫されていることがわかる。

劇場のリニューアルについて考える——2

イタリアの劇場と《スカラ座》の改修

大月 淳

古代ギリシャからルネサンス、バロック期を経て現代に至る劇場史にかかわるあらゆる時代の劇場が現存する同国においては、古い時代の劇場にあっては、当然のように建設後に修復を含む改修が繰り返され、現在に至っているのである。

イタリアには現在、何らかの活動が行われている劇場が一二〇〇前後存在している。「活動が行われている劇場」としているのは、建物はあるものの、使えなくなった、使い手がいなくなったなどの理由で一時的、あるいは無期限に閉鎖されている劇場、そして、改修中の劇場がかなりの数存在していることによる。たとえば、二〇ある州のうちの一つマルケ州編纂の『マルケ州の歴史的劇場 Teatro Storici nelle Marche』（二〇〇〇）によると、同州における七一の劇場のうち一一が閉鎖、二二が改修中とされている。

《ミラノ・スカラ座》

《ミラノ・スカラ座》（正式名《テアトロ・アッラ・スカラ Teatro alla Scala》）は、イタリアにとどまらず世界を代表する劇場の一つである。ジュゼッペ・ピエルマリーニの設計により、一七七八年八月三日にアントニオ・サリエリ作曲のオペラ［見出されたエウローパ］とバレエ二作品で開場した。劇場名称は、ヴィスコンティ家に嫁いだスカラ家のベアトリーチェに由来する。彼女の命により建てられたサンタ・マリア・デッラ・スカラ教会の地が、同劇場の建設地として選ばれたのである。

ミラノの中心に位置するドゥオーモにほど近いその地に同劇場は現在もある。前面にスカラ広場を抱き、向かって右側のヴェルディ通り、左側のフィロドランマティチ通りにはさまれる形で、その名声に比してはいくぶん控えめな趣でたたずんでいる。

改修の歴史

オペラの殿堂とも呼ばれ、輝かしい栄光に彩られる《スカラ座》であるが、恒常的に栄華に浸っていたわけではないことは、その間のイタリアの歴史を顧みて容易に想像できる。激動の時代をくぐり抜けてきたその来歴は、繰り返されてきた改修の内容にも見ることができる。

一七九六年にはロイヤル・ボックスの解体がなされている。その後再設置を見るが、それまでミラノを統治していたオーストリアを破り、同市に入ったナポレオン・フランスへの対応によるものである。また、一九四五年から翌年にかけては大規模な改修が行われている。先の大戦末期の爆撃による被災からの復興によるものである。

そうした不安定な社会の動向に左右されながらも、同劇場が永きにわたりその地位を保ってきたのは、時代の変化に対応して劇場本来の機能を更新・充実化し、活動を継続してきたがために他ならない。時に隣接地の取得を伴っての舞台拡張は、繰り返し行われてきた。また、劇場としての要件を満たすための設備面での対応も様々になされている。照明設備を見れば、その技術革新に即応してろうそくからオイルランプ、そして電気によるものへと交換されていく。

最新の改修——科学的な復元と機能的拡張

二〇〇二年一月から二〇〇四年一一月にかけて《スカラ座》は閉鎖された。先の大戦直後の改修以降でははじめてとなる大掛かりな改修が行われたのである。歴史的な劇場の改修において現代を代表する建築家マリオ・ボッタが参画し、しかもそれが外国人であるということも伴い、そのプロジェクトは多くの人々の関心を呼んだ。

そこでの改修内容については、部位や目的など様々な区分において説明が可能であるが、その最も

（右）《スカラ座》改修中
（左）《スカラ座》改修後

端的な表現として「科学的な復元と機能的拡張」があげられる。

「科学的な復元」の意味するところは、数々の改修の積重ねにより覆い隠されてしまったピエルマリーニの意匠を軸とする美的な面におけるあるべき姿の精緻な検証に基づく回復である。客席空間、ホワイエを中心に余分な付加部分の撤去、仕上げの再施工が各所に施されている。

一方の「機能的拡張」は、これまでも繰り返されてきた劇場本来の機能の更新・充実化である。現在、そして今後を見据え、最高水準の上演を担保できるような舞台を中心とする機能の再構築が図られている。フライタワーの嵩上げ、多面舞台（主舞台と同規模の副舞台を平面的に複数有する構成）の実現、バレエ・オーケストラ団員およびスタッフ関連控室類をまとめて内包するシリンダー状の新たなボリュームの増設などがそこには含まれる。

改修への批判

先に触れたように、多くの人々の関心を呼んだその大改修プロジェクトであるが、関心の中には批判的なものも当然含まれる。そこでの焦点はプロジェクトのプロセスから内容に関するものまで様々であるが、その中にスカラ広場から望む建物の姿の変化に関するものがある。

嵩上げされたフライタワーとそれと並び立つような形でフィロドランマティチ通り側のブロックの屋上に増設されるシリンダー状のボリュームにより、ミラノ市民をはじめとする世界の人々がこれまで慣れ親しみ、愛してきた《スカラ座》を中心とする広場の情景が損なわれることが危惧されたのである。

劇場と街

そのスカラ広場からのビューの重要性は、《スカラ座》を中心とする街の歴史的変化を見ることでより深く理解できる。開場当時の《スカラ座》周辺の状況は現在とは異なっていた。当時劇場前のスカラ広場は存在しなかった。その広場は一八五八年に、それまでそこにあった街区を取り除いて設置された。そこでは《スカラ座》の威信に見合ったエントランス周りの整備が目指された。そのスカラ広場は、ヴィットリオ・エマヌエーレⅡ世のガッレリアを介してドゥオーモ前の広場と結ばれる。

ここであることに気づかされる。ガッレリアはスカラ広場とドゥオーモ広場をつなぐものであり、スカラ広場の存在なくしては成り立たない。そのスカラ広場は、すでに見た通り《スカラ座》に寄与するために設けられた。すなわち、《スカラ座》がガッレリアを生み出す端緒となっているのである。

ミラノの中心であるドゥオーモ前の広場からガッレリアを抜け、そこにあるスカラ広場から望む《スカラ座》の姿には、そうした歴史性が映しこまれている。

劇場の意味

「劇場」の語はイタリア語でいう“teatro”の訳語である。その語の概念規定に関して「器としての建物に中身としての制作・上演組織を伴うもの」とする解釈がある。制作・上演組織を伴わなければ、単なる「貸しホール」にすぎないというわけである。

《スカラ座》とはそうした「劇場」にあたる。《デアトロ・アッラ・スカラ Teatro alla Scala》という建物があり、現在であれば〈フォンダツィオーネ・テアトロ・アッラ・スカラ Fondazione Teatro alla Scala〉という制作組織とその付属上演組織がそこで活動を行っているのである。

今回の改修にあたって《スカラ座》は、長期の建物閉鎖を余儀なくされた。しかし、その間もその組織は活動を行っていた。《スカラ座》の名を掲げて。《アルチンボルディ劇場 Teatro degli Arcimboldi》がその活動の場となったが、この劇場はまさにそのために新たに計画、建設されたのである。

二〇〇四年一二月七日の聖アンブロジウス（ミラノの守護聖人）の日、新生《スカラ座》は一七七八年の開場時と同じ「見出されたエウローパ」で再び幕を開けた。

コラム

日本の劇場の変遷

小林徹也

小規模劇場の系譜

小芝居の流れ

江戸時代は劇場の取締りが強い中、限られた特権的な劇場が公に興行していた。しかし、その一方で、宮地芝居などを含めた小芝居が、それらの反動のように大衆の娯楽として水面下で広がり、竹と藁で構成された仮設的なものから、江戸末期には大芝居の劇場に近い高い技術の舞台設備をもつ劇場まで登場した。

小芝居は格式にとらわれない分、多様性や自由さ、親しみやすさ、時には猥雑さがあり、様々なことが試行錯誤できる分野という小劇場の本質を示す劇空間であったと考えられる。

民間の小劇場

小劇場の系譜は、主に民間劇場の役割が大きい。明治以降の浅草では、旧派・新派の小規模な興行が行われた。さらに、《築地小劇場》や《俳優座劇場》などの上演者が設立する劇場も現れ、上演と劇場は近い関係を保っていたといえる。

しかし戦後は、《ヤマハホール》(一九五三)、《安田生命ホール》(一九六一)など、直接演劇の制作を行わない民間企業がホールを設立し始める。この流れは現在も続いており、文化に貢献する企業イメージの拠点としてホールがとらえられている。企業が設置したホールで演劇に利用されるものに、《近鉄劇場》(一九八五)、《スパイラルホール》など(一九八五)があげられる。

また演劇のための小劇場は引き続き設置され、《三百人劇場》(一九七三)、《本多劇場》(一九八二)、《こまばアゴラ劇場》(一九八三)、《シアターX《カイ》》(一九九二)、《赤坂レッドシアター》(二〇〇六)などの事例がある。これらの施設は、劇場を中心とした建物の設計がなされている。

これとは別に、既存の商業ビルの一角に設置される事例や、別の建物をコンバージョンして設置する事例が八〇年代から九〇年代にかけて増えている。これには《スズナリ》(一九八一)、《シアタートップス》(一九八五)、《ベニサンピット》(一九八五)などが例

《築地小劇場》

としてあげられる。これらは既存建物などの制約が多いものの、立地の優位性や別の用途で積み重ねられた時間と空間の積層による魅力を放つことから、演劇人に人気が高い。

現在まで、演劇人は小さな劇場から始まり、規模を少しずつ大きくして、メジャーになるステップアップを繰り返している。八〇年代から九〇年代にかけて多くの小劇場が設置され、膨大な数の上演団体の受け皿として、彼らの活動を支える役割としての民間の小劇場の意味は大きい。

公立の小劇場

九〇年代以降、公立文化施設による小劇場の設置が増えつつある。そもそも民間運営が多い中、上演団体に対して手頃な小劇場の数が少ないこと、また市民の芸術文化活動の支援の場としての小劇場が公共団体の中で位置付けられるようになったことも理由として考えられる。また、七〇年代、八〇年代に活躍した演劇人が大学の教壇に立つなど、演劇の社会的役割が認められつつある時勢に沿ったものともいえる。

小劇場はブラックボックス形状をし、舞台美術や舞台照明、舞台音響をどこにでも自由に吊ることができるのが基本スタンスであるが、民間の小劇場と比べるとキャットウォークなどの舞台の作業性や安全性に配慮したスペース裏にゆとりのある施設が多い。また、以前の公立文化施設の大中小のうちの一つであった小ホールは、最近は小劇場を単館で設置することも多く、以前にもまして密度の濃く特徴のある計画となっている。事例としては、《シアタートラム》(一九九七)、《彩の国さいたま芸術劇場》小ホール(一九九九)、《吉祥寺シアター》(二〇〇五)、《座・高円寺》(二〇〇八)があげられる。

中規模劇場の系譜

ホールを建設した企業と時代

劇場と最も縁が深い企業として鉄道があげられる。チケットシステムなどの近代の観劇制度を確立した《帝国劇場》の経営陣は山陽鉄道からきている。また、《東京宝塚劇場》や《帝国劇場》(一九六七)も、阪急鉄道の創始者である小林一三によるものである。戦後も近畿日本鉄道による《近鉄劇場》や《新歌舞伎座》(二〇一〇)、東急グループによる《東横ホール》(一九五四)、《オーチャードホール》や《シアターコクーン》(一九八九)などの特徴的な劇場が設置されてきている。ほかに《名鉄ホール》(一九五七)。また、鉄道会社は百貨店を所有していることが多く、百貨店とセットで設置されることも多い。鉄道以外では生活基盤を支える企業として電気会社やガス会社が設置するホールもある。

新聞社やTV放送局などのメディア関係も多い。古くは《朝日会館》(大阪)や《朝日新聞社講堂》(東京)、《NHKホール》(一九五五、一九七三)、《よみうりホール》(一九五七)、《時事通信ホール》(二〇〇三)、《ABCホール》(二〇〇八)などが事例としてあげられる。これらは本来、放送関連の会議や講演などの用途として設置し始めたもので、小から中規模のものが多い。

公立の多目的ホールの中核

六〇年代の施設は、前川國男設計の《京都会館》(一九六〇)や《東京文化会館》(一九六一)、菊竹清訓設計の《都城市民会館》(一九六六)、《久留米市民会館》(一九六九)など、独自性の高い意匠や形態の施設が多い。七〇年代以降の数が驚異的に増えた時期になると、扇型の客席形態が定着し、平等で大規模な空間が数多く設置された。これらは劇場としての機能を満たしながら、一様な形式となり多目的ホールというスタンダードを生み出した。また、多目的ホールであるがゆえに可変機構が発達し、舞台音響反射板は、現在も様々な収納形式や音響的機能に試行錯誤を重ね、日本のホールには欠かせない舞台機構となっている。また、現在の多目的ホールは、以前の平等に平均点をとるかたちではなく、音楽主目的や演劇主目的など、主目的に対し高い機能を設置している例も増えてきている。

可変劇場の系譜

劇場における可変機構を大きく分けると、舞台可変機構と客席可変機構の二つに分けられる。舞台の可変機構としては、第一に音響反射板があげられ、舞台と客席を音響空間的に一体としている。これらに関連してプロセニアムの可動機構やオーケストラ・前舞台迫りなどもある。また、演劇では舞台を前に張り出す演出があり、椅子を取り外せ、床の高さを変更できる事例もある。客席側の可変機構は、段床客席を平土間空間に可変させる機構が主で、まず移動観覧席などがあげられるが、現在では技術の向上により客席ワゴンや客席迫りなど段床時(椅子のグレード、床の安定感)と平土間時を高いレベルで両立できる。

先駆的な事例としては《芦屋市民センター・ルナホール》(一九七〇)があげられる。舞台後ろのスペースも舞台になりかつ客席にも変化することで、エンドステージやセンターステージを実現している。八〇年代の事例である《京都府民ホール・アルティ》(一九八六)では客席の全面がユニットの迫りになっており、この中にさらに平土間と椅子を可変させる機能が備わり、さらにユニットの向きを変えることができるので、短時間で舞台と客席の形式を設定できる。

九〇年代以降も引き続き特徴的な施設が設置されている。《シアターコクーン》は、舞台床がユニット化されており、切穴などを自由に設定できる仕様で、

《都城市民会館》

かつ客席前部も床がユニット化されており、舞台空間を延長することができる。《世田谷パブリックシアター》（一九九七）、《パトリア日田大ホール》（二〇〇七）、《神奈川県立芸術劇場大劇場》（二〇一〇）などは、客席段床が迫りとなっており、平土間を実現するばかりでなく段床の傾斜を変えることができる。《長久手町文化の家》森のホール（一九九八）は、U字型の客席でプロセニアムアーチが前後に移動し客席規模を可変させる。《茅野市民館》大ホールでは、段床型の客席ワゴンがエアキャスターで移動する。さらには、多層型の客席ユニットがエアキャスターなどで移動する例もあり、舞台や客席の平面的な空間（壁の位置）を変化させることもある。事例としては、《出雲ビックハート》の二階に客席がある側面音響反射板や、《いわきアリオス》の中劇場の客席前部のサイドの三層の客席ユニットなどがあげられる。

これらの可変機構は、現在も大掛かりなものが設置されている。これは八〇年代の豊かさとは少し位置づけが異なり、一つのホールに求められる機能が以前より多用途になっているものと考えられる。

創造型の公共ホール

創造型の公立文化施設としては兵庫県の《尼崎青少年創造劇場》があり、専属の上演団体をもつなど公立の施設としては革新的といえる。また、《新国立劇場》《彩の国さいたま芸術劇場》《世田谷パブリックシアター》《可児市文化創造センター》などが事例としてあげられ、これらの施設は演劇のための主劇場をもつと同時に、稽古場や作業場などの創造を支援する諸室を多数配置している。しかし一般的な公立文化施設の多くは貸し館が中心で、施設や事業、運営の採算性を求められると管理運営費の縮小を余儀なくされ、作品を創造するには厳しい環境にあると考えられる。

現在では、ホール以外のロビー空間などの共用スペースを魅力的につくることに力が注がれている。これは一つの作品の創造支援ではなく、市民全体の創造活動を支援するという、より大きな枠組みとしてとらえられる。《北上市文化交流センター》（二〇〇三）では、大中ホールの間に「アートファクトリー」と呼ばれる創造支援諸室の大きなゾーンがある。大空間の中に様々な小屋が集まり街を形成している。その結果いくつもの路地的空間が生まれ、そこに来館者が自然に集まるようになる。来館者にとって居心地のよい空間を生み出すことが、施設の日常的な賑わいにつながっている。

さらには住民参加型の計画が増え、各地域独自のブランド力を高めようとする動きも大きく、日常の賑わいの創出に加え、そこに設置されるホールも独自性の高い意匠、形態のものが増えてきている。事例としては《パトリア日田大ホール》（二〇〇七）、《大船渡市民文化会館》（二〇〇八）など。

（右）《パトリア日田大ホール》
（左）《茅野市民館》マルチホール

大規模劇場の系譜

伝統的な劇場の系譜

江戸時代からすでに河原や社寺境内で行われる屋外の仮設的な勧進能などがあり、おそらく明治以降の芝居小屋の巨大化が大規模劇場の始まりになったと考えられる。《新富座》（一八七八）はすでに一五〇〇席以上の規模で、《歌舞伎座》（初代一八八九）や《市村座》（一八九二）なども同規模だったと考えられる。

伝統形式の劇場の建築的特徴としては、何世代にも渡り現在も建て替えられ続けることにある。これらの劇場には共通の寸法があり、プロセニアムの間口が二〇メートル程度で大臣囲いの内法が八間（約一五・四メートル）程度。花道の長さは一〇間（約一八メートル）。一階席はこの寸法に則り一〇〇〇席程度。二階席、三階席もこの一階席を取り囲み、同じような平面内に納めると各階二〇〇〜三〇〇席程度。およそ一五〇〇席程度の規模に納まりやすいといえる。ただし《国立劇場》と《歌舞伎座》は例外である。

民間大劇場

大規模民間劇場は《帝国劇場》（一九一一）を皮切りに、《東京劇場》《宝塚大劇場》《国際劇場》、さらには《新宿コマ劇場》（一九五六）や《フェスティバルホール》（一九五八）など、二〇〇〇〜三〇〇〇席規模におよぶ大劇場が設置された。扇形の客席平面を基本に二層、三層のバルコニー形式の客席をもっており、その後の大規模多目的ホールの原型となっている。

七〇年代以降はこのような劇場の設立は少なく、《宝塚劇場》や《フェスティバルホール》などの建替え程度である。稀な例としては《シルク・ドゥ・ソレイユシアター東京》など、人気の上演物専用の劇場で集客が見込めるところに限られている。

大規模集会施設

公会堂建築は一九二〇年代から三〇年代にかけてピークを迎え、《日比谷公会堂》《名古屋市公会堂》など二〇〇〇〜三〇〇〇席規模の集会施設が設置された。《大隈講堂》や《日比谷公会堂》では、大規模なバルコニー席を設置するには構造的に高い技術を要求された。

《大隈講堂》以降は、プロセニアムアーチをもつエンドステージ型が登場し、大規模なものでは二階、三階バルコニー固定席を擁するホール形式が定まっていった。

戦後、公会堂と名のつく施設は少なくなった。これは市民会館などへとシフトしていった結果だが、《渋谷公会堂》（二〇〇六）や《杉並公会堂》のように、改修や建替えを経て名称のみは残り、多目的ホールや音楽専用ホールになっている事例もある。

（右）《歌舞伎座》（二代目）
（左）《旧帝国劇場》の客席天井

県立クラスの大規模多目的ホール

七〇年代には二〇〇〇席規模の県立施設が建ち始めた。その事例として《秋田県民会館》（一九六一）、《千葉県文化会館》（一九六七）、《群馬県民会館》（一九七一）、《岩手県民会館》（一九七三）、《和歌山県民文化会館》（一九七〇）などがあげられる。これらは、先の大規模公会堂施設から舞台スペースや舞台特殊設備を備えた多目的ホールへと変貌を遂げている。

また《新国立劇場》をピークに、九〇年代には多面舞台を備えた大規模な劇場が建てられた。これは扇形の多目的ホールが主流となった日本で、オペラやバレエを上演できる専門的な歌劇場をつくる動きとしてとらえられ、実に明治時代から熱望された案件が二〇世紀末にやっと実現に至ったのである。これらの劇場の特徴は多層型のバルコニーで、形状が正面サイドの馬蹄形バルコニーなど包囲型になっていることである。この客席形態は、舞台から可能な限り近くに客席を配置できることに利点があるが見切れる席も発生し、平等で均一な客席空間の多目的ホールとは別のヒエラルキーのある客席空間となっている。しかし近年の傾向として、これらのヒエラルキーを多様性としてとらえ、表情の豊かな客席空間を創出していると考えられる。

劇場年表／日本の劇場の100年――1

小林徹也＋坂口大洋

年代	視覚識別	聴覚識別	舞台形式	客席階層	主要演目
小規模1	非常に細かい表情まで識別可能	演劇的語りによる伝達可能	オープン形式に利点が多い	一階で十分対応できる	語り・小演劇
小規模2	細かい表情や細かな動作が識別できる	歌等による大きな声の発声法が必要	プロセニアムステージ形式に利点が多い	一～二階層	演劇と言葉を伴うジャンルの上演に適する一般演劇・ミュージカル
中規模1	身振り手振りによる大きな表現が識別できる			二～三階層	

社会
- ・1894 日清戦争
- ・1904 日露戦争
- ・1914 第1次世界大戦
- ・1923 関東大震災
- ・1929 世界大恐慌
- ・1939 第2次世界大戦

演劇
- ・演劇改良会設立
- ・壮士芝居旗挙（新派劇の祖）・文芸協会発足
- ・鹿鳴館に仮装舞踏会盛行
- ・映画興行始まる（神田錦輝館）
- ・浅草オペラ・大正期小劇場運動
- ・文芸協会解散
- ・芸術座
- ・築地小劇場創立
- ・早大演劇博物館
- ・築地小劇場分裂、劇団築地小劇場および新築地結成
- ・東京都民劇場（観客組織）設立
- ・ボリショイバレエ団来日公演

仮設・仮想
- ・ジョサイア・コンドル 歌劇場案
- ・1923 大隈講堂コンペ
- ・1925～1930 川喜田煉七郎劇場案

客席規模

凡例
- ○民間小劇場
- ◎民間中劇場（～1000）
- ●民間中大規模劇場（1000～）
- △公会堂・講堂
- □伝統形式の劇場
- ◆多面舞台の歌劇場
- ★ 代表的な施設

- △1925 郡山公会堂（300※現状）

300

浅草オペラ等
西洋舞台の流れ

講堂・議事堂と
劇場ホールの繋がり

- ○1961 安田生命ホール（342）
- △1964 武蔵野公会堂（350）

400

- ○1964 紀伊国屋ホール（418）
- △1930 群馬会館（約400※現状）
- ○1931 新宿ムーランルージュ（430）
- ○1954 俳優座劇場（401）

500

- ○1924 築地小劇場（500）
- △1933 神戸市立御影公会堂（550※現状）
- △1931 豊橋市公会堂（601※現状）
- ○1953 ヤマハホール（524）

600

- ◎1955 NHKホール（630）
- ◎1957 芸術座（664）
- ・1927 三越劇場①（678）

700

- ◎1960 イイノホール（696）
- △1952 豊島区公会堂（800）
- △1927 鹿児島市公会堂（742※現状）

ホールを建設した
企業と時代

800

- ◎1908 有楽座（約800?）
- △1926 両国公会堂（約800?）

900

- △1924 別府市公会堂（約900?）
- △1923 岩手県公会堂（923※現）
- ◎1957 名鉄ホール（919）・1969 鶴見会館（934）
- ・1960 京都会館第一ホール（939）
- □1891 三崎座（約1000?）
- □1896 川上座（約1000?）

1000

伝統的劇場の系譜

客席規模					
1000–1200 中規模2	身振り手振りによる大きな表現が識別できる。	歌等大きな発声法必要	プロセニアムステージ形式に利点が多い	二～三階層	演劇と言葉を伴うジャンルの上演に適する一般演劇・ミュージカル
1200–1500		電気的な拡声を必要とする			
1500–2000 大規模1	演技的な要素の伝達は困難であり、群集の興奮による臨場感が主体		プロセニアムステージ形式は可能であるがホールが大きくなる程、すべての客席に良好な鑑賞条件を与えることは困難	三～四階層	オペラ・歌謡ショー
2000–5000 大規模2					

凡例
○民間小劇場
◎民間中劇場（～1000）
●民間中大規模劇場（1000～）
△公会堂・講堂
□伝統形式の劇場
◆多面舞台の歌劇場
★ 代表的な施設

- ●1948 中座（1050）
- ●1954 東横ホール（1002）
- △1927 一橋大学兼松講堂（1100※現状）
- ●1957 よみうりホール（1100）
- △1918 大阪市中央公会堂（1100）
- ·1954 神奈川県立音楽堂（1106）
- △1925 東京大学大講堂（1144※現状）
- △1957 杉並公会堂（1176）
- △1917 横浜市開港記念会館（1200）
- ·1959 世田谷区民会館（1202）
- □1924 邦楽座（約1200?）
- ·1961 レストランシアターミカド（1300）
- □1929 京都南座②（1290）
- ★1935 宇部市渡辺翁記念会館（1353）
- ●1963 日生劇場（1358）
- ·1964 弘前市民会館（1400）
- □1925 新橋演舞場①（1432） → □1948 新橋演舞場②（1420）
- ★1911 帝国劇場（1492） → ·1924 帝国劇場（1451）
- □1929 新宿新歌舞伎座（1487）
- ★1878 新富座（約1600）
- ●1955 サンケイホール（1702）
- □1892 市村座（約1700）
- ●1935 有楽座（1620）
- ·□1889 歌舞伎座①（約1700） → □1911 歌舞伎座②（約1700?） → ★1924 歌舞伎座③（約2000?） → □1951 歌舞伎座④（2600）
- □1928 明治座①（1738） → □1958 明治座②（1743）
- □1966 国立劇場（1746）
- △1935 静岡公会堂（1846）
- □1963 御園座②（1817）
- ·1961 秋田県民会館（1939）
- ●1930 東京劇場（1858）
- ·1956 神戸国際会館①（1892）
- △1962 長崎市公会堂（1922※現状）
- ·1961 群馬音楽センター（1935）
- □1958 大阪新歌舞伎座①（2000）
- △1959 文京公会堂（2008）
- ·1962 八王子市民会館（2000）
- ·1960 京都会館第一ホール（2015）
- △1929 日比谷公会堂（2085）
- ●1956 新宿コマ劇場（2088）
- ★1927 早稲田大学大隈記念講堂（2100）
- ●1933 日本劇場（2122）
- ●1934 東京宝塚劇場①（2477）
- ★1961 東京文化会館（2303）
- □1932 大阪歌舞伎座（2453）
- △1930 名古屋市公会堂（2700）
- ●1924 宝塚大劇場①（2821）
- ●1958 大阪フェスティバルホール（3000）
- ●1948 国際劇場（3250）

劇場年表／日本の劇場の100年——2

1970　1980　1990　2000　2010

・1970 大阪万博
・1973 石油危機
・1991 湾岸戦争
・1995 阪神淡路大震災
・1995 バブル崩壊
・2004 新潟県中越地震

・第1次小劇場運動
・第2次小劇場運動

・1967 紅テント
・1971 天井桟敷
・1970 黒テント
・1985 転形劇場大谷石地下採掘場跡
・1983 キャッツシアター
・1988 下町唐座
・1990 維新派大阪城公演
・1994 紫龍テント
・2000 平成中村座
・2009 キャッツシアター
・2006 大阪現代演劇祭仮設劇場

民間小劇場の系譜

・渋谷ジャンジャン(100)
・1991 恵比寿エコー劇場(130)
・2002 せんだい演劇工房 10-BOX box-1(80)
○2005 シアターイワト(120)
・2008 せんがわ劇場(121)
○1983 こまばアゴラ劇場(145)
○1985 シアタートップス(155)
○2006 赤坂レッドシアター(173)
★1985 ベニサンピット(150)
・2002 苓北町町民ホール(207)
・2009 いわき芸術文化交流館アリオス小劇場(233)
○1985 扇町ミュージアムスクエア(250)
・1997 シアタートラム(248)
・2006安芸灘交流館堀ばたホール(255)
・1981 ザ・スズナリ(230)
★2005 吉祥寺シアター(249)
・2003 北九州芸術劇場小劇場(216)
・2011 神奈川芸術劇場スタジオ(220)
・1969 久留米市民会館小ホール(300)
・1990 グリーンホール相模大野(260)
・2002 キラリ☆ふじみマルチホール(255)
・2008 座・高円寺1(298)
○1973 三百人劇場(302)
○1980 俳優座劇場(300)
・1990 東京芸術劇場小ホール1,2(各300)
・2007 豊島区あうる・すぽっと(300)
○1992 シアターX(300)・2003 時事通信ホール(300)
○1985 スパイラルホール(300)
・1993 湯だ文化創造館銀河ホール(338)
・2002 可児市文化創造センター(311)
○1988 伊丹アイホール(300)

○1998 近鉄アート館(328)
・1969 土浦市民会館小ホール(342)
・1999 ビックハート出雲(341)
○1977 草月会館(392)
・1985 青山円形劇場(370)
・1993 富士市文化会館小ホール(326)
・1978 ピッコロシアター(384)
・1990 テアトルフォンテ(386)
○1978 博品館劇場(381)
・1999 さいたま芸術劇場小ホール(346)
○1973 西武(現パルコ)劇場(458)
○1982 本多劇場(386)
・2002 丸ビルホール(399)
・1976 渋川市民会館(402)
○1996 紀伊國屋サザンシアター(400)
・2005 兵庫県立芸術文化センター小ホール(400)
・1974 神奈川県民ホール小ホール(482)
・1985 近鉄小劇場(420)
★1997 新国立劇場小劇場(458)
・2005 島根県芸術文化センター小ホール(400)
・1968 藤沢市民会館小ホール(434)
・1978 立川市文化会館小ホール(452)
・1994 具志川市民芸術劇場煙ホール(359)
・2003 北上市文化交流センター・中ホール(461)
・1971 群馬県民会館小ホール(500)
○1982 前進座(500)
・1973 仙台市民会館大ホール(500)
・1979 こまばエミナース(500)
・1991府中の森芸術劇場ふるさとホール(520)
○1980 三越劇場②(514)
・1986 京都府民ホールアルティ(560)

公共小劇場の隆盛

・1973 蒲郡市民会館中ホール(516)
・1982沼津市民文化センター(526)
・1979 和歌山市民会館小ホール(556)
・1989 全労災ホール／スペースゼロ(575)
・1973 岩手県民会館中ホール(600)
・1983 名古屋市芸術創造センター(640)
・1997 世田谷パブリックシアター(600)
・1983 吹田市文化会館中ホール(662)
・1999 大社文化プレイスだんだんホール(600)
・1970 大阪郵便貯金会館(682)
・1985 焼津市文化会館小ホール(600)・1990 水戸芸術館(680)
・2009 いわき芸術文化交流館アリオス中劇場(687)
◎1982 シアターアプル(700)・富士市文化会館中ホール(700)
・2003 北九州芸術劇場中劇場(700)
・1970 芦屋ルナホール(700)
◎1986 東京グローブ座(703)・1995 扶桑文化会館(736)
★1989 シアターコクーン(747)
◎1992 アートスフィア(746)

可変劇場の系譜

◎1987 銀座セゾン劇場(ル・テアトル銀座)(772)
★1999 さいたま芸術劇場大ホール(776)
・1990 東京芸術劇場中ホール(841)
・2002 キラリ☆ふじみメインホール(800)
◎1978 サンシャイン劇場(816)
・1998 長久手文化の家 森のホール(819)
◎1993 梅田芸術劇場シアタードラマシティ(898)
・1994 黒部国際文化センター(886)

・1969 藤枝市民会館(900)
・1998 JRアートセンター四季劇場秋(907)
・1985 近鉄劇場(954)
★2005 茅野市民館大ホール(780)
・1973 神戸文化ホール中ホール(910)

創造型の公共ホール

・2005 兵庫県立芸術文化センター中ホール(800)
・1971 小浜市文化会館(936)
・2009 愛知県産業労働センター(801)
◎2008 大阪サンケイホールブリーゼ(912)
・1972 水戸市民会館(1004)
・1986 石垣市民会館大ホール(1008)
・2007 パトリア日田大ホール(1003)

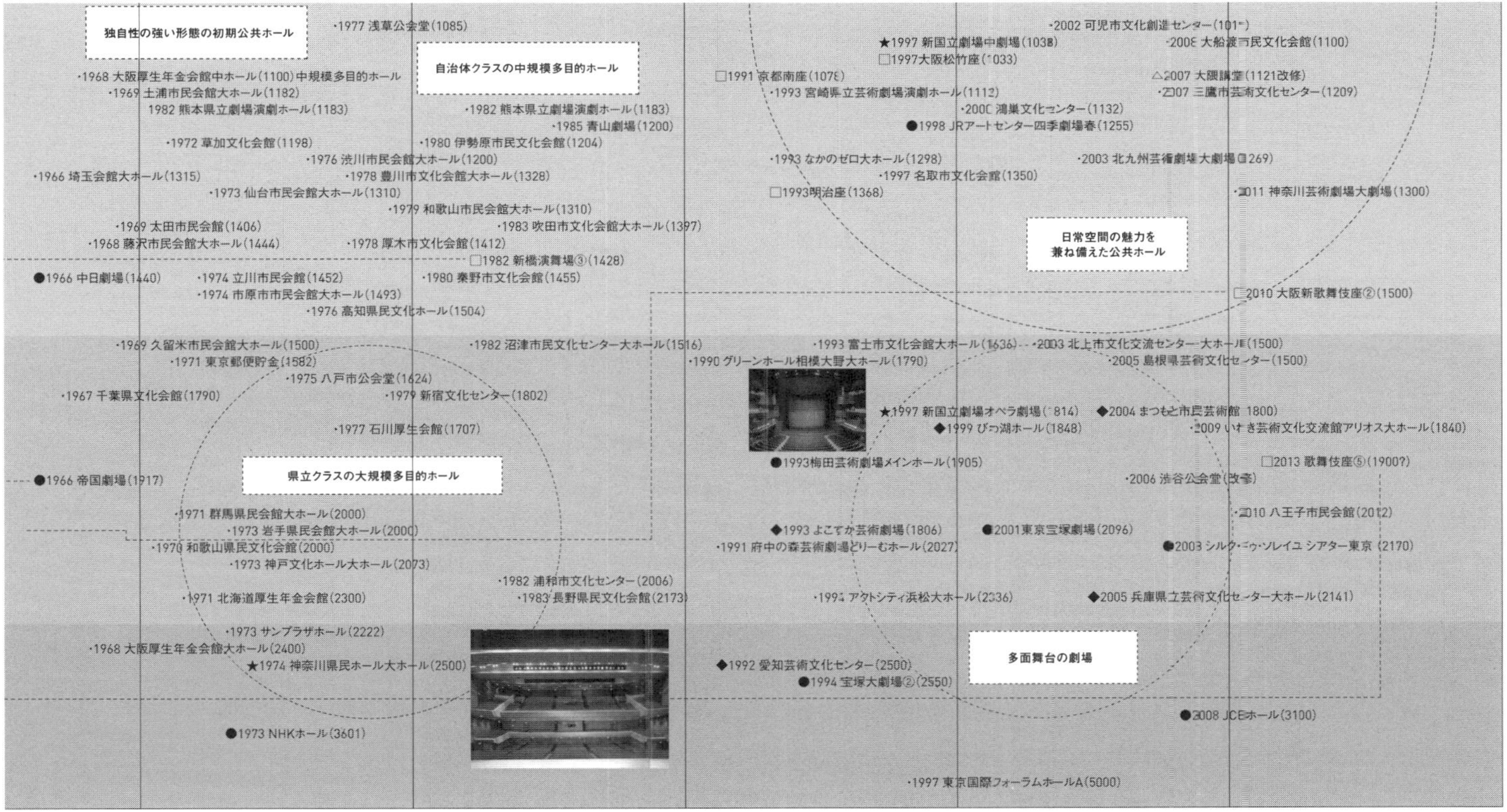
独自性の強い形態の初期公共ホール
・1977 浅草公会堂(1085)
自治体クラスの中規模多目的ホール
・1968 大阪厚生年金会館中ホール(1100)中規模多目的ホール
・1969 土浦市民会館大ホール(1182)
1982 熊本県立劇場演劇ホール(1183)
・1982 熊本県立劇場演劇ホール(1183)
・1985 青山劇場(1200)
・1972 草加文化会館(1198)
・1980 伊勢原市民文化会館(1204)
・1976 渋川市民会館大ホール(1200)
・1966 埼玉会館大ホール(1315)
・1978 豊川市文化会館大ホール(1328)
・1973 仙台市民会館大ホール(1310)
・1979 和歌山市民会館大ホール(1310)
・1969 太田市民会館(1406)
・1983 吹田市文化会館大ホール(1397)
・1968 藤沢市民会館大ホール(1444)
・1978 厚木市文化会館(1412)
□1982 新橋演舞場③(1428)
●1966 中日劇場(1440)
・1974 立川市民会館(1452)
・1980 秦野市文化会館(1455)
・1974 市原市市民会館大ホール(1493)
・1976 高知県民文化ホール(1504)
・1969 久留米市民会館大ホール(1500)
・1982 沼津市民文化センター大ホール(1516)
・1971 東京郵便貯金(1582)
・1975 八戸市公会堂(1624)
・1967 千葉県文化会館(1790)
・1979 新宿文化センター(1802)
・1977 石川厚生会館(1707)
県立クラスの大規模多目的ホール
●1966 帝国劇場(1917)
・1971 群馬県民会館大ホール(2000)
・1973 岩手県民会館大ホール(2000)
・1970 和歌山県民文化会館(2000)
・1973 神戸文化ホール大ホール(2073)
・1982 浦和市文化センター(2006)
・1971 北海道厚生年金会館(2300)
・1983 長野県民文化会館(2173)
・1973 サンプラザホール(2222)
・1968 大阪厚生年金会館大ホール(2400)
★1974 神奈川県民ホール大ホール(2500)
●1973 NHKホール(3601)
・2002 可児市文化創造センター(1019)
★1997 新国立劇場中劇場(1038)
・2008 大船渡市民文化会館(1100)
□1997大阪松竹座(1033)
□1991 京都南座(1078)
△2007 大隈講堂(1121改修)
・1993 宮崎県立芸術劇場演劇ホール(1112)
・2007 三鷹市芸術文化センター(1209)
・2000 鴻巣文化センター(1132)
●1998 JRアートセンター四季劇場春(1255)
・1993 なかのゼロ大ホール(1298)
・2003 北九州芸術劇場大劇場(1269)
・1997 名取市文化会館(1350)
□1993明治座(1368)
・2011 神奈川芸術劇場大劇場(1300)
日常空間の魅力を
兼ね備えた公共ホール
□2010 大阪新歌舞伎座②(1500)
・1993 富士市文化会館大ホール(1636)
・2003 北上市文化交流センター大ホール(1500)
・1990 グリーンホール相模大野大ホール(1790)
・2005 島根県芸術文化センター(1500)
★1997 新国立劇場オペラ劇場(1814)
◆2004 まつもと市民芸術館(1800)
◆1999 びわ湖ホール(1848)
・2009 いわき芸術文化交流館アリオス大ホール(1840)
●1993梅田芸術劇場メインホール(1905)
□2013 歌舞伎座⑤(1900?)
・2006 渋谷公会堂(改修)
・2010 八王子市民会館(2012)
◆1993 よこすか芸術劇場(1806)
●2001東京宝塚劇場(2096)
・1991 府中の森芸術劇場どりーむホール(2027)
●2003 シルク・ドゥ・ソレイユ シアター東京 (2170)
・1994 アクトシティ浜松大ホール(2336)
◆2005 兵庫県立芸術文化センター大ホール(2141)
多面舞台の劇場
◆1992 愛知芸術文化センター(2500)
●1994 宝塚大劇場②(2550)
●2008 JCBホール(3100)
・1997 東京国際フォーラムホールA(5000)

一章　参考文献、図版出典

「四条河原遊楽図」静嘉堂文庫所蔵

『建築世界』第五巻六号、早稲田大学図書館所蔵

「東京新富座真図」国立劇場所蔵

歌川豊国「芝居大繁昌之図」江戸東京博物館所蔵

本願寺書院と能舞台、北尾春道『国宝書院図聚三「本願寺書院」』洪洋社、一九五八年

『佐藤武夫作品集』相模書房、一九六二年

佐藤武夫『公会堂建築』相模書房、一九六六年

清水裕之「ホールタイプと運用方法」『特集劇場PART2 公共ホールのゆくえ』

清水裕之「文化会館をめぐる文化事業「文化振興会議」に見る文化行政と文化会館（その二）」『日本建築学会計画系論文報告集』第四〇二号、一九八九年八月

清水裕之「文化会館をめぐる文化行政「文化振興会議」に見る文化行政と文化会館（その一）」『日本建築学会計画系論文報告集』第三九二号、一九八八年一〇月

佐藤信「パブリックシアターの可能性」『私たちと劇場』（清水裕之編著）芸団協出版部、一九九三年

衛紀生『芸術文化政策と地域社会レジデントシアターのデザイン』テアトロ、一九九七年

清水裕之『アーツマネジメント』放送大学教育振興会

清水裕之、加藤祐貴「公立文化ホールにおける自主事業、計画性、外部機関情報活用度、外部組織連携に関する状況把握と類型化」『文化経済学』第五巻第二号、二〇〇六年九月

永竹由幸：公開講座「イタリアにおけるオペラマネージメント」昭和音楽大学オペラ研究所、二〇〇三年

中山欽吾：シンポジウム「オペラ劇場運営の現在」昭和音楽大学オペラ研究所、二〇〇四年

日本建築学会編『音楽空間への誘い』鹿島出版会、二〇〇二年

昭和音楽大学オペラ研究所、増井敬二『日本オペラ史』水曜社、二〇〇三年

小林徹也他「よみがえる帝国劇場展」早稲田大学演劇博物館、二〇〇二年

開設八〇周年記念事業実行委員会『日比谷公会堂八〇年の歴史と伝統』二〇〇九年

『村野藤吾著作集』鹿島出版会、二〇〇八年

増井敬二：公開講座「日本のオペラ一〇〇年の歴史」昭和音楽大学オペラ研究所、二〇〇四年

草加叔也「日生劇場の価値」『劇場演出空間技術』六八号、二〇〇八年

『日本のオペラ年鑑一九九五〜二〇〇八年』日本オペラ連盟

『国立劇場 national theatre of japan』国立劇場、一九八六年

"Theatres an architectural and cultural history" Simon Tidworth, 1973, Preger Publishers.

"Gottfried Sempers Zweites Dresdner Hoftheater" Heinrich Magirius, 1985, Hermann Boehlaus Nachf.

『帝国劇場案内』付録、一九一八年八月

服部幸雄『歌舞伎の原郷—地芝居と都市の芝居小屋』吉川弘文館、二〇〇七年

塚田孝『近世の都市社会史』青木書店、一九九六年

竹下喜久男『近世地方芸能興行の研究』清文堂出版、一九九七年

神田由築『近世の芸能興行と地域社会』東京大学出版会、一九九九年

『歌舞伎座百年史』本文篇上下巻および資料篇、松竹株式会社、一九九三、一九九五、一九九九年

徳永高志『芝居小屋の二〇世紀』雄山閣、一九九九年

徳永高志『劇場と演劇の文化経済学』芙蓉書房、二〇〇〇年

宮沢智士編著『内子座八〇の年輪』内子町並保存対策課、一九九五年

藝能史研究會編『日本庶民文化資料集成 第六巻 歌舞伎』三一書房、一九七三年

清水裕之『二一世紀の地域劇場—パブリックシアターの理念、空間、組織、運営への提案』鹿島出版会、一九九九年

『建築知識』特集 多機能イベントスペースＡＢＣ、一九九〇年

本杉省三、衛紀生『地域に生きる劇場』芸団協出版、二〇〇〇年

川崎繁「博物館法の思い出」『博物館研究』一九七九年二月

大笹吉雄『日本現代演劇史 大正・昭和初期篇』白水社

菊竹清訓『菊竹清訓作品集』求龍堂、一九九〇年

第二章

実践から

本章では、現代における劇場空間の計画プロセスと展開されるアクティビティを題材に、その実践に迫る。数多くのプロジェクトに参画している実務者の論考、先駆的な試みとして実現している三つの公共劇場《可児市文化創造センター》《茅野市民館》《吉祥寺シアター》にフォーカスしたケーススタディ、先駆的な公共稽古場などの八つの創造活動拠点の取材レポートから構成されている。

実践のプロセスが変化し、条件そのものを問い直し、都市や地域のアクティビティとしていかに蓄積されるかという海図が必須となってきている。それはデザイン、計画、運営というフェーズの境界の消滅を意味するとともに、どこでも通用する理論から特殊な状況を創出する思考と方法論が求められてきていることでもある。実際の開館後のアクティビティにも迫っているケーススタディでは、「使いやすい」から「使ってみたい」というパラダイムの変化を示し、劇場空間を支える紹介からは舞台芸術の場のみならず、都市そのものも変わりつつあることを映し出している。

本章の中から創造活動に満ちあふれる劇場を実現する鍵を探し出していただきたい。

社会資本としての地域劇場

小野田泰明

「ホールインフレ」と劇場

歌舞伎小屋から農村舞台まで、かつてわが国には、芝居を専用に掛ける空間が各地に存在した。しかし近代化の過程の中で、それらは映画館や公会堂などの浸食を受け、その数を大きく減らしていく。そのように長く危機的状況が続いたにもかかわらず、一九六〇から七〇年代の小劇場ムーブメントを除いて、演劇空間の必要性が積極的に語られる機会は、意外に少なかった。

そういう意味で、大都市を中心にユニークな劇場が建てられるようになり、劇場空間について語られるようになってきたことは喜ぶべきことではあるが、それでも個別の劇場論を越えて地域社会の有用な資源として劇場を語るには、まだいくつかのハードルがある。たとえば、一九八〇年代後半から九〇年にかけ、当時好調であった経済を反映して日本各地に劇場・ホール施設が次々と建てられ、これを揶揄して「ホールインフレ」[*1]という言葉がつくりだされたが、劇場・ホールの整備において「インフレ」、すなわち需要を供給が上回るというのは具体的にどのような状況を指し、演劇専用空間としての劇場の長期的縮小傾向とどのように結びつくのかなどについては、解釈が積み残されてきた。

こうした問いに答えることは意外に難しい。第一には、劇場という施設種の日本における不明瞭さがある。ヨーロッパの大陸では、オペラ劇場やコンサートホール、演劇劇場などがある程度明確に区別されていることが多いが、専用ホールが大都市で一部建てられるようになったとはいえ、いまだ多目的ホールが大多数を占めている日本では、演劇やダンスの上演を目的とした劇場と様々なジャ

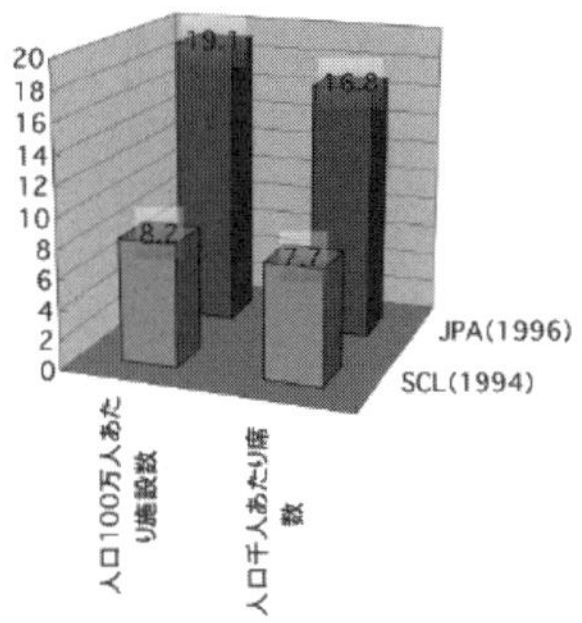

日米の劇場・ホール施設比較

ンルのイベントが行われる多目的ホールとの区別は明瞭ではなく、区分の必要性に対する認識も乏しい。つまり、現代の日本では「劇場」というジャンルが、舞台芸術施設ならびに集会施設を広く一般に指す「劇場・ホール」という範疇のなかに融解してしまっているのである。第二には、運営主体の問題がある。劇場・ホールの設置主体の多くは、貸し館を運営の基本にしており、その出自も官から民まで様々である。公共系の主体が運営するホールの主体を見ると、教育委員会部局から、首長部局、厚生労働関係など多様であるにもかかわらず、上演団体と深い関係をもっているホールはごくわずかである。第三は、これまでに述べた状況とも関連するが、法的なバックボーンである。劇場・ホールにかかわる日本の法令は、公衆衛生に根拠をもつ興行場法、火災時の避難に関する消防法、そして建設にかかわる建築基準法と施設型の周辺性能を定義したものに限定されており、博物館法や図書館法のように、施設型それ自体を定義づけたものが現状ではない。さらに第四には、そもそも文化的要素が強い劇場やホールは、需要と供給の適正量を具体的に示しにくく、最低この程度必要といったシビルミニマムを析出しがたいという点である。

　このように内部から基準を探しがたく適正な整備水準を示すことが困難なとき、外部の状況をベンチマークとして活用することが有効な場合がある。そこで本稿では、筆者らが以前調べたロスアンジェルスからサンディエゴに至るカリフォルニア州の南部のデータと日本の状況との対比を取りかかりとしてみたい。もちろん、アメリカ合衆国の州と日本一国とを単純に比較することはできないが、前者は面積は日本の約半分、人口では約二割とそれなりに比較に耐えうる規模をもっており文化集積度も高い。また、情報ソースは、情報誌、専門誌、インターネットの情報などを網羅的に調べたもので*2、位置づけは微妙に異なるが、基本的には信頼できるものである。

　データを見ると、カリフォルニア州南部における人口あたりの劇場・ホール整備水準は、人口一〇〇万人あたり施設数が八・二、人口一〇〇〇人あたりホール席数が七・七席だが、日本では人口一〇〇万人あたりの施設数一九・一、人口一〇〇〇人あたりのホール席数が一六・八席と、それぞれ二・三倍、二・二倍の値を示している（上図）。これらから、日本の劇場・ホールの整備は、量的には高い水準にあ

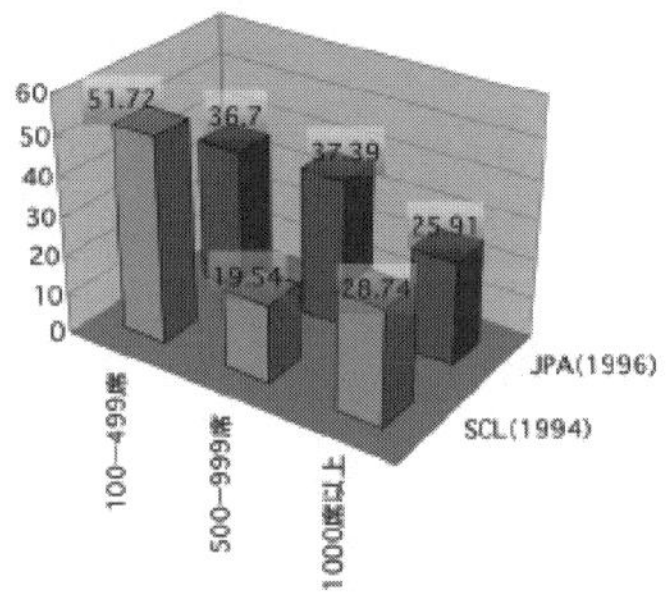

席数規模別比較＊3

り、ホールインフレという時代感覚には、それなりに根拠はあったようだ。では、このように量的には充実しているにもかかわらず、ホール間で専門分化が進んでいない理由は何であろうか。先のデータを席数別に見ると面白いことがわかる。カリフォルニア州南部では、五〇〇席未満のホールが半数以上の五一・七％、一〇〇〇席以上が二八・七％、五〇〇席以上一〇〇〇席未満が一九・五％という順番だが、日本では、カリフォルニアで最も少ない五〇〇席以上一〇〇〇席未満が三七・四％と最も多く、ついで五〇〇席未満三六・七％、一〇〇〇席以上二五・九％と異なっている（上図）。つまりカリフォルニアでは舞台芸術系のＮＰＯなどが常打ち小屋とする小さなホールとエンターテイメントビジネスで使われる大規模なホールに二極化しているが、日本では地方に建設された中規模ホールが最も多くなっているのだ。誤解を恐れずにいえば、アメリカにおいては使い手（運営者）側の都合でホールが整備されているケースが多く、日本ではつくり手（行政など）側の理由で整備されているホールが多いとみることもできる。一般に劇場は、コンサートホールや伝統劇場のように形態がその使用を著しく限定する空間とは異なり、そこで演じられるソフトによって性格づけられる。つまり、使い手が建築とその運営に深く関与する状況をつくりだすことなしに「劇場」の社会的再定義はありえないのだが、ここにで取り上げたデータが示すのは、それとは逆の日本の状況である。

人材プールとしての劇団

これまでもたびたび指摘されてきたように、日本では舞台人の養成を司るスクールや劇場付きのカンパニーといったヨーロッパ型の大掛かりな劇団は少ない。しかしその一方で、目的を共有する人たちが自主的に集まって行われる劇団活動はそれなりに盛んで、面白い物もいくつか存在する。前述のような「大文字」の劇団は少ないものの「小文字」の劇団とも呼びうるものはかなりの数に上り、全体を牽引しているのである。つまり、これらを有効活用することで、地域における「劇場」の基盤を開拓する可能性があるのではないだろうか。こうした問題意識に立って、数年前に研究室の坂口大洋さんといっしょに仙台、関西、北九州といった、アマチュア演劇が盛んな地方で活動する劇団

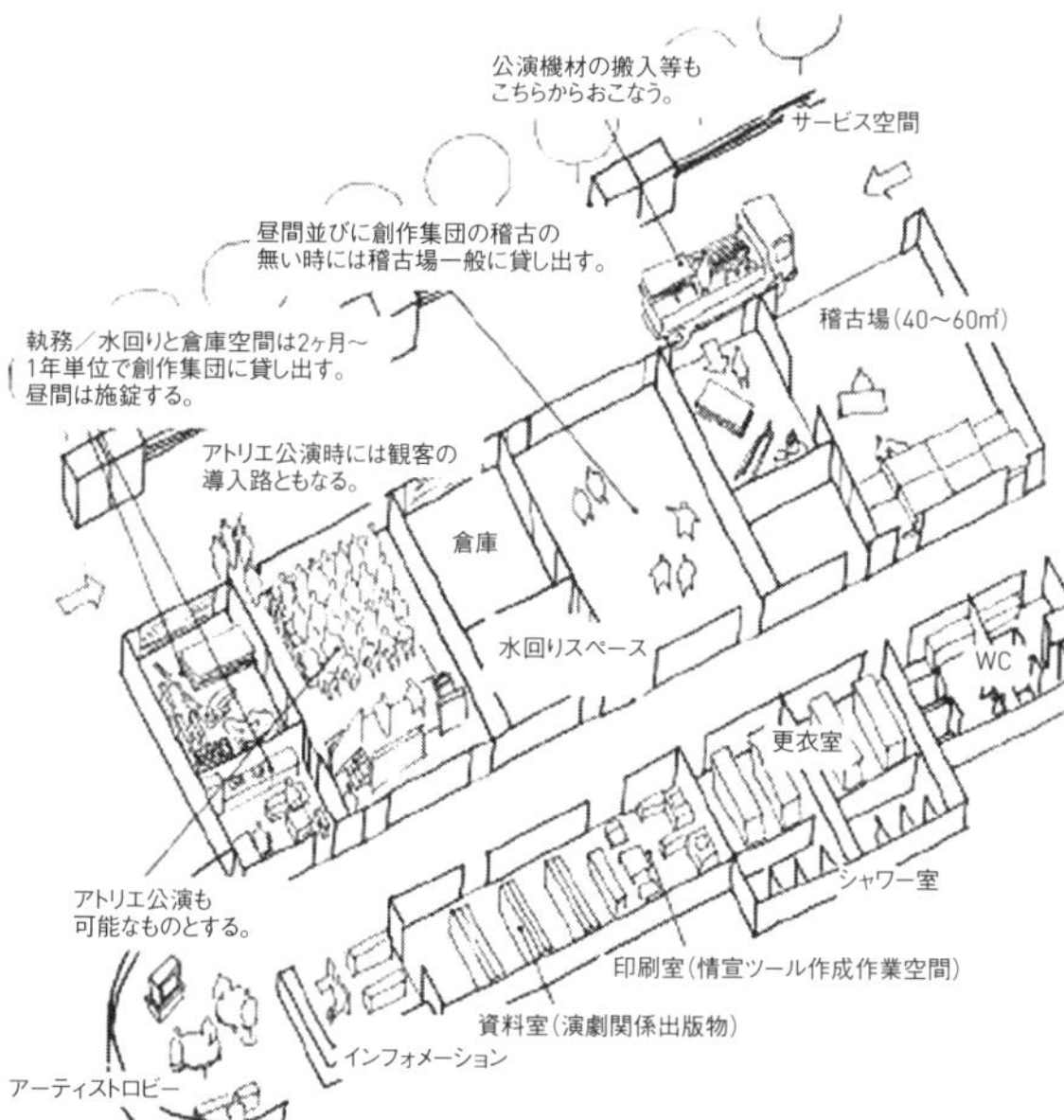
公演機材の搬入等も
こちらからおこなう。
サービス空間
昼間並びに創作集団の稽古の
無い時には稽古場一般に貸し出す。
稽古場（40〜60㎡）
執務／水回りと倉庫空間は2ヶ月〜
1年単位で創作集団に貸し出す。
昼間は施錠する。
アトリエ公演時には観客の
導入路ともなる。
倉庫
水回りスペース
WC
更衣室
シャワー室
アトリエ公演も
可能なものとする。
印刷室（情宣ツール作成作業空間）
資料室（演劇関係出版物）
インフォメーション
アーティストロビー

稽古場モデル図

の創作サイクルと各階梯における課題について調査した。いろいろと調べていくと、これまでいわれてきたように練習の場所が単純に足りないというよりも、むしろ創作に向けて劇団員の気持ちを束ねる核としての制作拠点、芝居の視覚的なクオリティに大きな影響を与える舞台美術製作、そして困難な創作プロセスを適切に導いていくために必要となる的確な情報提供、といった具合に、求められる支援はより立体的であることが見えてきた。

これらの知見をもとに、求められる施設型を自分なりに仮説的に描き起こしたのが上図である。

調査後、様々な機会をとらえてこの図を説明していたところ、たまたま居合わせた仙台市の文化担当が声をかけてくれた。ちょうど市では、制度改変で廃止が予定されている施設の活用が俎上にあがっており、それに代わる施設機能を模索中だったのだ。劇的活動の社会的密度を上昇させるための拠点「演劇工房」計画の始まりである。

《せんだい演劇工房 10-box》

仙台市では二〇年以上にわたって、地域発の演劇文化を目指した良質な演劇事業が継続されており、それを通じて演劇人・行政人・市民（そして我々などの研究者）からなるネットワークが醸成されていた。このネットワークのコアメンバーがともに抱えていた課題こそ、多くの市民に向けた良質の作品を生み出すにはどういう「場」が必要かということであった。しかしその一方で、この計画は、制度改訂で廃止される卸町勤労青少年ホームの建物と敷地の活用から始められており、「改修」名目の限られた財源枠しか認められていないという問題もあった。

そういった高目標、超低予算という捻れた状態から計画はスター

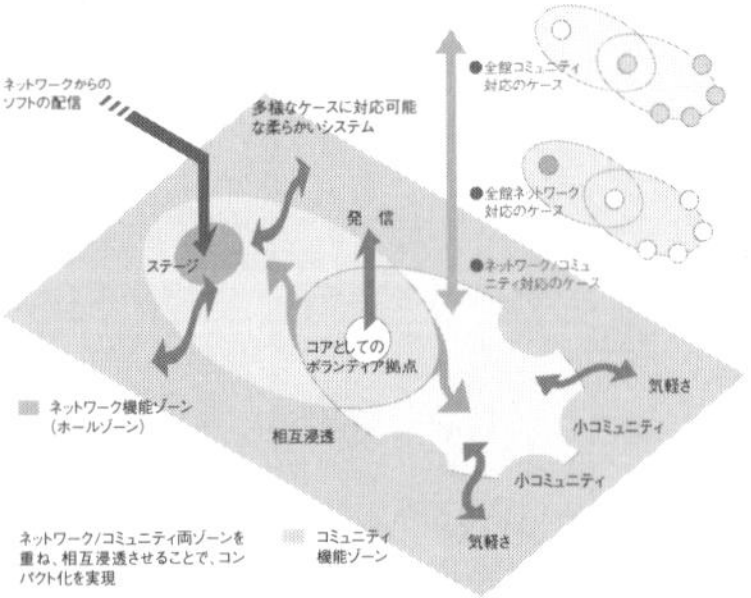

（右）《せんだい演劇工房10-box》中庭デッキ
（左）《苓北町民ホール》機能図

トしたのだが、よいものをつくりあげようという担当課の全面的な協力もあって、基本計画を東北大学建築計画研究室で、設計は当研究室がコンサルティングしながら、地元の建築家である八重樫直人氏のノルムナル・オフィスが行う体制が整った。先述の研究成果や計画に先んじて行われた演劇人とのワークショップを通じて、プログラムとしては長期占有が可能な稽古場、適切な規模の試演場、十分な作業場・工房、演劇アーカイブを併設したオープンなスタッフルーム、といった四機能を基本とすることとした。また、超ローコストを実現するために、各空間を外部空間で直接連結していっさいの廊下を省くとともに、軽量鉄骨で簡略化した構造を採用するなど、徹底して無駄を切り詰めた。その一方で、必要以上に空間を切り詰めて機能不全とならないように、実寸で演劇人と実験を繰り返し、必要な空間スケールの下限を割り出すなど、厳密に機能設定を行った（上図）。

こうした数多くの苦労を経て《せんだい演劇工房 10-BOX》は二〇〇二年六月一日オープンする。様々な専用空間を結びつけている木デッキ張りの広場は、公演時には客席として、または仮設の舞台として活用される汎用性の高い空間となることはもちろん、いろいろな人が出入りするオープンな広場として街並みに開かれるなど有効に活用されている。

《苓北町民ホール》

《せんだい演劇工房 10-BOX》は、予算やスペックといった設計条件こそ厳しかったものの、母体都市である仙台市には「小文字」の劇団がある密度で存在し、行政もその育成に力を入れているなど、プロジェクト環境としては恵まれた状況にあった。しかしながら、日本にはそういう地域ばかりがあるわけではない。それらの地域資源があまり期待できない場所でも、集会や発表のための空間が計画されることも多い。しかしそうした場合においても、空間の「劇場」的要素を積極的に開発することで、地域コミュニティの活力を高めていくことが可能なはずである。

この課題に挑戦したのが、ちょうど《せんだい演劇工房 10-BOX》と同じ頃に計画を進めていた建築家阿部仁史氏との共同による《苓北町民ホール》である。熊本県天草諸島の西端、人口八〇〇〇人

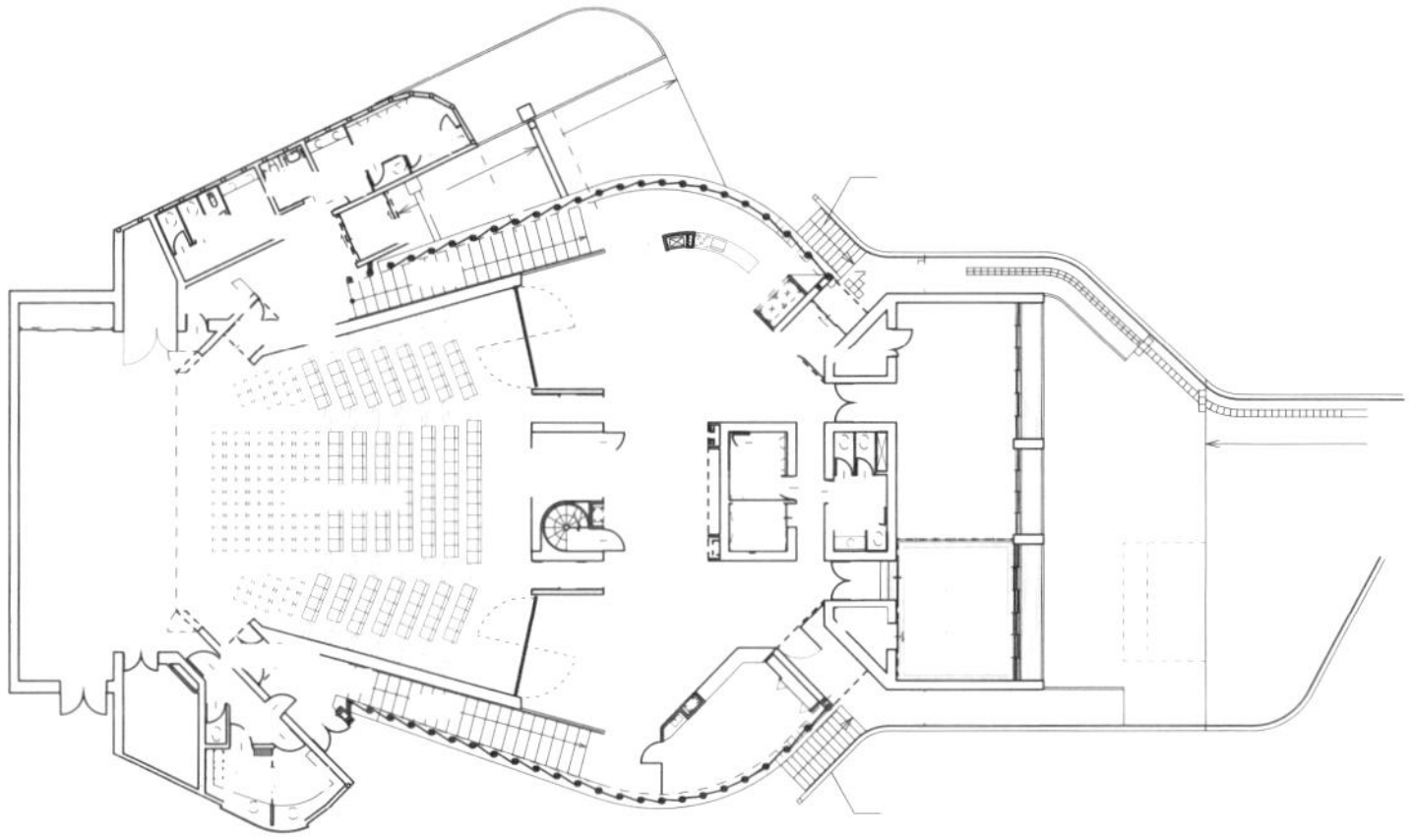

《苓北町民ホール》平面図

の苓北町の地域拠点であるこの施設は、「対話を通じて建築をデザインする」をキーワードに設けられた「くまもとアートポリス」「わたしたちのまちづくり事業」の一貫として実現したものである。高橋靗一コミッショナー、伊東豊雄バイスコミッショナー（当時）から設計者に任命された我々は、計画にあたって建築物のデザインをひとまず棚上げして、町の人たちと町の将来について徹底的に議論することから始めることとした。モノをつくる立場からするとかなりの回り道となるが、施設のつくり手からではなく使い手からの可能性を探ることを通じて、使い手が積極的に参画しうる状況をつくろうと考えたわけである。

ワークショップを始めて気がついたのは、どの年齢層の人たちも熊本・福岡・東京といった都市との関係と自らのコミュニティの中での位置、この両者に微妙に折合いをつけながら生活していることであった。言い換えれば、大きなネットワークへの接続願望と日常的なコミュニティへの所属願望といった、ときに矛盾する両者が生活の中で複雑に絡み合っているわけである。こうした状況は、これら両極を何らかのかたちで媒介する契機が日常的に求められているとも解釈できる。そこで施設は、両者それぞれを担保する小ホールと公民館をシームレスにつなぐキメラのような形式を取ることとした（前ページ左図）。外への発信の場所としての二〇七席のホール機能を北半分に、地域内の活動や情報の内的循環を高める集会所機能を南半分に重ねて詰め込み、ホール後方の大扉など境界を操作することで、それが入れ替わる多層的な境界を設定した。この境界面は、両者の機能がオーバーラップして様々な活用ができるようになっているだけでなく、中心に町民有志の作戦本部であるボランティアビューローが置かれ、活動全体の牽引も意図されている。こうした構成は同じ面積を効率的に活用することにも役立っていることはいうまでもない（上図）。

もちろん、このように機能を割り付けたからといって相互連関が手放しで起こるわけではない。①ちょっとしたきっかけに満ちている環境が実現していること、②そこで生

《苓北町民ホール》ホール内部

まれた小さな行為が硬直的な枠組みに絡め取られて萎えてしまわないような冗長性が用意されていること、③それら一連の行為の連なりが日常的に管理可能な安定した基盤の上で展開されること、などが確保されていなければならないのである。

住民の潜在意識を掘り起こして図らずしも「劇場」的な空間に到達したというだけでなく、潜在的ニーズを掘り起こすのに身体を使った演劇的手法「ワークショップ」を有効に活用したという二重の意味で、本件には演劇性がかかわっている。特に思い出されるのが、夏に行ったお年寄りと小学生のチームによる敷地探検ワークショップのほほえましい光景である。そこでは地方でも中々起こりにくくなった異世代のコミュニケーションがごく自然に起こっており、この建築の目指すべき性格の一つが明確に示された瞬間であった。

二〇〇二年五月一一日のオープニング、そして全国公募で選ばれた国際的バイオリニスト五嶋みどりさんのチャリティコンサートの自主公演など、小さい町ながらこのホールは積極的に活用されている。それ以外にも、パーティ会場として、子供たちの発表会場として様々に使われながらも面白さを維持できているのは、この建築が「劇場的空間」としてだけではなく、様々な切掛けに満ちている「プラットフォーム」としてつくられていることと深く関係している。劇場というと「壁」が意識されがちだが、実は「床」も根源的役割を果たしているのである。

《小田原市城下町ホール》計画案

そうした「劇」空間における「床」の可能性をさらに拡張しようと試みたのが、建築家小泉雅生氏と共同で取り組んだ《小田原市城下町ホール》の設計競技である。冒頭の例に漏れず、設計要綱には多目的に舞台芸術に対応する「劇場・ホール」であることがすでに設定されていたのだが、我々は小さな道一つを隔てて歴史ある城址公園に大きく開いているこの敷地の独自性を強調することで、これまでとは違った「劇」的な環境を手に入れられるのではないかと考えた。演じ、表現することを想起させる平らな床、集い、観ることをイメージさせる緩やかに傾斜した床。この二つの組合せからなる

《小田原市城下町ホール》計画案

地形を敷地内に展開することで、どこでも誰でもが観客となり演ずる者となる空間を実現しようと考えたのである。この二種類の床を散歩する感じで巡り歩けるような、行止りのない空間としてつながることで、音楽や演劇など様々なパフォーマンスが繰り広げられる『祝祭の円環』である。もちろん地形がどこでもホールになるということは、遮音や遮光、その他演出上の要求といった空間性能がそれぞれに担保されていなければならない。特に遮音性能を追求すると壁の重量はどうしても重くなる。そこで床にレールを設置し、地形の上を水平に移動可能な重量壁によってそれらの空間を区分することを考えた。これにより、音場がライブであったりデッドであったり、色彩が黒であったり明るかったり、性格の異なる四つの空間が適宜組替え可能な建築を目指したわけである。

シークエンスとして見ると、エントランスホールと一体化した平土間のホール（ホールB＝三〇〇席）がグランドレベルに設定されており、そこから観客席としても機能する大階段（エスプラナード＝二〇〇-四〇〇人）を上がって中間階のホワイエに到達する。そのホワイエは、大ホール（ホールA＝一三五〇席）の中段へのアプローチとなっている。ホール内の客席を下がってステージに上がるとその横は再び大きく外に開かれており、高い天井をもつ真っ黒な実験劇場（ホールC＝三五〇席）として位置づけられている。そこを突っ切ってホールCのホワイエに到達すると、右下に最初のホールBが見えるという円環構造が実現されている（上図）。「公演／集会」の二元論を超えて、公演は日常に接続され、集会は非日常に異化されるといった動的な関係が可能となっており、そうした演者と観客の関係の再構築を通じて、小田原における文化活動の独自性を提示しようとしたものである。そうした自律的運営を支えるために、学校、NPO、アントレプレナーなど、様々な層を巻き込む運営拠点としてのライブラリーサロンが先の円環構造の上部となる最上階に設けられている。

この案は数百点の応募作品の中からファイナリストに選ばれたが、実施に移される最優秀を僅差で逃してしまった。それでも、劇空間のもつポテンシャルを古い敷地がもつ地勢と反応させることで、優れた特色を導き出そうとした我々の意図はあるレベルで建築化できたのではないかと考えている。都市構造それ自体がもつ可能性を大きな床によって引き出そうとしたプロジェクトであり、「床」としての劇場がその姿を最大化するとき、「壁」は周囲の景観に溶け込んでいく。

最後に

演劇の人的リソースが十分に見込めないのに、専用の劇場をつくってもあまり意味がない。また、文化資本は集中するものだから、そうした人的リソースの配置はどうしても大都市中心になってしまう。そういった状況を冷静に勘案しつつ、コミュニティや地勢から「劇性」を汲み取ってプラットフォームとして定着させる方法、それがここにあげたいくつかのプロジェクトに共通する哲学かもしれない。こうした高次の機能を的確に担保するためには、施設のプログラムを見極め、それを実現しうる基本的な寸法系を適切に選びとると同時に、運営のきっかけとなるユニークな空間デザインを設定することも欠かせない。劇性が込められた「床（プラットフォーム）」が優れた才能と出会ったとき、地域文化の可能性は深められ、多様な文化状況が結果としてつくりあげられていく。地域の環境に耳を澄ませば、まだまだ可能性はあるはずである。

＊1——『日経エンターテイメント』一九九〇年四月
＊2——カリフォルニア州南部は一九九四年、日本は一九九六年
＊3——小野田泰明、ジュアルニアニタ他「日本のホール水準に関する考察　カリフォルニア州南部におけるデータとの比較から」『日本建築学会学術講演梗概集』二〇〇〇年

元気なホールのつくり方
公立ホールの計画プロセスをデザインする

伊東正示

ホールがほしい！

公立ホールの建設は、ホールがほしいという市民の総意からスタートしたい。開館記念式典では必ずといってよいほど「すべての市民が長い間待ち望んできた市民会館がここに完成いたしました」といった来賓の祝辞を耳にするが、それが単なるお祝いの慣用句などではなく、市民の心からの喜びを代弁する言葉であってほしい。ホールの建設は基本構想の策定から始まり、設計、建設のための長い年月が必要であり、完成までの道のりの中には乗り越えなくてはならない幾多の困難がある。その長い道のりの途上でもホールがほしいという市民の気持ちはひと時も揺るがずに、固い信念としての強さをもっていてほしい。そして、市民だけではなく、行政の担当者も建築家も音響や舞台のコンサルタントも施工者も、ホールの建設にかかわるすべての人びとは同じ強い思いで結びついていなければならない。生まれてくる赤ん坊をワクワクと待ち望む両親がいて、家族がいて、その一家を暖かく包み込む地域社会があって、やがて新しい生命が誕生するように、ホールはすべての人びとの期待を込めた笑顔で迎えられるべきものなのだ。

近年、公立ホールの建設に対して強いアゲインストの風が吹いているように思える。計画がなかなか進まない例や途中でストップしてしまう事例もある。それでもやっぱりホールが必要だといわれる社会になってほしい。そのためには「なぜホールが必要なのか？」という質問に対する明快な回答が求められる。そんなとき、僕はいつもとっておきのビデオを見てもらうことにしている。

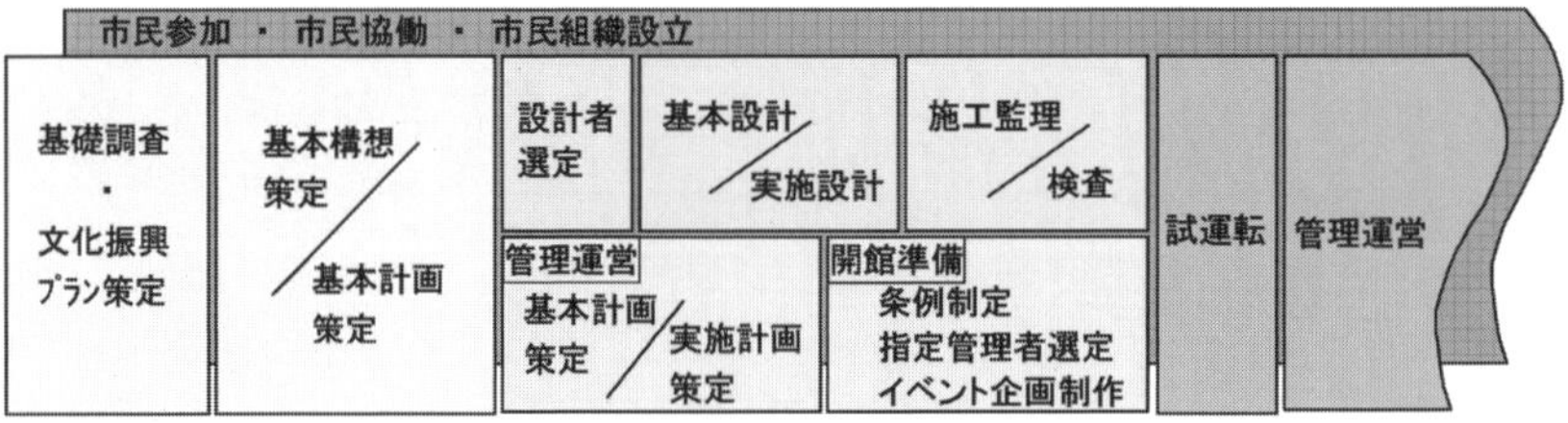

公共ホールの計画プロセス

それは僕の娘のビデオで、中学時代のバトントワラー部最後のステージを録画したものである。ステージでは大勢の生徒が踊っていて、しかも同じ衣裳で踊っているから、他人には見分けがつかないと思うのだが、僕のビデオでは娘があたかも主役であるかのように、大アップでとらえられている。そして、フィナーレが近づくにしたがって、笑顔がこわばり、ラストシーンでは泣き笑いの顔となってライトがフェードアウトとなる。そして、カーテンコールでは全員が涙でクシャクシャの顔になりながら、手をつないで舞台の最前部で礼をすると、客席から大勢の友だちが一斉に押し寄せて来て、三年生部員に花束を渡すシーンへとつながっていく。

これほど多くの友だちから祝福され、抱えきれないほどの花束を受け取り、三年間頑張ってきた達成感や部活仲間との連帯感、そして祝福してくれる友だちとの友情に浸りながら、感情を全部さらけ出して涙を流せる瞬間というのは、何物にも変えがたい貴重な財産になるに違いない。

こんな体験は一生の中で何度もないだろうし、すべての人が体験できるわけでもない。同じように人間として生まれ、一生を過ごすのであれば、誰しも自分の子供たちにはこんな感動体験を一度でもいいから味わってほしいと願うであろう。

これが僕のホールが必要な理由なのだが、理解していただけるだろうか。

公立ホールは市民が主役

公立ホールの建設の流れを見てみると、三つの世代に分けることができる。

第一世代は、集会や大会を中心とした公会堂の時代であり、ともかくも建てることが目的となっていた時代であることから、「施主の時代」ということができる。そして、第二世代は《新国立劇場》の計画に代表されるように、舞台芸術関係者の意向が反映されてホールの機能が高められていった時代であり、「芸術家の時代」と名づけることができる。

ところが、デザイン的にも機能的にも最高レベルのホールが建設され、超一流のアーティストの公演が地元で楽しめるという環境が整備されたにもかかわらず、客席はガラガラという状態が現れて

《黒部市国際文化センター コラーレ》

いる。すでに多くの市民は生活の中で舞台芸術を観に行く、聴きに行くという習慣を失っており、もはや観客が不在になっているのではないだろうか。舞台芸術は、出演者や演奏家だけで成立するものではなく、観客がいてはじめて成り立つものである。そこが映画やテレビとの根本的な違いであり、舞台芸術の魅力なのである。まずは観客を創る、そして育てるというところから始めなければならない時代になっている。それが第三世代であり、「観客の時代」ということができる。

これからの公立ホールは観客に眼を向けなければならない。いかに多くの市民をホールに呼び込み、活動に巻き込んでいけるのか。芸術文化にこだわらず、生活文化やまちづくり、人づくりといった領域にまで活動の幅を拡げながら、一人でも多くの市民に公立ホールの存在意義を理解してもらうことが、ホールの建設にも運営にも重要になっている。そのための方策として、施設建設の初期段階から市民に参加してもらうことが有効であり、市民協働のプロセスをデザインすることが求められている。

文化倶楽部構想《黒部市国際文化センター コラーレ》

我々が本格的な市民参加によるホールづくりを行ったのは、《黒部市国際文化センター》が最初である。設計者の新居千秋氏とともに最初に行ったことは、基本構想の三つのホールを設置するというプログラムを書き換えて、もっと気軽に市民が集まる施設構成にするべきだという提案だった。そして、新たな施設計画を考えるための組織づくりから計画を進めていった。

どんなにすばらしい台本があり、魅力的な舞台空間がつくりだされ、才気あふれる演出がなされたとしても、役者が揃わなければすべて台無しになってしまうように、計画を進めていくうえでは適材適所の人材が不可欠となる。特に、行政側の担当者が果たす役割は大きい。黒部市の場合は担当してほしい人を設計チームが逆指名し、市長に直訴した。次に、重要な登場人物となる市民については、すでに文化団体の代表者や高齢の学識経験者による検討委員会が組織されていたが、ともに考え、ともに行動する仲間づくりが必要であると考え、地元で音楽イベントのプロデュースや演奏活動を

〈ドラマキッズ〉のステージ。演奏はキーボードオーケストラ

行っている人や劇団を主宰している人などを一本釣りで集めて、施設運営企画会議を立ち上げた。九三年七月に第一回の会議が開催され、その席で「黒部市文化倶楽部」の提案を行った。文化倶楽部は、ボランティア組織とは少しニュアンスが異なっている。たとえば、サッカーのJリーグのサポーター組織は、ホームチームの一員になったかのようにチームを応援し、支えているが、ホールにおいてもそれと同じ状況をつくりだしたいという考えである。サッカーで実現できたことを、ホールでもやってみようという試みである。

多くのサポーターを得ることによって、公立ホールが地域に根づいた文化運動の拠点となり、様々な活動を展開することによって文化の底辺を拡大し、ボトムアップを図っていくことが、今最も重要なことなのである。

どれほど美しい花を活けたとしても、やがては枯れて、後には何も残らない。これまでの地域における文化振興も似たところがあったように感じられる。著名なアーティストのコンサートが開かれて、聴衆に大きな感動を与えたとしても、それが地域の文化に与える影響は一過性のものであり、聴衆の間だけでとどまってしまうものであった。

まずは土地を耕して、豊かな土壌をつくりあげる。そして、種を蒔き、水や肥やしを与え、丹精こめて育てていく。やがて芽が出て、花が咲き、実を結ぶ。そして、また同じ繰返しを続けていくことによって、少しずつ大きなお花畑へと成長していく。文化運動においても、こうした長期的な視点とたゆまぬ努力が必要なのである。そして、その推進役となるのがホールサポーターである。ホールサポーターの活躍なしには、次の世代の日本の文化的発展は実現できないのではないだろうか。

黒部文化倶楽部は、施設の愛称決定に伴い「コラーレ倶楽部」と名づけられたが、施設運営企画会議のメンバーを中心として、建設段階から計画の進捗に合わせて様々な活動を展開した。「なるほど・ザ・文化センター」と名づけられたワークショップシリーズや「黒部のまちづくり」のパネルディスカッション、和太鼓の林英哲とジャズピアニストの山下洋輔のジョイントコンサートなどを行い、広く市民にホールの誕生を告知するとともに、関心をもつ市民を増やし、ホールサポーターの獲得につ

《北上市文化交流センター・さくらホール》アートファクトリー

なげていった。

九五年の開館からすでに一五年が経過しているが、「コラーレ倶楽部」は着実に仲間を増やしながら運営されている。八月に開催される「二四時間ぶっとおしライブ」や「コラーレ ワールド・フェスティバル Earth Moving」は毎年恒例になっており、小中学生向けの「コラーレ リトル・カルチャークラブ」には〈キーボードオーケストラ〉〈ココロ合唱隊〉〈ドラマキッズ〉の三つの団体が組織され、コラーレを拠点に活動を行っている。また、単なるサポーターではなく、自ら活動するアクティブグループとして、会場案内の「卑弥呼くろべ」、会場コーディネートの「花ゆう悠の会」、さらにはピアノ、バイオリン、アコギを演奏するサークルなどいくつものグループが誕生しており、コラーレの活動をサポートするという領域を超えて、コラーレを自分のホールとして活動を展開しており、市民参加型ホールの好例となっている。

文化力を発揮するアートファクトリー《北上市文化交流センター・さくらホール》

公立ホールでは、上演のためのホール空間と同等以上に日常的な文化活動の場の重要性が指摘されているが、《北上市文化交流センター・さくらホール》はその典型的な事例である。

《北上市文化交流センター・さくらホール》には、三つのホール以外に「アートファクトリー」と名づけられた芸術創造空間が設けられている。「アートファクトリー」は施設の中心に配置され、大小様々な練習室、録音スタジオ、大道具などの製作ができるアトリエ、会議室、和室など二一室で構成されている。各室はウッドデッキの散策路に面して分散配置されており、ところどころに置かれたテーブルと椅子は誰でも自由に使えるスペースであり、放課後の高校生の居場所や、市民の語らいの場所になっている。《北上市文化交流センター・さくらホール》では、公演を見るといった用事があるときだけ行く施設から、暇な時間があったから行ってみるという施設へと転換しつつあり、新しい公立ホールの姿を具体的な使われ方で示す先進事例となっている。

《北上市文化交流センター・さくらホール》のプロジェクトでは、我々は設計者選定段階から市側

《北上市文化交流センター・さくらホール》

のコンサルタントとして参加した。久米設計案は大中ホールの間にアートファクトリーを配置する案で、専門家で構成された審査委員会により当選案に選ばれたが、問題は面積が相当オーバーしていることだった。この案を実現させるためには市民の支持を得ることと、直接市長と交渉する場が必要だと判断し、市民ワーキンググループの立ち上げと、設計担当者の野口秀世氏とともに定期的に市長と直接交渉できる場を設けてもらった。

北上市の場合も、すでに関係団体の長が中心となった建設懇話会が設置されていたが、その下部組織として、舞台芸術団体の事務局長といった第一線で実務を行っている人たちのワーキンググループを組織し、基本設計段階から約二年間かけてワークショップ形式での具体的な協議を行った。基本設計が完了してからは、管理運営計画の検討にシフトし、事業計画や組織計画、管理運営規則づくりなどをみんなで意見を交し合いながら審議し、市への提案としてまとめ上げた。このように市民がまとめたものであったから、面積が三割増えた施設案も認められたのだと推測する。また、運営組織は財団を設立し、専門家を雇用すべきであるという提案に基づいて、「北上市文化創造」が設立された。そして、市民としてワーキンググループに参加していた三人の専門家が財団の主要なスタッフとして採用されたことにより、計画段階で検討した施設の使い方や管理運営のあり方が管理運営組織にも引き継ぐことができた。また、三人以外のメンバーを中心にＮＰＯ法人「芸術工房」が設立され、運営主体と協働して市民の芸術文化運動を盛り上げる役割を担っている。

オープニング事業では鑑賞型と創造型の事業は財団が行い、市民参加型の「オープニング市民フェスタ」はＮＰＯを中心として実行委員会が行うという、お互いの得意な部分を担当する協働体制がとられた。

《北上市文化交流センター・さくらホール》は年末年始も含めて年中無休で運営されているが、毎年、大晦日から元旦にかけて「オールナイトカウントダウンライブ」が行われている。このイベントに参加した若者たちは、アートファクトリーの常連となり、定期的にここへきて練習活動を行っている。そして、ガラス張りの練習室で彼らが真剣に練習する姿は、アートファクトリーにいる人たちか

《都城市総合文化ホールＭＪ》

らも覗ける構造になっているから、期せずして文化の発信にも寄与することができる。彼らの姿を見た高校生たちが芸術活動に参加する契機になるかもしれないし、あるいは真剣に頑張ることを学びとって、別の分野での活躍を目指すかもしれない。そんな刺激を与え合うことが芸術文化のもっている大きな力であり、アートファクトリーの空間構成は自然にそれをうながしてくれている。

元気なホールをつくるために

我々が参加するプロジェクトにおいても、市民参加は必須のアイテムであり、計画の初期段階からできるだけ多くの市民に参加してもらいながら、設計者とともに計画を進める手法をとっている。紹介した事例のほかにも、多くの事例があり、ほとんどの場合、計画段階に参加した人びとが引き続き運営にも参加してくれている。《茅野市民館》では、基本計画段階だけで半年間に五〇回、管理運営計画も含めたトータルでは一三〇回あまりのワークショップを行ってきた。そして、彼らを中心にＮＰＯ法人サポートＣが設立され、運営の一翼を担っている。その他の事例としては《三原市芸術文化センター・ポポロ》では、市民委員会のメンバーであった青年会議所のＯＢたちが指定管理者の構成メンバーとして運営に参画している。また、《都城市総合文化ホールＭＪ》でも、市民委員会の委員たちは開館後も市民サポートチームのメンバーとして活躍を続けている。

広く市民に情報を開示し、多くの声を聞き、意見を交し合うことこそがホールづくりの第一歩であり、芸術文化運動はもうその時点からスタートしている。ホールの建設は目的ではなく、ただの場を用意することでしかない。そして、その場をいかに活用して継続的な文化運動に発展させていくかが重要であり、そこで活躍するのは利用者となる市民なのだ。究極の理想形はすべての市民がホールサポーターであり、ホールを活用する利用者となることである。そのときこそ、ホールは元気に満ちあふれるに違いない。元気なホールをつくる秘訣は、建設段階から一人でも多くの市民を巻き込んでいくことなのではないだろうか。

明確なコンセプトをもつこと

山﨑奈保子　インタビュー

二〇〇七年秋、東京日比谷の《芸術座》（七五〇席）のあった場所に、《シアタークリエ》（六一一席）がオープンした。《東京宝塚劇場》や《日生劇場》も近い。新しい建物は、地上部にはシティ・ホテルが入り、《シアタークリエ》は地下二階レベルにある。メインの出入口は一階の《東京宝塚劇場》の目の前、日比谷シャンテ（業務・商業ビル）につながるサブの出入口は、ホワイエレベルの地下二階にある。東宝に入社して七年目だった山﨑奈保子氏が、支配人に起用された。

聞き手＝上西 明

山﨑奈保子氏（《シアタークリエ》支配人）

演劇の世界に入った経緯

上西——どういったことをされていて、東宝に入社しようと思われたのですか？

山﨑——中学生の頃、《旧東京宝塚劇場》に姉と歌劇を観に来たのをきっかけに、歌あり踊りありの華やかな世界に強く惹かれて、当時はほぼ毎公演のように歌劇に通っていました。高校生のときには演劇部の活動をしていました。大学で就職を考えるときに、これから先一生の仕事にしても後悔しないだろうという自信があったので、舞台の制作や運営をする会社に集中的にエントリーして、東宝に入社しました。

仕事を始めてから

上西——入社してすぐ自分が思い描いていたようなお仕事をされたのですか？

山﨑——新入社員は、必ず宣伝・営業などを担当する営業部門、経理・人事・総務などの管理部門、それから劇場部門の三つのうち二つを経験しなければいけなかったのです。その一環で私は最初管理部門の経理部にいまして、映画の配給計算や、映画の契約書の確認ですとか、そういった仕事をしました。その後、今度は劇場に行ってくださいということで、そこではじめて念願の演劇部に異動になりました。劇場は《シアタークリエ》になる前の《芸術座》でした。そこで二年半勤めまして、森光子[*1]さんの［放浪記］で二〇〇五年三月の劇場のクローズに立ち会いました。その後一年間、演劇部企画室にいて、今の仕事に入るという流れです。

上西——《芸術座》がお終いになるときに、まさにそこにおられたということですね？

山﨑——はい。《芸術座》は一公演七五〇人ですので、二公演回せば一日で一五〇〇人です。それだけのお客様が、千秋楽を境に一人もいらっしゃらない。すごく不思議なことに、劇場はお客様が来ないと決まると、何ともいえない廃墟のような荒んだ空気がどこからともなく漂ってきます。取り壊すことになっているので、当然廃材なども積まれてきますし、そういう風景を舞台から見たときの寂しさは、本当に忘れられません。それが《シアタークリエ》を建てるときの自分の原動力にもなっていると思います。

よいと思う劇場

上西——芝居はよく観られていると思いますが、自分が劇場に行く立場として、すごくここの劇場はよいなとか、印象に残った劇場はありますか？

山﨑——印象に残っているのは福岡の《博多座》（約一四〇〇席）です。劇場の扉一つにしても本当の木を使ったとてもゴージャスなつくりといったことももちろんありますけれども、スタッフの方が笑顔で、温かくお客様にお声がけをし、おもてなしをしながら劇場を運営されていて、とても印象に残っています。

上西——他にはありますか？

山﨑——印象的なのはニューヨークの《Dodger Stages》という、いわゆるシアターコンプレックスです。一つの入口に対して五つの小規模のシアターがあって、クロークやコンセッションを共有して、劇場を運営していこうというところです。実際に見学し、お話も伺いましたが興味深い劇場でした。それから、宮本亜門[*2]さんがブロードウェイで日本人としてはじめて演出された［Pacific Overture］という作品を上演していた劇場が、もとはキャバレーだったんです。あるポジションからは普通に座席が並んでいますが、それより前にはテーブルや椅子があって、飲み物や食べ物をオーダーして観るというスタイルです。劇場ではない空間プラス演劇というものが、何か新しい演劇にとどまらないエンターテイメントの可能性を考えさせてくれるきっかけにもなりました。とても楽しかったです。

《シアタークリエ》について

上西——女性をターゲットにした劇場を創るというコンセプトは、当初からできていたのでしょうか？

*1　一九二〇〜。日本を代表する女優。一九六一年、菊田一夫の脚本による芸術座公演［放浪記］にて主役の作家・林芙美子役を好演。以後、現在まで公演回数二〇〇〇回以上を数える。

*2　一九五八〜。演出家。ミュージカルのみならず、ストレートプレイ、オペラなど、幅広く活躍。二〇一一年一月にオープン予定の《神奈川芸術劇場》の芸術監督に就任。

《シアタークリエ》一階出入口

山崎——私どもの上演する演劇というのは八〜九割女性のお客様なんですね。それで、《芸術座》のときよりも、より女性に対して訴求力をもたせるコンセプトをしっかりしようということで、支配人・プロデューサーを女性にして、女性の目で女性の手で劇場を創ってみてはどうでしょうというところでスタートした企画です。

　ミュージカルのお客様は八〜九割女性のお客様と考えて差し支えないと思います。たとえば〈大人計画[*3]〉や〈劇団☆新感線[*4]〉など、劇団時代からのお客様をたくさんもってらっしゃるところは男性のお客様も若干多いようにお見受けします。しかし、最初から商業演劇として存在している舞台に関しては、圧倒的に女性のお客様が多いと思います。

上西——女性のお客様というのはお一人で来られる方が多いんですか？

山崎——最近はお一人様がとても多いです。単価が高い娯楽で、かつ日程を前から合わせないといけないので、ご自分がお芝居大好きと思われてもなかなかお友だちを誘いづらいのではと思います。

上西——劇場の名前は、どのようなところからつけたのですか？

山崎——「創造する」という意味のcreationから名前を採りました。私たちがものを創って、そこからお客様がイマジネーションをふくらます、なのでcreationとimaginationの「ソウゾウ」というのをかけて、より広がりのある劇場でありたいという気持ちを込めています。シアタークリエイションだと長いのでクリエにつめています。

上西——現在《シアタークリエ》が建っているところに、かつては《芸術座》があったわけですが、それとの連続性は意識されましたか？

山崎——ありました。《芸術座》を一番最初に創ったのが弊社の演劇の重役でした菊田一夫[*5]で、今《シアタークリエ》にも胸像が飾ってあります。菊田一夫が《芸術座》を創ったときに「大衆性と芸術性」という言葉を使ってそのコンセプトを明らかにしています。とんがりすぎているものでもいけないし、かといってみんながみんな楽しかったよかったというものはもちろん大事ですけれども、芸術性がそこに伴っていなければいけない。その二つの柱を打ち出して、中には実験的な作品も上演していましたし、海外の有名な翻訳劇であったりミュージカルであったり非常に広いジャンルのものを当時は上演していました。ですから、私たちも《芸術座》設立当初のコンセプトに則って展開をしていきたいという気持ちは非常に強かったです。

上西——《芸術座》のスピリットは継承するというこ

《シアタークリエ》内観

＊3　一九八八年から松尾スズキが主宰する劇団。意欲的な作品と個性的な俳優たちの確かな演技で支持を集め一九九〇年代、小劇場演劇を代表する劇団となった。脚本家・俳優宮藤官九郎は、大人計画所属。

＊4　一九八〇年からいのうえひでのりが主宰する劇団。座付作家・中島かずき。ハードロックやヘヴィメタルにのせた独自のオリジナル作品を上演。ライブコンサート並みの照明・音響を駆使した派手な舞台で幅広い層の支持を受けるようになった。

とですね。

劇場の運営について

上西——実際に山﨑さんが携わるようになって、どういうところをディスカッションして決めていかれたのですか？

山﨑——使い勝手というものにはとにかくこだわりました。ただ私は素人ですので、図面を見てもよくわからないんです。では実際に同じ大きさを測ってみましょうと、《帝劇》のロビーでテープを貼り「あ、こんなにコンパクトだ」という実感を自分たちでもっていました。それでコンパクトなのであれば、お客様にクロークのスペースや十分なロッカーのスペースをご提供できないとわかる。そうすると荷物を客席にもちこんだり、もったままロビーを歩けるようにする必要が出てくる。そういった様々なケースを想定することで、化粧室の荷物置き、雨の日の傘を置くスペースなどを考えました。お食事を召し上がるときに一人でも多くのお客様がカウンターに並べるように、荷物を二段目の棚に置けるようにしました。あとはトイレの話ばかりしていた気がします。お化粧直しのスペースと手を洗うスペースを分けるですとか、かなり混みあいますので、動線を一方通行にするなどの要望を出しました。

上西——《シアタークリエ》は劇場が地下にありますけれども、必ずエレベーターか階段を使って上下しないといけませんね。

山﨑——終演後は大変です。お隣の日比谷シャンテと交渉しまして、午後一〇時までは日比谷シャンテを通していただけることになりました。シャンテに連絡通路を開けていますので、開場当初よりはスムーズにお客様にはご利用いただいています。「シャンテ側にもエスカレーターがあるのでこちらもご利用ください」というご案内をして、エレベーター前の過剰な混雑が少しずつ解消されるようになりました。

　あと階段ですが、特別避難階段なのでやや閉塞感があります。そこで、もう少し明るくしたり、あとは何かアーティスティックなものを設置したりして、お客様の目を楽しませながら上っていただけないかということを検討しているところです。

上西——オープンされてから手直しをされたところはありますか？

山﨑——たくさんあります。一番大きいのはサイン

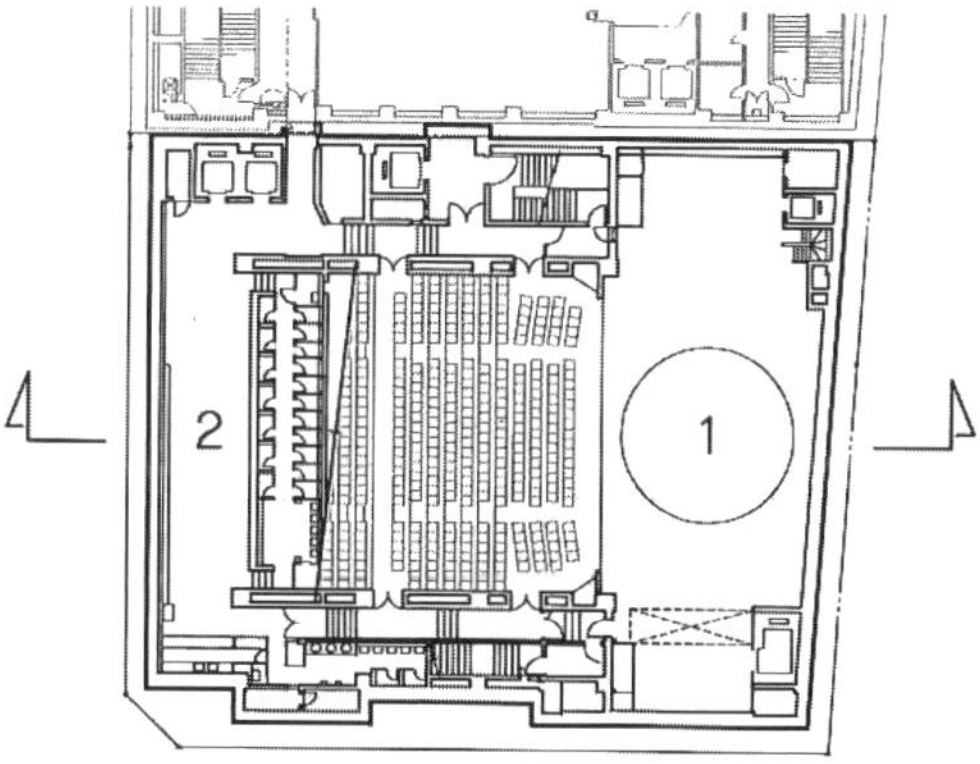

《シアタークリエ》地下一階平面図

＊5　一九〇八〜一九七三。劇作家、演出家。戦後間もなく、「鐘の鳴る丘」「君の名は」など、数々のラジオドラマ、テレビドラマ、映画、演劇、ミュージカルを手がけ、多くのヒット作品を世に送り出した。東宝演劇部の重役としての仕事のかたわら、映画や帝劇・宝塚などの舞台の原作・脚本・演出に活躍。

です。開場したときのサインとは数も大きさも違いますし、ところによっては文章も違います。あと当初は地下二階のロビーに置いてあったソファーや丸テーブルを撤去して、人が一カ所にとどまることによる混雑を防止するように工夫しました。

上西――それはなかなか興味深い話ですね。あるとむしろ人が固まってしまうので、そうではなくてわりと人が均等になるようにということですね。

山﨑――そういうことです。ですから、ソファーでゆっくりお休みいただけるスペースが一階にしかないことになるので、当初は客席内へのお召上がりものの持込みをご遠慮いただいていたのですが、開けて二日目から持込み可にしました。それでロビーの混雑というのはかなり緩和しています。ものの置き方や案内の仕方一つで、ある部分は回避できることがわかり勉強になりました。

化粧室に関しても、並んでいる方にただ「お並びください」ということは簡単なのですけれども、お客様が一番気になるのは開演時間に間に合うのかどうかということなのです。そこで、ここまで並んだらお入りいただけますという時間のデータをとりまして、今は列ができた段階でご案内できる分数をお知らせしています。そうするとものすごく並んでいても、「三分でご案内できます」といったアナウンスをすれば、お客様は「ああ、じゃあ間に合うわね」と並んでくださいます。

舞台機構について

上西――オープニングの演し物（「恐れを知らぬ川上音二郎一座」）で、回り盆を舞台でお使いになったと伺いました。

山﨑――はい。回り盆はよく使います。

上西――ここの演し物をよその劇場に回すってこともあるんですか？

山﨑――はい、あります。大阪ですとか、名古屋ですとか。地方の会館などには盆がないことが多いので人力で回すこともあれば、演出上欠かせない場合は仮設の盆を使うこともあるそうです。

宣伝広報について

上西――今までここの劇場にご縁がなかったという人に対しては、どんなアプローチをされていますか？

山﨑――今は、他の劇場さんに行くとチラシの束を配っていますが、そこにかなり積極的に入れています。そこが訴求力が高いのかなと思っています。劇場に行って実際に自分の周りを見てみると、束になったチラシを見て、観たい作品を分けられていて、それ以外のものは捨てて帰られる方が多いように思います。チラシは、お客様がパッと見て印象に残らないといけません。今は演劇に限らず娯楽もたくさんの種類があります。古典的ではありますが、私は信頼のできる宣伝のツールだと思っています。

あと今後やっていきたいこととして、ホームページの充実があります。劇場をオープンさせて一年半経っていますので、そろそろ劇場のカラーというものを全面に打ち出したホームページにしたいと思っています。

上西――ホームページに、楽屋入口の「のれん」がかかってる写真が何枚か載っていましたね。ウェブサイトができるまでの時代だったら、なかなか一般の人が見られる風景ではなかったので、今の時代のいい面です。

山﨑――たしかに視覚に訴えられるというのはとってもよいです。今は動画まで見せられるので映画では予告編が当たり前ですし、芝居もそういうものができないかとも考えています。

もしもまた劇場をつくるなら

上西――今また、ゼロから立ち上げる劇場を建てるプロジェクトがもしあったとしたら、こういうことを考えてやりたいということはありますか？

山﨑――そうですね、やはりもう少し客席を含め、お客様にゆったりしていただけるスペースがほしかったなというのは正直なところです。また、クリエイティブスタッフにとってより使いやすいものをつくりたい、それは全部お客様に還ってくることだからです。音がよい、照明がよいということもそうですが、やはりクリエイティブスタッフがお客様と同じ目線を共有できるということ、そういうレイアウトをもう少し考えてみたいと思います。

私がやってみて思ったのは、同性でないとわからないことがたくさんあるということです。やはりお客様で女性が多いところをつくるときは、必ず女性の目線で物を見られる方がいらしたほうがよいと思います。また、自分たちがお客様に対して至らない箇所があった場合、もちろんそこには様々な事情があるわけですが、結局お客様の評価というかたちで自分たちに戻ってきます。ですから、やはり優先順位として何を採るのかをあらかじめ明確にし、各セクションがそれを共有することが非常に大切だと思います。

公共劇場における実践——地域編1

地域における公共文化施設に求められる姿《可児市文化創造センターala《アーラ》》

大月 淳

様々な思いを乗せる《ala》

イタリア語で「翼」を意味する“ala”の愛称をもつ《可児市文化創造センター》は岐阜県中南部に位置する市設置の複合公共文化施設である。一〇一九席の「宇宙のホール」と三一一席の「虹のホール」を核とし、それ以外にも様々な活動に対応する空間を含み込んでいる。

それぞれ演劇ロフト、音楽ロフトと名付けられたその両ジャンルに即した活動空間、練習室、製作室などは舞台芸術関連空間であり、映像シアター、美術ロフト、デジタルアート工房、木工作業室などの舞台芸術にとどまらない領域にかかわる空間もそこにはある。

施設名称に含まれる「創造」の語には、単なる受動的な貸し館ではなく、そこから新たな文化を生み出し、発信していく拠点たらんとする意志が込められている。そうした表面に現れるもの以外にも同施設には様々な思いが込められている。

市民参加

二〇〇二年開館の《ala》建設計画の始まりは一九八〇年の建設基金積立条例制定にまでさかのぼる。その後、建設のための研究委員会の活動、建設地の決定などを経て、一九六九年の用地取得着手に伴い、施設建設へ向けた具体化の段階へと入る。基本構想・基本計画策定、そして設計の段階であ

可児市文化創造センター
岐阜県可児市
二〇〇二年開館
設計＝香山壽夫建築研究所＋清水裕之
主劇場一〇一九席／小劇場三一一席
http://www.kpac.or.jp/

《可児市文化創造センター》外観

る。

《ala》は公共文化施設建設に市民参加を取り入れた最も早い事例のうちの一つである。とりわけその参加を、理念を中心に施設の大きな方向性を定める基本構想策定段階という建設プロジェクトの最も初期の段階から設定した点において先進的である。

施設の公共性を鑑みての名古屋大学教授清水裕之の提案に基づくそこでの市民参加は多段階にわたる。ここではその活動当初に立ち現れた問題に関してのみ触れておく。それは市民参加の受け皿として設けられた市民懇話会に参加された方々の中にあった猜疑心の表出である。「市民の声を聞いたという行政のアリバイづくりに自分たちは利用されるだけなのではないか」という疑念をもつ人が少なからず見られ、そうした人たちの気持ちへの対処が求められた。

市民参加型の公共施設建設プロジェクトが広まり、その中で市民と行政の良好な関係が築かれている事例も多く見られるようになった近年であれば生じる可能性も低かったのであろう問題である。しかし、当時は状況が異なった。まさに、先進性ゆえの問題であったといえよう。

もとよりアリバイとしてではなく実際的な市民参加を標榜してのプロジェクトであったので、その問題は時間の経過とともに解消されていくことになる。

構想時の施設理念

市民懇話会の活動に基づき策定された基本構想、基本計画に示された施設の理念には市民の方々の思いが凝縮されている。そこには①自然と調和した都市環境の中核となる施設、②市民とともに歩む施設、③市民の文化活動の中核となる施設、④可児市の特色をアピールできる施設、⑤鑑賞と創造を両立できる施設、⑥人と自然に優しい施設、⑦情報の交流拠点となる施設、⑧文化活動を専門家が支援する施設、⑨既存施設と連携した施設、とある。

まず、冒頭に見た「創造」を標榜する施設であることについてそこに謳われていることが確認できる。そして、当然のごとく「市民」もまた重要なキーワードとしてそこに現れている。

《可児市文化創造センター》内観

それらの施設理念の基盤となったものに一九九二年策定の「生涯学習まちづくり基本構想」がある。そこにおいては、「自らが、自らのために、自ら学ぶ」「市民が主役として参加する」「文化のかおり高いまちづくり」の三つの基本理念が掲げられている。市民参加についてはその当時から同市において重要な要因として位置付けられており、alaのプロジェクトは、その実質的な意味について問われる機会となったのである。

プロポーザル方式設計者選定

基本計画策定後には設計段階へと入るが、そこでの設計者選定はプロポーザル方式で行われた。その実施要項には同施設について「市民が主体的に活動できることを基本に、ホール機能の充実はもとより、創造機能の充実や市民の文化活動を専門家が支援する組織体制の確立、人や情報の交流の場の充実などを特色とした日常性の高い複合文化施設を目指しています」と述べられている。

そうした施設の目指す方向性をはじめ、基本構想、基本計画の内容を十分に踏まえたうえで、「優れたアイデアと卓越した技術を有し、情熱をもって事業の推進」をすることのできる設計者が求められていた。応募三六者の中から選ばれたのが㈲環境造形研究所（現㈲香山壽夫建築研究所）である。

プロポーザルにおいて設計者に求められたのは「市民参加を可能にする設計方法（デザイン・メソッド）・設計過程（デザイン・プロセス）」の提案であるが、同研究所はそれに先立ち、「市民参加型設計の意義」の項目を自ら設け、それについての考えを述べている。そこでは「〝消費の文化〟から〝構築の文化〟へ」、「〝個人的作品性〟から〝共同的作品性〟へ」の二つのコンセプトが掲げられる。

前者については、パッケージ化され、用意されたサービスを市民が消費する時代は過ぎ、「今や個々の市民は、それぞれの求めるところにしたがって自由に文化情報を選択し、生活を構築する時代へと進みつつある」との現状認識がまず示される。そして、「市民のパワーを地域のものに高めてゆく」とともに、「〝構築の文化〟をつくる」うえで「市民参加型設計は有効な糸口となる」と述べられる。一方の後者については、「建築デザインのシンボルとしての〝作品性〟のみではなく、その作品が人びと

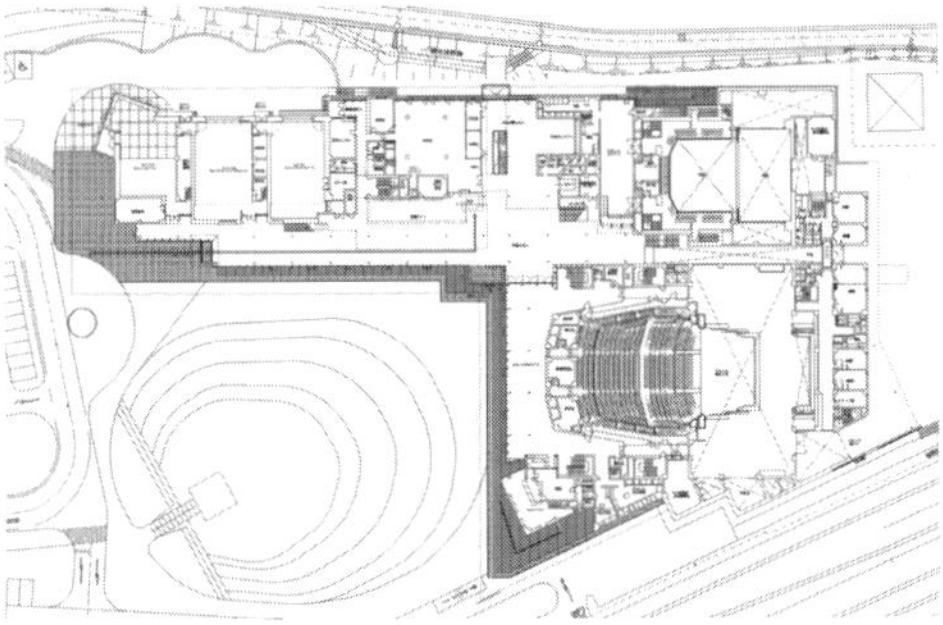

《可児市文化創造センター》一階平面図

を豊かな活動へと導く〝誘発性〟が重要になりつつあるとの現状認識への言及に続き、次のように述べられる。「建築家個人の才能と努力によって生み出される美しさとともに、様々な人びとの、形にならない願望を具現化し、空間化するような建築のあり方が、公共建築の新しい〝共同的作品性〟をつくりあげると考える」。

市民参加型の公共施設建設プロジェクトが限られていた当時にあっては、設計段階に市民参加を取り入れることに対して抵抗を感じる設計者も多かったように思われる。市民参加型プロジェクトに猜疑心を抱いていたのは市民のみではなかったのである。

そうした中同研究所は、市民参加型設計を単に与件として甘受するのではなく、社会の動向を踏まえながら、その積極的な意味を自ら確認することをもって提案の出発点とした。

大屋根とパサージュ

提案の中身としては先の二つのコンセプトを実現するための手がかりとして五つの空間システムが示されている。「①対応性の高い空間システム」「②多様性をもつ空間システム」「③人びとの心を一つにする空間システム」「④伝統に根ざした空間システム」「⑤場所に根ざした空間システム」である。それらの具体的な建築的仕掛けとして挙げられているものの中に「様々なものを容れる一枚の大屋根」「パサージュ」がある。後者については、賑わいの中心となるオープンエアの通路空間として位置付けられている。

その両者は、それぞれが設計において自由度の担保と抑制という両面の操作において活用できる要素といえる。実際、市民の意見を踏まえて設計案を修正する作業を繰り返すというプロセスにおいて、変化させながらも案を収束させるうえでその両者が有効に機能した。

「パサージュ」については基本設計の過程において当初もっていた意味合いを減じていき、その名称も残る形にはならなかったが、その思想は実際に建った建物においても生き続けている。一方の「大屋根」については建物を象徴する要素となっていることが誰の眼にも明らかであろう。《ala》の

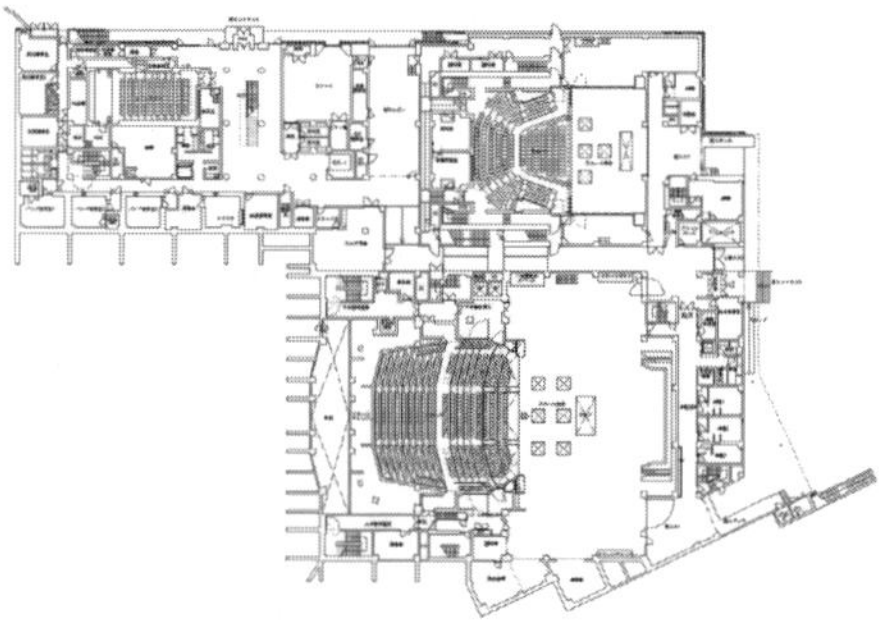

《可児市文化創造センター》二階平面図

シンボルマークはその愛称とも合わせて、二一世紀に羽ばたく文化創造の場としての願いとその大屋根を象徴的に表したものとなっている。

《ala》への評価

《ala》への年間の来館者数は二〇〇八年度で約二六・八万人（可児市の人口は約一〇・二万人）である。実際に建った建物はそれら来館者をはじめとするユーザーにどのように評価されているのであろうか。ここでは筆者が聞いたほんのひと握りの意見ではなく、それら多くのユーザーの意を汲んでいく立場にあり、なおかつ、施設の舵取りをするという点で当人がユーザーともいえる館長の言を引いておきたい。

現館長である衛紀生は日本を代表する演劇評論家であり、地域劇場研究の先導者でもある。《ala》の建物について次のように述べている。「世界の地域劇場、美術館などで、多くの市民が集っているところはおしなべて人々を拒絶しない設計になっている。まちと地続きというような設計。《ala》はまちと地続きという感じがする」と。そして、「非常に大きな施設であるが、自然光にあふれた明るいデザイン、これもお客様の体験を演出している」と続けている。

公共文化施設の地域社会へのマーケティングを重要視する衛からすると、権威的で近寄りがたい威容を誇るような建物を地域につくることは失敗の始まりなのだそうだ。そして、単なる建物としてではなく機関としての地域の公共文化施設について衛は「地域に一部の愛好家だけのための〝芸術の殿堂〟はいらない。目指すべきは人々の様々な思い出の詰まった〝人間の家〟である」との表明をしている。そこには現代における地域公共文化施設のあるべき一つの理想像が示されていよう。そうした施設像に対しての衛の《ala》評は、「まだ十分にそのポテンシャルを引き出せていないが、《ala》はそうした『人間の家』になる」である。

公共劇場における実践——地域編2

魅力的なケーススタディの好材料《茅野市民館》

浦部智義

ケース／スタディ

《茅野市民館》について思いをめぐらせていると、表題に用いた「ケース」と「スタディ」という二つのワードが浮かんできた。

ケースという言葉を辞書で引くと、「容器」「入れ物」という意味と「個々の事例」「場合」という意味が出てくる。前者のケースは、設計者でスタジオＮＡＳＣＡ代表の古谷誠章氏がショーケースと称したこともあり、ハコモノといわれた古典的な公立文化ホールのイメージを払拭し、ワークショップに代表される市民参加のプロセスを経て建設された新しいタイプの公立文化ホールである《茅野市民館》を表現するのにふさわしいと思った。言い換えれば中味に期待感をもて気軽に手にとってみたくなる魅力的な容器を表すワードとして何だかなじむ感じがしたのである。

スタディはいうまでもなく、「勉強」「研究」といった意味だが、よい勉強や研究にはよい教材や対象が必要である。《茅野市民館》は、その建設に深く関係した市民・行政・設計者はじめ建築専門家のどの立場から見ても、様々なことを改めてスタディする好材料であったのではなかろうか。草の根的な運動、基本構想・計画、プロポーザル、基本設計、管理運営計画策定の各々のフェーズで行われた徹底した議論やワークショップを通して、地方における公立文化ホールのあり方、駅前の中心市街地活性化の方策、ひいては茅野市のまちづくりをスタディする好材料であったと思われる。

また、ケースとスタディの二つを合わせたケーススタディというワードは、学術世界ではなじみが

茅野市民館
長野県茅野市
二〇〇五年開館
設計＝古谷誠章／ＮＡＳＣＡ＋茅野市設計事務所協会
マルチホール七八〇席／コンサートホール三〇〇席
http://www.chinoshiminkan.jp/index.htm

《茅野市民館》外観

深く、「ある具体的な事例について、それを詳しく調べ、分析・研究して、その背後にある原理や法則性などを究明し、一般的な法則・理論を発見しようとする方法、事例研究法」という意味になる。開館後の《茅野市民館》は、今後建設される地方の公立文化ホールのあり方をスタディするケースとしても存在感を示しているように思える。

魅力的なケースの誕生

《茅野市民館》が魅力的なケースとなった大きな要因は駅前の立地であろうが、考えてみると駅前に建つ地方の公立文化ホールは割合少ない。旧市民会館の老朽化から端を発したともいえる《茅野市民館》の誕生は、敷地に余裕があって駐車場を確保でき車でアクセスしやすいハコモノとしてロードサイドに押し出すのではなく、旧市民会館のあった駅前の立地に、駅から歩いて行けるケースとして基本構想を練り計画を立てたことが、魅力的なケースの誕生の芽となったと思う。旧市民会館は遮音性能も十分でない鉄扉一枚のみで区切られた舞台空間で、上演中でも鉄道の騒音が入ってくるような環境で芸術祭が行われていた。しかし、駅や鉄道による騒音がある場所は、新しい市民会館の建設には向いていないと短絡的にとらえずに、送迎の際の電車待ちのついでの利用など、市民の日常行動を十分に意識して、駅前に図書館の分室を必要機能に盛り込んだことも大きい。その結果、公演時以外の日常利用者の来館圏域を見ても、基幹道路沿いだけでなく鉄道沿いにも分布し、岡谷市から富士見町まで広い地域の拠点として機能している。

しかし、駅前というのはたしかに魅力的な要因だが、この建物はそんな所与の条件より、設計者の具体的な手法によって誕生した。魅力的な要因として、①高校生はじめ電車待ちの人びとに着目して、駅への連絡通路と施設の滞在の核である図書室を同じフロアーで直接つなげていることが、駅を利用する人だけでなく、駅の反対側にある生涯学習施設である《ＣＹＵＫＯらんどチノチノ》とうまく呼応していること。また、②「日常利用が多い図書室」と「数多くの市民利用を想定したマルチホール」と「非日常性も併せ持つ美術館」が、スロープを利用して同じフロアーに入口をもつように

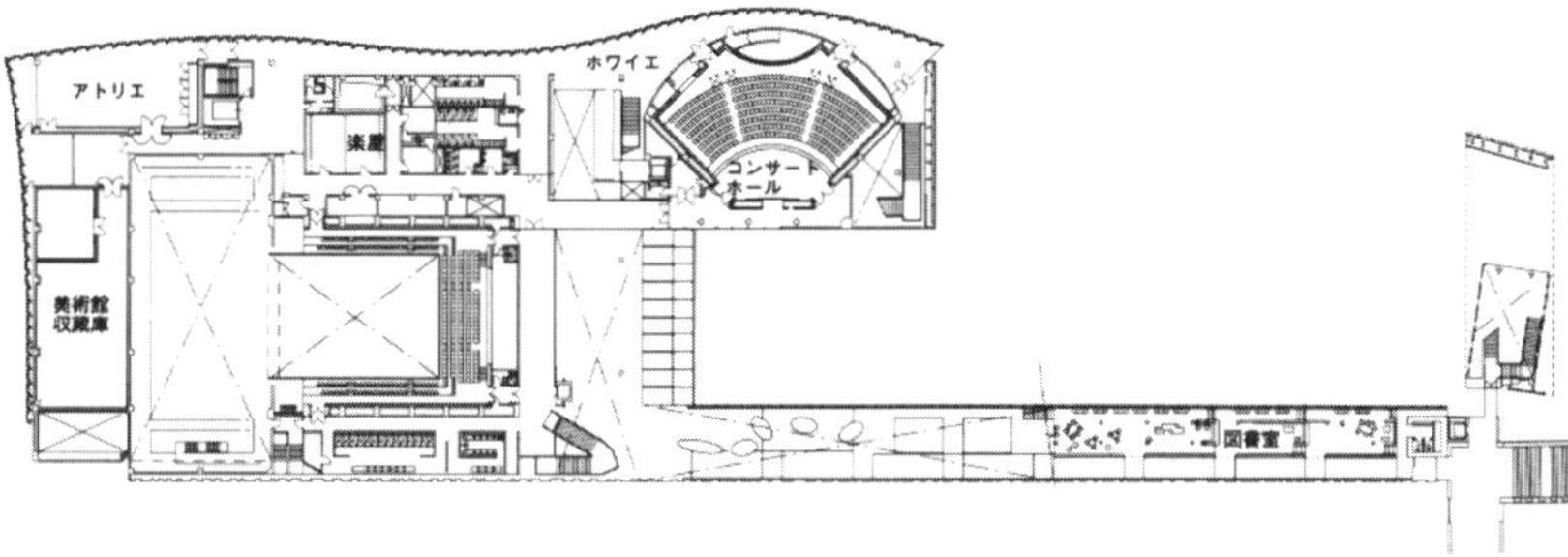

《茅野市民館》二階平面図

ロビー・ホワイエを介して連続してお互いに影響し合えること、そして、それらが駅と中庭に対して視覚的に開いたケースとなっていることにある。そのアイデアおよび設計が魅力的なケースを誕生させたといえる（コの字に開いていることで管理運営者の目が行き届き、セキュリティも担保して図書室・ロビー・ホワイエの開放を可能としている）。プロポーザルの段階では、現在の中庭の位置にあった市民が自由に出入りできる市民ギャラリーが、ワークショップを経て本格的な美術館として東側に引きこまれたり、コンサートホールのある二階は管理運営上の問題から公演以外の自由な出入りを禁止しているにもかかわらず、ケースの魅力を失わなかったのは前述したような魅力的な配置の骨格があったためであろう。

スタディの好材料

ケースの中味をスタディするにあたり、基本計画を策定する段階（一九九九年八月）から一五〇回近い徹底した市民参加型のワークショップを行っていることは有名な話である。しかし、その市民が積極的にスタディに参加する礎は一朝一夕に出来上がったものではなく、地域文化創造（茅野市民館指定管理者）の松本正氏によると、それは一九八五年の「生涯学習都市宣言」にまでさかのぼるという。その生涯学習活動の中核であった公民館活動の発展に伴い、行政側では九六年には「市民参加するまちづくり」のスタディを開始し、九八年には市民参加による「パートナーシップのまちづくり」の理念と手法を整理している。その一環としての《茅野市民館》の各種の検討は、行政にとっても市民主導・行政支援のパートナーシップの実践的スタディの好材料であったように思う。

一方、市民側の動きとしては、演劇者、コーラスその他有志約二〇人で結成された「ゆとりの箱勉強会」を九四年七月に発足させ、市内の既存文化施設の使われ方などのスタディが始まっている*1。この頃すでに九五年八月に行われた《松本音楽文化ホール》の見学に際し、市民ボランティアが運営にどのようにかかわっているかを調査しスタディを始めている*2。そして、九七年には「ゆとりの箱勉強会」を「市民の為の文化会館建設を願う会」と改称し、県内の既存三施設の資料収集・見学結果をまとめるなどのスタディを行い、九八年五月には運営・付帯設備なども含めた建設プランのたたき台

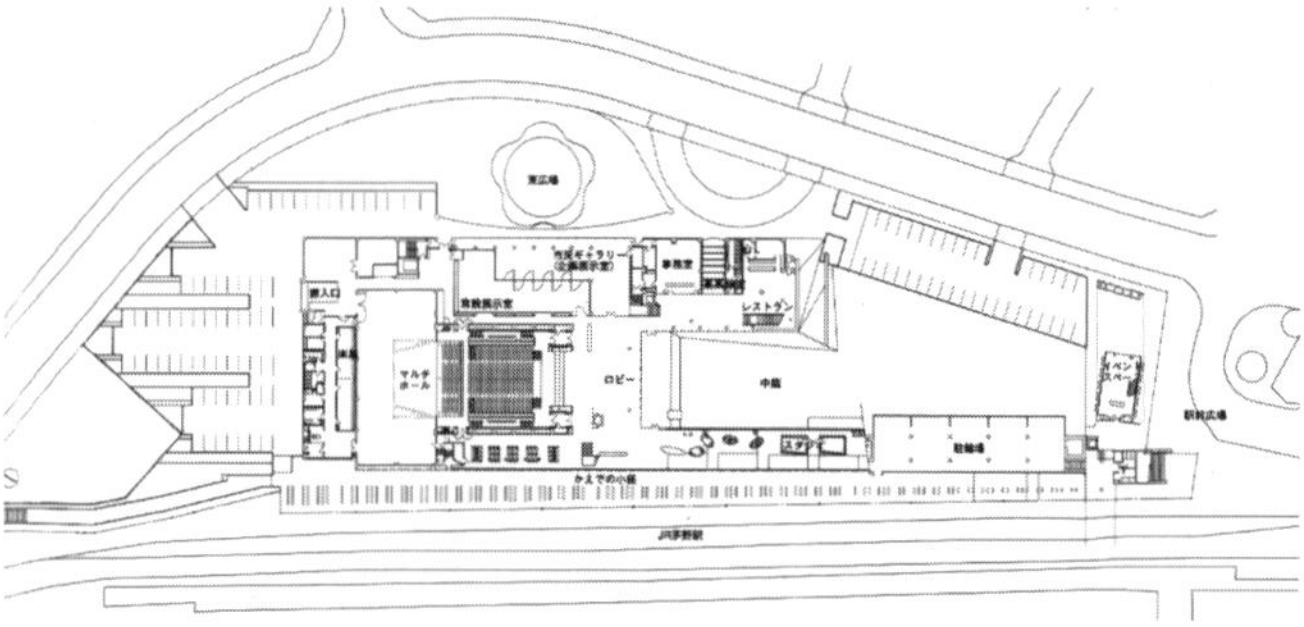

《茅野市民館》一階平面図

を作成している。それをベースにスタディをしたうえで、九八年一二月には会から市長に「市民会館建設についての要望書」が提出されている。その中の文言に、「当会でも、行政に頼るだけではなく、市民が使いやすい会館を自分たちで考えていこうと活動し、ここに資料をまとめました。(中略)使いやすい建物と使っていける環境を考えて、ここに提案させていただきます」とある。提出した要望書の中に「使いやすい、いい市民会館を中心に、いろいろな人が集まれるまちづくりができたら」とあるように、市民側もスタディを通して、単なる貸し館ではいられない地方の公立文化ホールの現状に加え、モノの売買(お金のヤリトリ)だけでは成立しにくい、地方の中心市街地活性化やまちづくりそのものを同時に意識し始めていることにスタディの意味があると思う。これらの活動を受け、九九年八月(「ゆとりの箱勉強会」発足から丸五年)に市民を中心とした二三人の「茅野市の地域文化を創る会」が結成され、基本計画を策定する段階から徹底したワークショップが行われることになる。市民(正確には市民の代表)が、「茅野市の地域文化を創る会」の創設前に行った草の根的な長期間の議論とスタディが、その後のワークショップの進行や充実度に大きく影響していると思われる。

ワークショップの充実度に関連して、客席の勾配、図書館のスロープの是非、ホールの女子トイレの数など、普通なら建築の専門家に任せそうな部分まで、スタディされたということも非常に興味深い。回数と時間をかけて行ったワークショップ参加者全員の努力の賜物であろうが、設計者はじめ建築の専門家にとっては、そのスタディを通して最大の利用者たる市民のニーズに気づかされる部分も多かったのではないかと推測できる。

スタディの好材料という意味では、基本構想の段階で《黒部市国際文化センターコラーレ》《富士見町立図書館》、基本設計における段階で《富山県舟橋村立図書館》などを見学したレポートがあるが、既存施設の見学は、規模や使われ方、管理運営も含めた求めるイメージを共有でき(ある面では、固定化する)、その後のスタディに大きな影響を与える。茅野市の行政アドバイザーを勤め、まちづくりの視点から茅野市をサポートし続けてきた倉田直道氏も、このイメージ共有がよい意味で大きかったと述べている。ワークショップをまとめる建築の専門家は、そのようなイメージしやすい演出をし

《茅野市民館》ロビー

茅野駅とショーケース

たうえでスタディする環境をつくることが大きな役割の一つであると再確認させられた。《茅野市民館》の場合もその好例となる見学がなければＢＤＳ（ブック・ディデクション・システム）もなく自由に出入りでき、電車出発直前まで気軽に読書できる図書館分室も不可能だったかもしれない。

ケースをスタディする

《茅野市民館》の市民参加やワークショップのプロセスをケーススタディの対象とする重要性はいうまでもないが、ここでは建築の空間性やデザイン性からスタディしてみたい。

町中や都市近郊で育った人・生活する人にとっては、駅は日常生活に欠かせない存在だと思う。地方においては商業圏がロードサイドに移ったとしても、駅には何か特別な思いがあり賑わいを期待してしまう。賑わいを感じる駅には、コンコースの人の往来、プラットホーム上での人の往来に加え、向かい側のプラットホームで電車待ちする人や人の動きが見えたりする。そういう意味では、茅野駅のプラットホームから見える透明感のあるショーケースは、もう一基増えたプラットホームとなり駅に対しても賑わいを供給している。それと相まって、普通電車より編成が長くデザインされた特急あずさ号が似合うスタイリッシュなショーケースは、極めて都会的な雰囲気を感じさせる。一方、ケース内では、滞在している人が少なかったわけでもないのに、心地よい落着き感を感じられた。また、駅の反対側に駅ビルを改装してつくった《茅野市こども館ＣＹＵＫＯらんどチノチノ》のカジュアルな雰囲気と対照的なことが、よりその落着き感を魅力的にしている。駅による分断を利用して、人の往来をつなげながら連動する機能をうまく棲み分けし、雰囲気も役割分担させている巧みな処理に感心させられた。

《茅野市民館》も含め、近年の地方の公共文化ホールのロビーやホワイエ空間には、市民の利用を高める意味でも気軽に寄りつきやすい雰囲気と、公演時の非日常的な雰囲気が求められることも多い。このショーケースには、その一見相反する雰囲気を同一空間にもたせる解決策の一つも見てとれた。具体的には、日常的に利用度の高い機能を入れ視覚的には開放して外部からの親しみやすさ

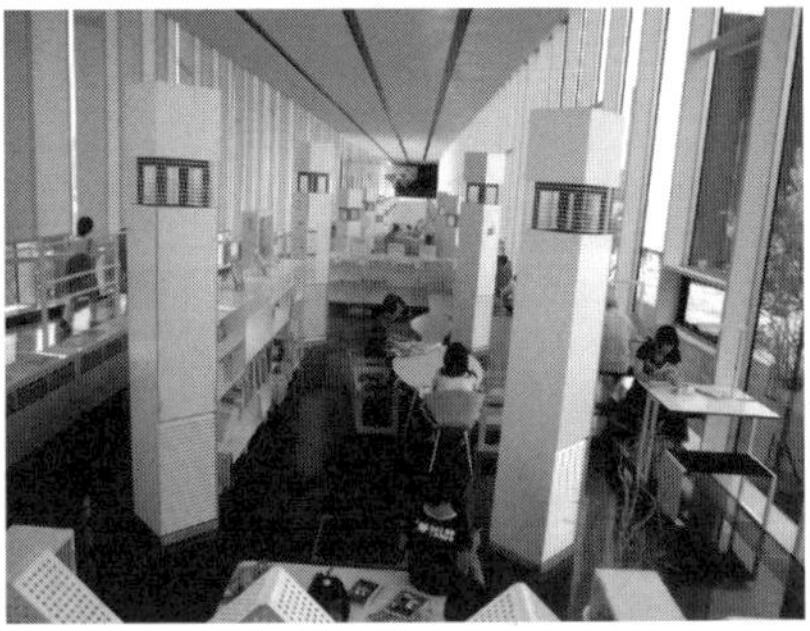

（右）《茅野市民館》図書室
（左）《茅野市こども館CHUKOらんどチノチノ》

を意識させながら、デザイン面（特に内部空間）ではカジュアルさよりも都会的なお出かけ感のあるほどよい緊張感を漂わせるスタイリッシュな空間に仕上げ、正装で来場した鑑賞者に違和感を覚えさせない程度の非日常性も兼ね備える点も、その手法の一つではないかと思えた。

また、飲食をフリーにしたり、自由に使用できる椅子や机を増やすと、日常利用が増え賑わいは増すが、緊張感が薄れる傾向にあるところを注意深く計画・設計しているようにも感じた。その他にも、コンサートホールなどのホワイエがある二階の東側は、公演時に見せたくない日常風景に対して閉鎖的なファサードとしている他、ホワイエとロビーを区切る下り天井、東側のメインエントランスとロビーの間の絞りによる空間の分節、美術館入口付近と二階のブリッジでつくる都市的な立体交差、聴衆どうしが互いに意識できるコンサートホールの形状・座席配置なども、空間演出上非常に配慮された設計であると感じる。

公立文化ホールとしてのプログラムの面白さ、ワークショップもいうまでもなく大切であるが、その中で周囲に耳を傾けながらも、粛々と空間性・デザイン性を追求する姿勢こそが、《茅野市民館》のケースでスタディとして学ぶべきものではないかと感じた。

＊1――一九九五年一一月には市長と懇談会を行い、その後旧市民会館改修も行っている。
＊2――一九九六年一〇月には、同じように新市民会館建設に向けて動き出した茅野市芸術文化協会と情報共有し始めている。

公共劇場における実践――都市編

プロトタイプとしての公共小劇場《吉祥寺シアター》

坂口大洋

プロセスと実験性の獲得

劇場にかかわる者の中で、ハード・ソフトにかかわらず、小劇場にシンパシーを抱く者は少なくない。小劇場の歴史的な成立過程、身体表現に適した空間スケール、実験的な表現などがそれらの魅力の要因となっている。にもかかわらず、公共小劇場が実現するケースは極めて少ない。理由はプロジェクトごとに様々であるが、共通する課題は理念の明確化と事業性にある。戦後の劇場史においても計画の対象となったのは八〇年代以降であり、《エルパーク仙台》(一九八八)、《名古屋市文化小劇場》のように、長らく地域住民ニーズの充足が第一の目的に掲げられていた。その中で一九九七年に開館した《世田谷パブリックシアター》の計画において、公共の小規模な劇場のあり方が示されたことは大きな転換点となった。設計斉藤義、芸術監督佐藤信などの専門家の議論を経て、創造型のパブリックシアターがコンセプトに掲げられた。だが、行政的(世田谷区)な背景と稽古場を含む創造プロセスの劇場機能や運営システムなどの一連のモデルは、理想解であるがゆえに特殊解でもあった。

二一世紀に入り、八〇年代の演劇シーンを生み出した首都圏の民間小劇場が次々に幕を閉じる一方、公共小劇場の役割が大きく変わりつつある中で《吉祥寺シアター》は計画された。取材を通して浮かび上がってくるのは、一般解としての公共小劇場のあるべき姿である。具体的には劇場が実験性を獲得するために必要なものは何かを突き詰めた思考の軌跡とそれを生かす仕組みであった。

吉祥寺シアター
東京都武蔵野市
二〇〇五年開館
設計＝佐藤尚巳建築研究所
小劇場二三九席
http://www.musashino-culture.or.jp/k_theatre/

《吉祥寺シアター》外観

インキュベーションとしての公共小劇場

中野、高円寺、阿佐ヶ谷などの首都圏の若者文化の拠点が連なる中央線沿線の中でも、吉祥寺はその代表格として名高い。この街を含む武蔵野市は、意欲的な自治体サービスの武蔵野方式として古くから知られているが、居住者の流動性が高くコミュニティの形成が地域的な課題として懸案となっていた。このような場合、通常公共劇場の計画においてどこに旗を掲げるべきかが難しい。《吉祥寺シアター》の基本計画の議論においてもその点が課題となったが、最終的に提示された目標は地域性の発信と実験的な試みのある舞台芸術公演であった。

往々にして、高らかな理念から諸処の条件を勘案し具体化する過程で、表紙を変えただけの旧態依然の劇場になるケースも少なくない。もちろん《吉祥寺シアター》もすべての理念や構想が実現したわけではないが、開館後のアクティビティが示すように他と一線を画す公共劇場になりつつあるとすれば、その理由は果たして何か。筆者は計画プロセスとユーザーの創造性をアフォードさせる環境、そしてその仕組みに鍵があると考えている。

創造性をアフォードする小屋をめぐって

具体的に見てみよう。基本計画の策定、プロポーザルの実施、設計コンサルとしてプロジェクト全体にかかわった伊東正示が「厳しいコストの中で計画に際して重視したのは、吉祥寺のポテンシャルを前提として若い世代が実験的な試みをできる場を提供することであった」と語るように、二〇〇席程度の多様な可変性をもつ舞台空間を中心とする構成は、若手アーティストのインキュベーションになることを意味している。

建築における可変性をめぐり議論となった指名プロポーザルもその一つ。審査委員長内藤廣は審査講評で次点となったバリカーによる軽いバリアを用いて空間を仕切る西沢立衛案に対して、からくり回廊と位置づけた佐藤尚巳案の実現性の高さが優先されたと示している。だが、実験的な表現

《吉祥寺シアター》舞台より客席を見る

が成立可能かを軸に各提案を見ると、単なるリアリティの有無ではないことがわかる。佐藤案と他案の違いは単なる実現性の高低ではなく、空間と機能がユーザーにいかに認識され、新たな創造のアイデアの実現に結びつくかという小劇場としての強度の差にあったといえる。

たとえば、からくり回廊は「サポートする空間を徹底的に貼りつけることにあった」と佐藤が語るように、多様な利用を想定した計画上の工夫である。電動による技術的な可変性ではなく、ダブルスキンにより舞台と客席のアウトラインを成立させる試みは、ユーザーによる創造性の発露を前提とした機能といえる。一二・六メートル×一五・三メートル×七・一メートル（上部の空間は一四・〇メートル×一九・四メートル）のブラックボックスのボリュームは、通常だと大きすぎて小劇場特有の客席と舞台の一体感を保ちにくくなるが、二階レベルの高さを二七〇〇ミリメートル程度と低く抑え垂直方向に視覚的なアウトラインを設定し空間を仕切っている。それにともない、上部の空間に仮設卓の設置を可能にするテクニカルギャラリーを設け、六つのライトブリッジを含む一五本のバトンを設備し、公演のバリエーションを広げる機能を担保させている。GLから一八〇〇ミリメートル掘り込んだユニット床による客席下まで広がる奈落空間と、搬入口から通常の舞台後方までの八四〇〇ミリメートルのスペースも単なるバックスペースではなく、一つの舞台エリアとして読替えが可能であり、木毛セメント版の壁面素材はつくり込む雰囲気と許容性を生み出している。演ずる側の個々のアクティビティを連動して展開できるアフォーダンスな環境が設定されているのである。

斬新な表現で近年注目されている演出家・振付家の矢内原美邦は、「ヤナイハラミクニプロジェクト」などの実験的な公演で《吉祥寺シアター》にかかわる中で、「空間を埋める面白さがある」とボリュームをポジティブにとらえ、自身の作品中に雪を降らせるアプローチを試みている。外部との関わりにおいても「外から入っても意識が途切れることなく舞台と接することができる」と、都市と劇場の関係性を語っている。

観客として劇場を訪れるとその意味がよくわかる。繁華街を抜け、幅員四メートルの道路から都市回廊と呼ばれる三層のバルコニー下を潜りカフェの横を通り、フラットレベルでチケットライン

《吉祥寺シアター》客席より舞台を見る

を通過し客席に至る。都市空間から劇場空間への連続性は、自身が目指す日常と非日常の間の空間と身体を表現する関係とも重なっており興味深い。

実験的な試みを生むためには、何かができるための空間を計画するだけではなく、ユーザーがもつ曖昧な志向を具体的な表現に転換させるきっかけが、環境の中にいかに埋め込まれているかに尽きる。そのことが小規模な劇場と小劇場の違いであり、小劇場の強度を高める本質でもあるだろう。

新たな公共小劇場の旗印へ向けて

環境をアフォードするには、運営する仕組みの役割も大きい。全体で六名のスタッフと自主事業費を含め運営予算一億円は、多様なミッションを実践する劇場としては厳しい条件といえる。全国公募により支配人として劇場のディレクションにあたる箕島裕二（二〇一〇年三月退職）や、現場を熟知する技術チーフの原田以下スタッフの能力の高さはもちろんであるが、徹底した情報共有や貸し館利用の情報提供ツールなどのオペレーションがそれらを支える。特に日常的なユーザーへの関わり方が大きな意味をもち、個々のルールの適用の仕方だけではなく、スタッフとアーティストの日常的なつぶやきが、具体的な表現のきっかけとなる。

これらの仕組みを踏まえながら自主事業の方向性について箕島は「現代演劇やコンテンポラリーダンスの先駆的な自主事業を企画実施する際に、同時代の舞台芸術を意識している」と語り、開館から五年を経過した現在、武蔵野市内のみならず首都圏における現代舞台芸術のための新たなインキュベーション機能をもちつつある。

実験的な公演とともに地域劇場としての役割もある。実際の使用状況の六割以上を占める貸し館としての側面は武蔵野市を中心とした比較的若い団体の多様な利用の受け皿にもなっている。ここでも詳細な情報提供はもちろんだが、創造段階においてスタッフによる細かいアドバイスが果たす役割も大きい。地域との関わりでは、参加交流型のプログラムとして地元の中学生とのワークショップなどいくつかの試みが展開する他、伊東が主宰する定期的な小劇場勉強会なども始動し、新たな活

（上）《吉祥寺シアター》二階平面
（中）《吉祥寺シアター》一階平面
（下）《吉祥寺シアター》断面図

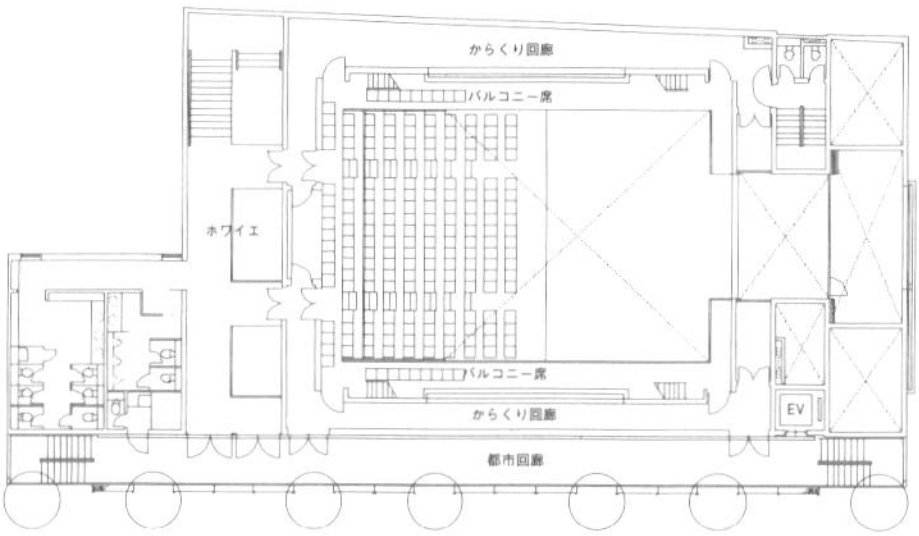

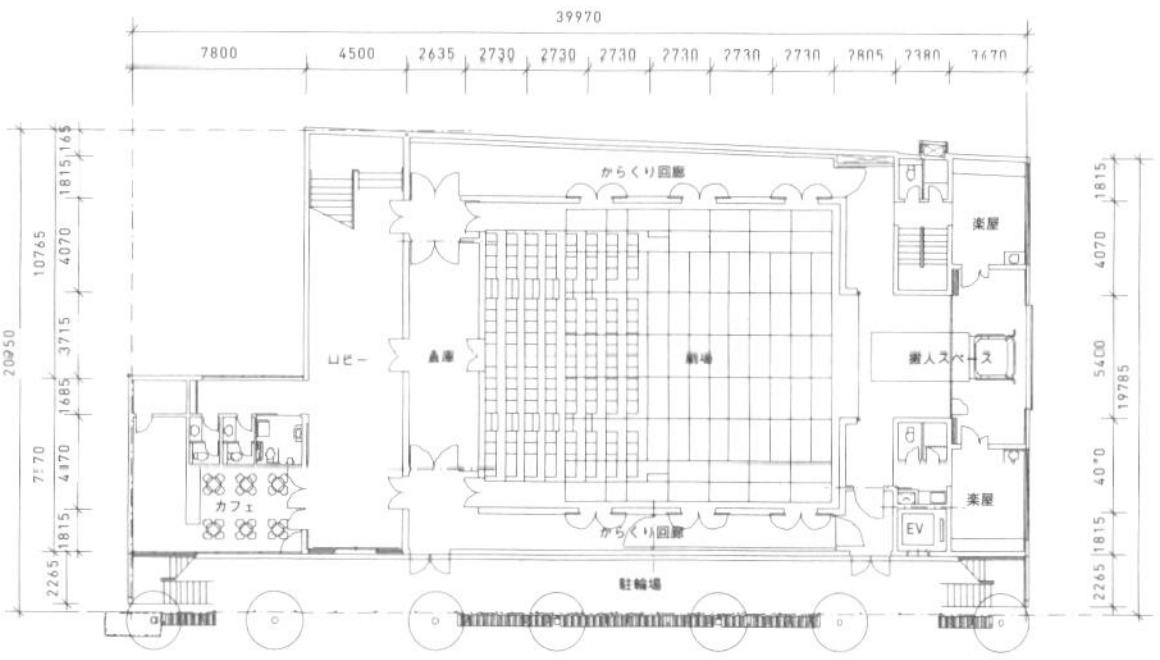

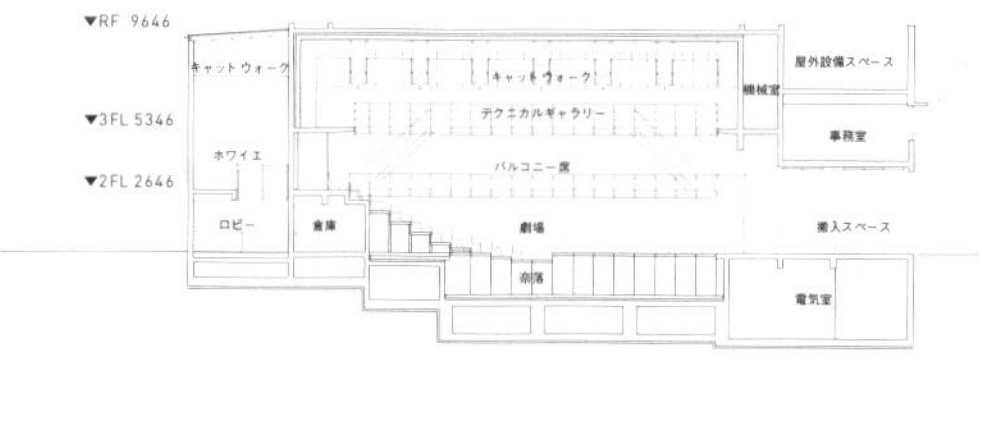

動の集積拠点として生まれつつある。

改めて俯瞰すると、計画から開館後に至る一連のプロセスには特別なステップは見当たらない。だが個々のフェーズにおいてミッションを共有し、公共小劇場とは何かを追求した結果が現在の状況を創りだしており、その点で《吉祥寺シアター》は、はじめてのプロトタイプとしての公共小劇場と考えてよいだろう。

最近、近隣に新たな飲食店が開店した。開館後の人通りと建築が街の雰囲気を変えた結果の一つでもある。東京における地域には具体的な関係をつくる難しさがある。単なる小劇場から都市における公共空間としていかに実験的な試みを実践できるか。それは今後の課題でもあり、《吉祥寺シアター》が本当の公共小劇場の入口に立っていることを意味している。

コラム・人と活動を支える空間――❶

《芸能花伝舎》

創造、交流のための芸能文化拠点

東京、JR新宿駅より徒歩一五分。《芸能花伝舎》は一九九五年（平成七）、統廃合により使用されなくなった旧新宿区立淀橋第三小学校の校舎を新宿区より貸与され開設された。運営するのはプロフェッショナルな実演家などの団体で構成され、芸能にかかわる調査研究と提言、実演家の権利確保、芸能関係者の交流、研修、情報提供による活動の推進など芸能文化振興の事業を行う（社）日本芸能実演家団体協議会（芸団協）である。この施設は芸能文化を担う「ひと」を育て、芸能文化を育む「場」をつくり、「ひと」と「場」が豊かに生かされる「しくみ」を整え、人々が芸能を楽しみ豊かな心を育む社会を実現するという理念を実現するための拠点施設である。一三の創造スペースをもち、芸能関連団体の事務所が入居している。ここで行われる催しは、大きく二つに分けられる。一つは一般の人々が気軽に芸能の楽しさを体験することができる体験講座など、そしてもう一つは芸能のプロフェッショナルな実務担当者などを対象とした各種セミナーである。創造スペースは、主に演劇やダンス、音楽などの稽古場として長期・定期、継続的に利用されるほか、テレビや雑誌の撮影、ワークショップ、研修、会議などに利用されている。旧小学校校舎という、訪れる誰もが懐かしさを抱くなごみの空間は、新たに専用に設計された施設と比較して、設備や音響の面で決して理想的とはいえないが、このリラックス感が実演芸術とことのほか相性がよいという。いくつもの芸能関連団体が集い、交流することができるこの施設ができたことによって、実演団体をサポートする「芸団協」自身が、関連団体にとって開かれた存在となり得たことは意義深い。そして、芸術分野を超えた交流の中から自然発生的に生まれてきた企画も多い。二〇〇七年九月には、新たにオペラやバレエの練習に利用可能な二つの「稽古場」を新規オープンした。公の施設では不可能な長期利用の優先受付も行い、真の舞台芸術を支える空間としてユニークな存在となっている。

（古橋 祐）

1.「悠遊ライフ芸能講座・義太夫」。大人向けに、体験的に芸の魅力を知り、実際の鑑賞までエスコートする教養&体験講座
2.芸団協とその正会員団体、《芸能花伝舎》に事務所を置く団体がボランティアで協力して開催する一大イベント「芸術体験ひろば」
3.稽古場として利用される体育館
4.2007年に新規オープンした稽古スペース
（写真提供＝社団法人日本芸能実演家団体協議会）

芸能花伝舎　http://www.geidankyo.or.jp/12kaden/

コラム・人と活動を支える空間——❷

《京都芸術センター》

新しい世紀の都市文化の創造拠点

《京都芸術センター》は、「この都市に蓄積されてきた優れた伝統文化を現代に生かしつつ、美術、音楽、演劇など様々な分野の芸術が出会い新たな文化を生みだす場として、さらにその成果を生活や技術、産業へとつなぐことでいっそう豊かな都市を再生させる場」として構想・設立され、京都における芸術振興の拠点施設として、二〇〇〇年（平成一二）四月にオープンした。運営は芸術家、芸術関係者を主体に、センターの代表者である館長のもと、その諮問機関として設置された評議会と、館長の意向を受けて運営方針の策定、使用者の選考などを行う運営委員会により運営されている。管理運営は（財）京都市芸術文化協会が行っている。建物は一九九三年に小学校の統廃合のため閉校となったもと明倫小学校。一九三一年（昭和六）に改築された元明倫小学校の歴史や建物の外観、大広間、講堂、和室などの文化財的価値に着目し、自由な芸術活動を行えるように配慮しつつ、既存の施設をできる限り生かした改修が行われた。センターでは様々な事業を展開している。具体的には、①ジャンルを問わない若い世代の芸術家の制作活動の支援、②様々なメディアを用いた芸術文化に関する情報の収集と発信、③アーティスト・イン・レジデンスの受入れ、国内外から京都を訪れる芸術家を中心とした芸術家同士また芸術家と市民の交流の場の提供などがあげられる。事業は自主事業のみ。市民を巻き込んだ幅広い活動を行っている。制作室の使用はすべて無料だが、利用にあたって目標設定が必要で、運営委員会による審査があり、開催中に市民のためのワークショップ開催が義務づけられている。運営にはボランティアスタッフが多数活動している。センターができて一〇年、その存在はオフィス街であった街に芸術に興味ある人々の流れを呼んでいるという。

（古橋 祐）

1.元明倫小学校の雰囲気を残すエントランス
2.フリースペース。元休育館だったところを、床を掘り下げ、天井には照明用のバトンを設置。演劇、ダンスの発表や、インスタレーションなどに利用される
3.講堂。芸術センター内で最も広いスペース。200人ほど収容。講演や演奏会のほか演劇の公演なども可能（演劇計画2000『blue Lion』撮影＝清水俊洋）
4.制作室。利用者は利用期間中に市民に対するワークショップの開催が義務づけられている
（写真提供＝京都芸術センター）

京都芸術センター http://www.kac.or.jp/

コラム・人と活動を支える空間——3

《せんだい演劇工房10-BOX》

緩やかに演劇を拡張し続ける創造活動拠点

《せんだい演劇工房 10-BOX》は、「試しながらじっくり演劇をつくる」をコンセプトとして二〇〇二年六月に開館した、演劇系の創造活動支援施設である。劇都を掲げる八〇年代以降の仙台市の様々な演劇系事業の蓄積と、演劇人を中心とした創造環境の不足を指摘するレポートが契機となった。演劇人とのWSをベースとした建築、運営両面の基本計画の検討プロセスを経て、創造的なアクティビティを空間に翻訳する小野田泰明、坂口大洋を中心とする東北大学建築計画研究室と、デザインを担当する八重樫直人＋ノルムナルオフィスとのコラボレーションにより設計が進められた。提案された建築は、稽古の初期段階から公演までの一連の創造活動に対応した様々なプロポーションをもつ大小六つの稽古空間と作業室、四つのパスとデッキの中庭による開放的な空間構成が特徴である。市中心部から遠く離れているにもかかわらず、開館後は練習施設として高い利用状況を誇るだけでなく、東北各地、東京、関西などの劇団による公演も行われ、劇都仙台の演劇シーンのメッカとなっている。その背景にはユーザーにとって単なる使いやすい空間だけではなく、演劇を創るための場と技術と仕組みが存在している。主管する仙台市市民文化事業団と地元演劇人の有志が立ち上げた会社から構成されるスタッフには熱意とスキルがある。二代目工房長の八巻氏が語るように演劇創造の台所のような雰囲気をもつ事務スペースは、地域の演劇人のたまり場となっている。ものづくりの空気が満ちあふれており、料金や利用ルールにも創造支援の観点が貫かれている。活動は街にも広がっている。大小三〇〇弱の卸売業が立地する卸町との連携では、空き倉庫の活用などの街づくりに対する在仙演劇人との関わりを様々なレベルで支援している。劇都仙台の目玉である劇のまち戯曲賞やプロデュース公演に加えて、二〇〇八年からは「杜の都演劇祭」と称し、リーディングを中心とした小さい演劇を市中心部の飲食店とコラボレーションしたように、在仙の演劇活動が地域の様々な層と接点をもつための布石を打った。演劇表現の教育にも積極的である。フランスの〈ルコック〉と共同プロジェクトである国際演劇学校は、全国各地から参加者を集め一カ月間のレジデンスを通して空間と身体、距離感の意識化などの課題を通じて、新たな表現のフレームワークを経験する場となっている。育ちつつあるコンテンツをいかにディベロップするか、《せんだい演劇工房 10-BOX》は今新たなフェーズに移行しつつある。

（坂口大洋）

1.国際演劇学校ワークショップ（撮影＝越後谷出）
2.国際演劇学校2008の開催（撮影＝越後谷出）
3.劇都仙台第三回演劇プロデュース公演「ミチユキ→キサラギ」、作＝中沢日菜子、演出＝大信ペリカン（撮影＝越後谷出、提供＝せんだい演劇工房10-BOX）

せんだい演劇工房10-BOX　http://www.bunka.city.sendai.jp/10box/

コラム・人と活動を支える空間——❹

〈FPAP《エフパップ》〉

九州の演劇シーンを軽やかに創りだす

〈FPAP〉は、福岡の演劇を中心とした舞台芸術文化振興のために、地元の演劇人を中心に設立され、二〇〇四年二月に認可を受けたいわゆるアートNPOだ。活動拠点となっているのが、同年四月より下水道施設のコンバージョンにより創出された一〇〇席弱の小劇場をもつ《ぽんプラザ》である。〈FPAP〉はここの指定管理者を受託しながら、福岡を中心に新たな演劇シーン創出のための幅広い活動を展開している。〈FPAP〉が単なるアートNPOと一線を画す実績を誇っているのには、いくつかの理由がある。まず一〇〇弱の小劇場を徹底的に活用するその姿勢と実践。一般的に福岡市クラスの地方中核都市において、この規模は行政的には整備しにくく、民間的には扱いにくい。しかし地域の創造団体が表現を磨きステップアップするために必要不可欠な場所であり、単なる貸しスペースになるか、インキュベーション機能をもつかはその都市の演劇シーンそのものを左右する。彼らはそこを様々なアイデアで生きた場として再生している。

次に様々な活動のnodeとしての機能。利用団体への様々な情報提供と支援、インターンシップの受入れ、福岡を中心とした演劇人のネットワークづくりなどの活動と活動をつなぐ場であり、人であり、組織なのである。〈FPAP〉の活動の主眼はまさにここにある。近年は福岡以外の九州の各都市との連携や、〈コンカリーニョ〉(札幌)との共同制作などの都市間ネットワークを展開し、新たなステップを踏みつつある。中核を担う事務局長の高崎氏を中心とした数名のスタッフによる小さい組織ながら、二〇〇八年トヨタ芸術環境KAIZENプログラムに採択されているように、全国的にも高い評価を得ている。しかし〈FPAP〉に特別な何かがあるわけではなく、ユーザーサイドに立ったきめ細かな劇場運営を基盤とし、そこで拾われるニーズや情報とつねに作品創造はどうあるべきかという問いの集積が多彩なアイデアの源泉となり、活動の主軸になっている。主宰の高崎氏は「地域性と芸術性の両面を想定したプラットフォームづくりが大事」と語り、小さい組織ながら様々な活動を生み出す様相は、さながらテンポラリーに場を設える機動性豊かな中州の屋台を彷彿とさせる。〈FPAP〉の実践の軌跡は、東京一極集中といわれる日本の舞台芸術シーンをひっくり返す可能性を示すとともに、地域の劇場のあるべき姿を映し出している。

(坂口大洋)

FPAP http://www.fpap.jp/

1.ぽんプラザロングシアターアフタートーク
2.ぽんプラザ火曜劇場
3.ステージスタッフワークショップ
4.大学演劇部合同公演稽古風景

コラム・人と活動を支える空間――❺

《にしすがも創造舎》

まちなかをアートキャンパスに

《にしすがも創造舎》は、東京都豊島区の廃校校舎を転用、豊島区文化芸術創造支援事業の一環として文化芸術創造の拠点を目指し、二〇〇四年八月にオープンした。管理運営は「アートネットワーク・ジャパン（以下、ANJ）」と「芸術家と子どもたち」という二つのNPO法人が共同で行っている。ANJは一九八八年に始まった「東京国際演劇祭（のちの東京国際芸術祭）」の実行委員会事務局が、「芸術の社会的な力の回復」と「芸術と社会をつなぐ」という理念のもと、芸術文化の活性化および国際文化交流の促進を目的としてNPO法人化し二〇〇〇年四月に設立された。ANJは現在、複数の類似施設の管理運営を行っているが、ここはその本拠地である。《にしすがも創造舎》は、普通教室を転用した稽古場が五つと音楽室、主催事業にも使われる体育館を中心に、より開かれたかたちを目指し多様なプログラムを展開している。稽古場の利用には審査を通る必要があり、使用は有料である。NPOと豊島区との間では、施設利用について無償ではあるが貸借契約によっているため、施設に手を入れることを最小限にとどめている。しかし、学校のもつ雰囲気はアーティストたちのクリエイティブな発想を刺激し、また使い方が限定されていない分、自由度が高くいろいろな活用法を考えることができたという。本来はプロフェショナルな団体への芸術活動支援を目的としてきたが、その活動を通して地域とのつながりを模索し、近年、子供を対象にした舞台の制作を行うようになり、二〇〇八年一〇月には地域住民とのワークショップにより、稽古場、劇場に続く交流の拠点「Camo-Cafe（カモ・カフェ）」がオープンした。今後も「創造・発信・交流の拠点」として、子供も大人も地域住民もアーティストも自由に集えるアートセンター＋チルドレンズ・ミュージアムとしてその活動を広げていく。

（古橋 祐）

にしすがも創造舎　http://sozosha.anj.or.jp/

1.体育館を利用した稽古場兼劇場（撮影＝松嶋浩平）
2.体育館は主催事業にも利用される。フェスティバルトーキョー09春［資本論］（撮影＝石川純）
3.普通教室を利用した稽古場におけるNPO法人「芸術家と子どもたち」主催のワークショップ
4.地域の人びととのワークショップによってつくられた「Camo-Café」（撮影＝kurihara osamu）
（写真提供＝アートネットワーク・ジャパン）

コラム・人と活動を支える空間——❻

《急な坂スタジオ》

アーティストと都市をつなぐ創造拠点

急な坂スタジオ　http://kyunasaka.jp/

《急な坂スタジオ》は、創造都市を標榜する横浜市の舞台芸術創造拠点として二〇〇六年一〇月にオープンした。同年六月に横浜市の創造界隈形成事業の一環として、結婚式場に使用していた旧老松会館を転用し、同年舞台芸術の創造拠点として管理・運営を行う民間団体の公募が行われ、NPO法人「アートネットワーク・ジャパン」とNPO法人「STスポット横浜」の共同事業体に任され、二〇〇七年五月にNPO法人「アートプラットフォーム」に運営母体を移行した。《急な坂スタジオ》は「①つくる、②はぐくむ、③あつまる」をキーワードとして運営を行っている舞台芸術を中心とした幅広い創造活動の場である。ディレクターの相馬氏は、アーティストが作品創造を行う際に活動場所が用意されていることが大前提と考え、最大二カ月までの長期利用が可能な大小五つのスタジオとコミュニティルームを完備し、利用者の創造活動を刺激するワークショップやアトリエも随時開催し、稽古だけではない稽古場を目指している。また、「アーティストが明確な目標をもてる街、横浜」の実現を目指し、特に横浜を拠点に活動する四名のアーティスト（岡田利規、仲田恭子、中野成樹、矢内原美邦）をレジデントアーティストとして迎え、新たな作品創造を展開する一方、横浜を基点とした様々なカテゴリーの創造活動を多面的に支援している。また都市や様々な施設と連係した作品創造にも意欲的であり、「Monthly Art Cafe」では、アーティストと市民が意見交換する場を設け、アルゼンチンのアーティストによる吉田町をフィールドとした「ラマレア」などでは都市空間でのサイトスペーシフィックな演劇公演を実施するなど、新たな取組みを展開している。プラットフォームとして、ジャンルや世代を超えた交流と対話の場を生み出す機能ももち、既存の地域資源と《急な坂スタジオ》ならではの人材や発想を大胆に活用し、行政・NPO・アーティスト・市民が協同する動きは、創造都市横浜の特長であり、ひいては日本の文化政策を書き換える可能性を秘めている。

（森山裕理＋坂口大洋）

1.カイトリーイショップ
2.Monthly Art Cafe
3.情報収録の棚
4.稽古風景（写真提供1、2、4＝急な坂スタジオ）

コラム・人と活動を支える空間――❼

《京都造形芸術大学京都芸術劇場春秋座》

教育施設の付属する劇場①

「人類がこれまで残してきた芸術と文化の価値を新たに発見し、社会との密接な関わりの中で新世紀文化の創造を追求する京都文芸復興」を目指し、二〇〇一年（平成一三）に開設された。当時副学長であった歌舞伎俳優市川猿之助教授により立案された「伝統文化を継承しつつ、次世代の芸術表現に応えること」をコンセプトとし、歌舞伎発祥の地、京都にふさわしい伝統ある歌舞伎へのスタイルを基本としながらも、現代演劇特有の立体演出にも対応できる旧来の枠を超えた次世代型劇場となっている。演者と観客の一体感を高めるための桟敷が花道側面に配置されていたり、花道、スッポン、鳥屋などが常設されていること、大小迫りを含む本格的な回り舞台をもっていること、宙乗り設備を設置していることなどが大きな特徴であるが、同時にオーケストラピットや多様な演目に対応できる照明・音響設備を備えている。客席数は、八五二席（花道設置時は七三五席、オーケストラピット使用時は七五〇席）である。また、舞台裏に設けられた広い舞台倉庫は、搬出入のための荷解き場としてだけではなく、仮設の楽屋など多目的に使うことが可能である。《京都芸術劇場》には、大劇場である《春秋座》と小劇場《studio 21》が含まれ、劇場の企画運営は大学の研究機関である「舞台芸術研究センター」によって行われている。《春秋座》は主に学生の公演場として使われている《studio 21》に対し、公開講座、シンポジウムなどの学校行事のみならず、年間三〇本近い自主公演を行い社会貢献活動の場となっている。また、情報デザイン学科の学生を中心に公演チラシや広告宣伝材料の製作にかかわったり、所定の研修を修了した学生はフロントスタッフとして、さらに舞台芸術学科の学生は安全研修を修了したうえで、ライセンス制で舞台スタッフとして運営に参加することができる。地域の人にとっては、一流の芸術に触れることができ、大学と社会の接点となっている。

（古橋 祐）

京都造形大学京都芸術劇場春秋座
http://www.kyoto-art.ac.jp/info/facility/kyotogekijo.html

1.花道や宙乗り設備を常設した和を感じさせる劇場
2.卒業式も《春秋座》ならではの光景
3.公演へ向けて仕込み作業中の学生
4.大小迫り機構をもった本格的な回り舞台
（写真提供2、3＝京都造形大学舞台芸術研究センター）

コラム・人と活動を支える空間――❽

《昭和音楽大学テアトロ ジーリオ ショウワ》

教育施設の付属する劇場②

昭和音楽大学は、バリトン歌手であり、藤原義江とともに〈藤原歌劇団〉を創設した下八川圭祐が開校した「東京声専音楽学校」を前身としている。したがって「教育」と「オペラ」の関係は深く、創立時の教育理念に「…総合芸術たるオペラを含む音楽芸術の技能、理論及び応用を教授し…」と謳われていたほどであり、オペラ劇場をもつことは大学創立以来の悲願であった。大学キャンパスの全面移転を機につくられたこの劇場は、オペラやミュージカルなどに特化した構造をもっている。馬蹄形三層の客席は一三六七席（オーケストラピット使用時一二六五席）、舞台機構としての音響反射板はもたず、オーケストラピット、プロンプターボックスを常設している。吊物機構としてオペラカーテン、四五本の道具バトン、照明ブリッジ（2）、照明バトン（2）に加え、移動式の点吊り装置を一〇台備え多様な舞台演出に対応する。また、舞台上には歌手のために舞台転換時の粉塵を押さえ、加湿する噴霧器も設置されている。プロセニアム開口は幅一六・二メートル、高さ一一メートル。舞台は幅約四四メートル、簀の子までの高さは約二四メートル、特筆すべきは奥行き約二五メートルを確保していることである。これは学生にとって「舞台」は「教室」であるというコンセプトから生まれたという。大学には声楽や器楽のみならず、バレエ、ミュージカルから、アートマネジメントや舞台スタッフまで、舞台芸術に関係する多くの学生が劇場を教室として活動している。ここでは毎年、大学制作の本格的なオペラ、ミュージカルが上演され、学生が参加する。講義や試験会場など、学校行事としての使用は年間一〇〇日（平成二〇年度実績）を超えている。その他の日は、一般の舞台公演、地域への開放など、川崎市が進める「音楽のまち・かわさき」構想の重要な一端を担っている。

（古橋 祐）

昭和音楽大学テアトロ ジーリオ・ショウワ
http://www.tosei-showa-music.ac.jp/concert/hall/teatorogario/

1.毎年学校主催で開催される「大学オペラ」。声楽、器楽、バレエ、舞台スタッフ、アートマネジメントなど、多くの学生が授業の一環として参加する
2.ウィンド・シンフォニー演奏会。オーケストラピットを前舞台として利用
3.馬蹄型三層構造の客席
4.舞台幅は約44m、奥行き22m、簀の子までの高さ約24m
（写真提供＝学校法人東成学園昭和音楽大学）

二章　参考文献、図版出典

小野田泰明、ジュアルニアニタ他「日本のホール水準に関する考察 カリフォルニア州南部におけるデータとの比較から」『日本建築学会学術講演梗概集』二〇〇〇年
小野田泰明「文化ホールの地域的整備とその建築計画に関する研究」博士論文、一九九四年
古谷誠章『がらんどう』王国社、二〇〇九年
『新建築』二〇〇五年一一月号、新建築社
日本建築学会建築計画委員会劇場・ホール小委員会主催シンポジウム資料「参加する劇場から愛される劇場へ」二〇〇七年九月
『新建築』二〇〇六年二月号、新建築社
「武蔵野市吉祥寺シアター(仮称)基本計画」武蔵野市、二〇〇三年二月

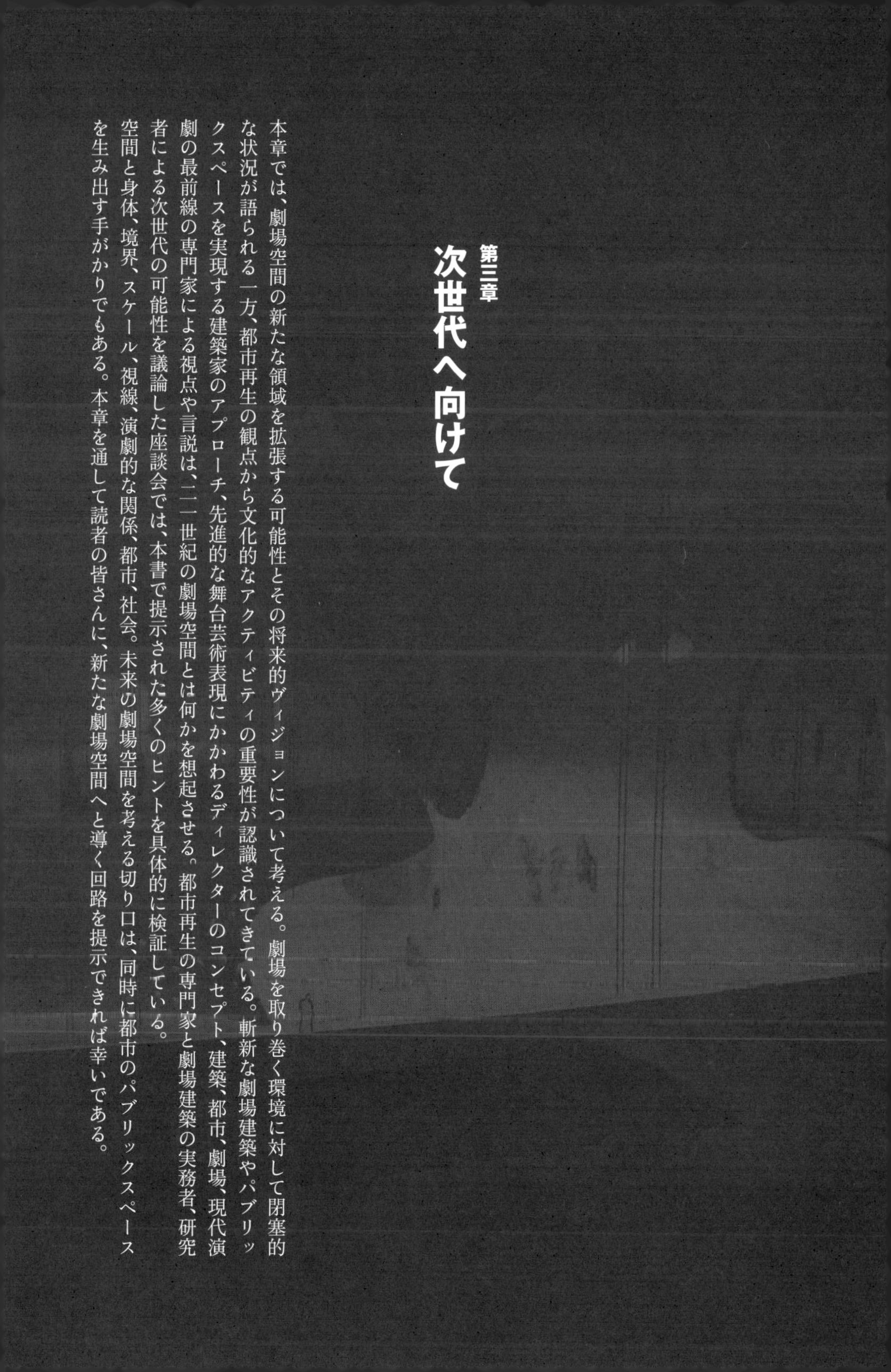

第三章 次世代へ向けて

本章では、劇場空間の新たな領域を拡張する可能性とその将来的ヴィジョンについて考える。劇場を取り巻く環境に対して閉塞的な状況が語られる一方、都市再生の観点から文化的なアクティビティの重要性が認識されてきている。斬新な劇場建築やパブリックスペースを実現する建築家のアプローチ、先進的な舞台芸術表現にかかわるディレクターのコンセプト、建築、都市、劇場、現代演劇の最前線の専門家による視点や言説は、二一世紀の劇場空間とは何かを想起させる。都市再生の専門家と劇場建築の実務者、研究者による次世代の可能性を議論した座談会では、本書で提示された多くのヒントを具体的に検証している。

空間と身体、境界、スケール、視線、演劇的な関係、都市、社会。未来の劇場空間を考える切り口は、同時に都市のパブリックスペースを生み出す手がかりでもある。本章を通して読者の皆さんに、新たな劇場空間へと導く回路を提示できれば幸いである。

広場としての劇場の可能性

伊東豊雄 インタビュー

**《長岡リリックホール》から始まった伊東豊雄の劇場・ホール建築は、
明らかに従来の公共ホールとは異なる思想で生み出されている。
《長岡リリックホール》《大社文化プレイス》《せんだいメディアテーク》と
《まつもと市民芸術館》など一連の作品に続く、劇場やホールの殻を破る
《座・高円寺》《台中メトロポリタンオペラハウス》などその後の挑戦についてインタビューで追う。**

聞き手＝井口直巳＋谷川大輔

劇場とホールの違いは？

井口――『音楽空間への誘い』（二〇〇二）の中で、音楽空間ではわりとエレガントであることを求めていて、ふだん公共建築に異議申立てしていることと自分でも矛盾を感じると話されています。それから八年経ち、劇場やホールに対する変化はありますか。

伊東――コンサートやオペラを見に行くときには、日常的な生活から離れて華やかな場所に行くような、気分の高揚感を味わえるような空間をつくりたいという考えは今もあります。ただ、芝居となるとコンサートやオペラとは違って、日常の延長上にあって社会的あるいは政治的なメッセージを含んでいるので、江戸の町人のような気分で訪れる飾らない空間をつくりたいという違いがあるような気がします。

井口――《まつもと市民芸術館》は、劇場とオペラハウスの組合せと考えてよいと思います。《座・高円寺》は完全に劇場が二つプラス一の組合せですが、《台中メトロポリタンオペラハウス》は全部が劇場ですか。

伊東――すべてオペラができる劇場です。《まつもと市民芸術館》の建築中に串田和美さんが芸術監督になられて、あの人は演劇の方ですから、あの大ホールについてはあまりうれしくないような顔をされていたし（笑）、小劇場に至っては途中で壁の色が気に入らないといわれて塗り直しさせられ、劇場とホールではだいぶ違うことを《まつもと》のプロセスで痛感しました。たとえば《長岡リリックホール》はコン

伊東豊雄氏（建築家）

サートホールと劇場が二つ並んで、《大社文化プレイス》は多目的ですから両方に使われると思うのですが、あの頃には二つが徹底的にずれるのだとは意識していませんでした。でも《まつもと》で串田さんと話しながら、劇場という世界について勉強しました。

いい劇場が生まれるためには

井口——やはり『音楽空間への誘い』の中で、コンペの場合はプログラムが先に決まっていてその条件下でコンペをするので、使われ方まで含んで建築家が責任をもてるようなポジションとかシステムがあってもいいのではないか、と話されています。《座・高円寺》では佐藤信さんなど、コンペでありながらコンペの後に実際そこを任される人たちと設計を詰めていくことになりましたね。

伊東——やはりコンペティションの段階ですでに芸術監督が決まっていて、その監督の意志に基づいてコンペをするのが理想的だと思います。日本の劇場やホールではなかなかできなくて、いつも途中の工事に入った段階で館長なり監督が決まるというケースが多いので、我々との間にギャップが生じます。以前のインタビューのときに、プログラムをもっとフレキシブルにしてはどうかといいましたが、それをどういう人が仕切っていくのかという問題に最終的にはつきるような気がしてきましたね。そこをはっきりしてもらうことが、いい劇場やいいホールをつくることに直結している気がします。

《長岡リリックホール》

《大社文化プレイス》

井口——誰がやるかで形も内容も全部違うのが本来劇場ですからね。劇場やホールは普通は個人で発注しませんが、コンペの審査以外の何が本当にいいものをつくるのに結びつくとお考えでしょうか。

伊東——芸術監督の問題をおいたとしても、自治体がどういう目的でつくるのかコンセプトをはっきりさせて、劇場なりホールを発注するに際し、市長なり担当部長なりはっきりと個人の顔が見えるとすごくやりやすいですね。《座・高円寺》の場合はその意味では非常にやりやすかったです。ほとんどフラストレーションなく最初から最後までできました。

井口——それは佐藤信さんのほかにも。

伊東——はい。もちろん佐藤さんの存在は大きかったのですが、それをサポートした杉並区という自治体もすごかったと思います。佐藤さんが審査員に入っておられて、そのまま継続してコンペティション以降の最初の打合せから佐藤さんを中心に話が進んだことと、さらに芸術監督になられたので非常にスムーズでした。企画の段階から佐藤さんや、演劇の方が多い杉並区民の方たちの意志がはっきりプログラムに盛り込まれていて、相当明快なコンセプトのコンペティションだったと思います。

《まつもと市民芸術館》のそれから

井口——コンペティションのときに、劇場の中だけではなく、全体の使い方の部分でも非常にユニークな案だと評価されましたが、建物が実際に使われた状況を見ての印象はいかがでしょうか。

伊東——最初に心配されていた舞台と客席がエントランスに対して逆転していて、すごい距離を歩くのではとか、わかりにくいのではないかという疑問に対する批判は、ほとんど聞こえてきませんね。ホワイエ空間とエントランスの大きな階段が特に印象が強いのかもしれませんが、日本にもこんなホールがあったのだとよくいわれます。また、周辺の長野県内の利用が多く、貸しホールとしては公共なので料金が安く、非常に利用率が高いとも聞いています。

井口——特にオペラでは空間が豪華に感じられるのでしょうね。

伊東——そうですね。ミラノの《スカラ座》で歌っているような、自分でもこんなところで歌えるんだとか、そういう気分になれるようで、歌ってみたいという方がおられるみたいです。

井口——エレガントさみたいなものが、そういう意味で結実しているわけですね。

《まつもと市民芸術館》エントランス

伊東——《まつもと》の場合には相当有効だったと思います。設計段階ではこんなでかいものつくってどうするのみたいな批判をずいぶんされて、市長が選挙に落選してしまったくらいでしたからね(笑)。

井口——もう一つコンペティションで、舞台を横から使うことで劇用形式を兼用する提案がありましたが、これについてはどの程度使われているのでしょうか。

伊東——そんなには使われていないのではないでしょうか。舞台の一番後ろ側から直接入れてというケースは少ないようですが、串田さんの演出でステージ上に客席も設けて演劇を行うケースは、何度かやられているみたいですね。

井口——伊東さんが舞台装置を担当された「フィガロの結婚」はどうでしたか。

伊東——串田さんはいつもステージと観客席がはっきり分かれている形式をいやがっているので、僕がつくるセットによってその距離を縮めたい、とのことで絵を描いたら気に入ってくださって。本当にベニヤ代くらいのお金しかなかったのですが……。

井口——観に行きましたが、オーケストラピットや客席と舞台の連続性が面白かったです。

伊東——そうですか。小澤征爾さんもバックステー

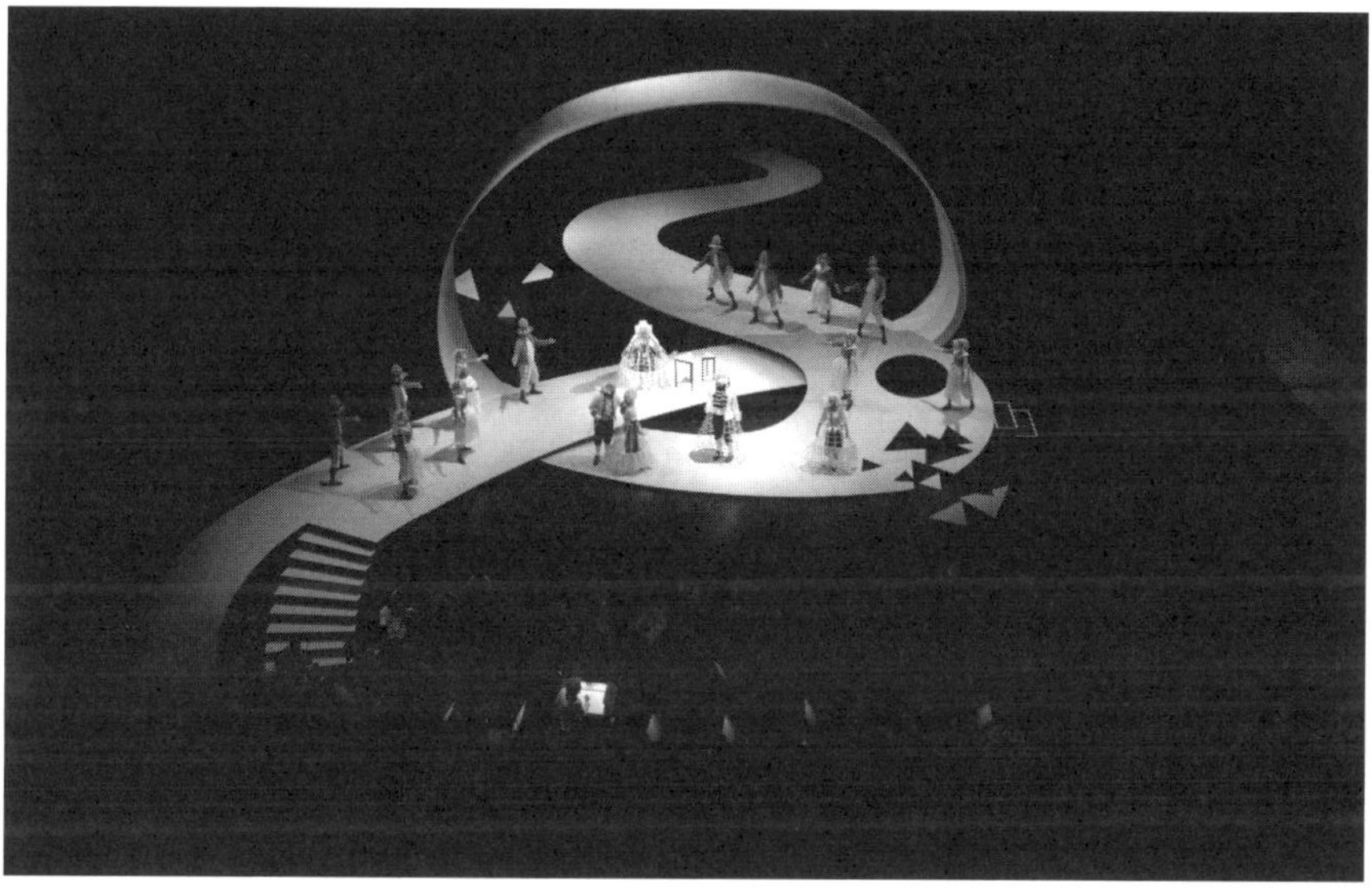

《まつもと市民芸術館》での「フィガロの結婚」上演風景

ジからブリッジ上を歩いて出てたりしてね（笑）。

井口――《まつもと市民芸術館》は、伊東さんの作品の中でどういうポジションにあるのでしょうか。

伊東――ストラクチュアーとプログラムと、そのどちらに照らしても《まつもと》はわりとクラシックな、構造的には特に新しい提案をしたり、プログラムとしても何かを解体することをやっているわけでもありません。私にとって《まつもと》で一番重要なのは、モダニズムの建築でエレガントな空間をつくるために、新しい装飾みたいなものを試みたことでしょうかね。ホールの中も、ホワイエ周りの外壁もそうですし。

井口――外壁はコンペ案のときは総ガラスだったのを周辺の環境から変えたそうですが、壁に穿つ穴というのははじめてですか。

伊東――はじめてだと思います、ああいうやり方は。すごく面白いと思いました。外側と内側とを同じ素材のサンドイッチのパネルにして、内も外も塗装の色は違いますが基本的には同じ仕上げです。そうすると意外にも内に入ってもある意味では外部みたいな、不思議な内外の関係が生まれることをあそこで発見したのです。光も昼間は外から内に入ってきて、夜は逆に内から外へ、その関係がとても面白かったので、《TOD'S》にそれを拡張していったのです。《まつもと》のあの外壁がなければ《TOD'S》の外壁もなかったのです。

《ゲント市文化フォーラム》のチャレンジ

井口――《ゲント市文化フォーラム》は、劇場・ホール系が入っている建築というよりも、ある意味で街をそのまま取り込むことでできた建築だと思うのですが。

伊東――《ゲント》のコンペティションは二〇〇四年から二〇〇五年にかけてやりました。《まつもと市民芸術館》がある程度まとまって、どうもホールはなかなか形式を崩せないので、《ゲント》のコンペティションは負けてもいいから最初から相当思い切ったことをやってみようという気持ちでスタートしたのです。たまたま直前にポルトガルにファドのコンサートを聴きに行ったら、夜遅くに道端でいきなり始まって、そのときの楽しさをコンペティションのチームに伝えて、内にいるのか外にいるのかわからないようなホールをやってみようという話をしました。いろいろな方向からアプローチできる正面性のない敷地だったので、それをそのまま道路を内部のボリュームにまで貫通させ洞窟状の空間を最初にイメージしたのです。そこまではスムーズに考えられたのですが、どうやって構造形式をそこに与えるか試行錯誤の期間が続き、チューブの連続体のような構造体に行き着いたのです。建築は内外の境界をつくらざるをえないので、ゲントの場合にもいったんは内部空間に入るわけですが、メインの一八〇〇席のコンサートホールはそれ自体完結したコンサートも可能だけれども、もっと開け放たれていろいろな方向に音が広がっていったりもできるし、様々なスタジオやリハーサル室での小さなコンサートが組み合わされて、建築全体が複合的なコンサートホールになるのも可能なのです。やりようによってはかなり面白い演出ができるはずです。しかし、はっきりしたコンサートホールのイメージをもっている人が審査員の中心だったので、最終段階まで残ったのですが勝てませんでした。形式に則った建築として非常に凡庸な案が選ばれ、その案も結局はなくなってしまって、今またプログラムを変えて同じ敷地でコンペティションをやるという話がもちあがりつつあります。今度は図書館だといわれていますが……。

《TOD'S》

井口――たとえば《長岡》や《大社》などはホールや劇場は閉じた固まりで、それをつなげる部分はオープンスペースという考えだと思います。それが立体になってホールや劇場も含めて開くとなると、ホールや劇場は閉じられた中でのパフォーマンスが主なのでその関係はどうなるのでしょう。

伊東――そういう意味で図書館とか美術館に比べてホールは難しいといつも思います。一番苦手なのにどうしてホールの仕事ばっかりくるのだろう、因果なことだなと実はいつも思っているのです（笑）。

井口――私はホールも開かれたほうが面白いと考えています。劇場やホールの中で行われているものがどういうレベルであれ、外ににじみ出るから魅力があると思うのですね。たとえば、何もない広場に突然サーカスが来たりしてテントがたって、その中に明かりが灯ったときにはじめてその空間、その時間、その期間だけのパフォーマンスを他の何よりも知らせることが劇場の原点、パフォーマンスの原点だと思うのです。

伊東――全くおっしゃる通りで、そういうプリミティブな劇場をやりたいですね。いつも思うのですが、建築は硬いある形式をもったものに行き着かないと建築にならない。特に公共建築はそこがいつも悩みで、コンセプトとして外部にいるときのような気楽さとか自由さをもったホールに近づきたいと毎回考えているのですが、なかなか実現の機会がないのです。劇場やホールに限らず、建築がもっと自由になるためには、内外の関係を希薄にしていくことが必要だと思うのです。

《ゲント市文化フォーラム》

《座・高円寺》のいきさつ

井口――《座・高円寺》は、今までのお話しとは少し違う方向で構成されていると思うのですが。《まつもと市民芸術館》と同じように、普通にやったら成立しないような狭い敷地に劇場なりホールを詰め込んで、いかに解決するかを求めるようなコンペですが、でもそれが何かを……。

伊東――そうですね。そういう追いつめられたときにこそ、こうせざるをえないといったアイデアがでますね。まずボリュームがパンパンで、ぎりぎり詰め込まなくてはならないということと、高円寺会館の建替えなのでしかたないのですが、遮音や汚れた空気といった点で必ずしもいい環境ではないので、そこを逆手にどういう解決があるかを考え、「あえて閉じる」というコンセプトにしたのです。閉じるという言葉の中には、かなりの部分を地下に埋めてしまうことで安定した環境をつくりうるということと、地上部分を極力小さくしてかつ外部に対して閉ざされた建築にするという意味が含まれています。キーポイントになったのは、劇場を垂直方向に重ねざるをえなかったので、それが音的に大丈夫かどうか永田音響の福地さんに相談して、やりようによっては大丈夫だからと勇気づけてくれて、それであの提案ができたのです。

井口――間口が狭く接道は前面道路のみで、搬入口を見せざるをえない位置にくるので単に搬入口だけにせず、劇場としても使えるようにしてしまう発想には非常にびっくりしました。

伊東――でも誰がやっても他の場所に搬入口をとりようがないのです。一つのヒントになったのは、阿波踊りホールが地下にあってふだんは下で練習をするのですが、いざというときは一階の劇場に集まって、そこから街へくり出すのが面白いのではないかと思って、それで搬入口からメインのエントランス、ホワイエ、劇場の床を全部フラットにして、同じレベルで周遊できるうまい使い方ができると思っていました。幸いにも佐藤信さんが、あれは屋内化された広場だというコンセプトで踏襲してくださって大道芸などもやられるということです。

井口――同じ建物の中で規模的にもそんなに違わない二つの劇場が、片一方は固定席で片一方が動く、実際に設計されていて、その置き場所の問題なども含めて違いとして出ていますか。

伊東――コンペティションの段階では、プロ仕様とアマチュア仕様という使い分けが当初から企画されていました。僕らも、プロ仕様はかなり席の配置もフレキシブルに組み立てられて、アマチュア仕様は固

《座・高円寺》ホワイエ

定席でというくらいに考えていました。地上の劇場は実施設計の過程でそれがよりはっきり広場でもあるし、本当になにもない、佐藤さんにいわせればブラックボックスだというようないわれ方をされて、コンセプトが徹底されていきました。

谷川――音などで難しいところも生じてくる中で、壁と屋根などに鉄を使う可能性というのはどう考えておられますか。

伊東――最初のコンペティションのときはフラットルーフでした。そのあと屋根がスタディしながら変わっていったわけですが、最初の段階から鉄板で覆うイメージがあって、芝居小屋といっていたのです。やはりコンクリートの箱だと全然イメージが違うなと思って、小屋というイメージと鉄板の薄さは結びついていました。ただし遮音の問題などはあるので、サンドイッチにして内側になにか、断熱材なりで遮音するかと思っていたら、佐々木睦朗さんがこのくらいのスケールだったら鉄板の内側に薄いコンクリートを打てば、二枚の鉄板を使う必要はないでしょうといってくれて、それで遮音もある程度クリアできるので、この段階からコンクリートと外は鉄板という提案にしました。一階がエントランス、ホワイエ、ホールの三つに分かれていて、壁は移動できて正方形になるという提案だったのですが、佐藤さ

んがこれはもう最初から正方形でいいよ、となったのです。その段階で、もう少し高さがほしいとなって、周辺が日影とか斜線で低く押さえられるので隅をおろして、真ん中をあげて、本当にサーカス小屋のようなイメージにすると面白いかな、ということで変わっていきましたね。

谷川――入ったときには、倉庫のような軽やかな感覚で、開放的な印象をもちました。

伊東――佐藤さんの昔の黒テントのイメージもありましたから、《まつもと》のように華やかな空間にすべきではないだろうと、特に一階は何もない芝居小屋だというコンセプトにするのならあまり色をつけない、表現的に何もしないと思っていました。ほかのものを地下に埋めたからそれが徹底できた気がします。佐藤さんのブラックボックスというコンセプトと我々の芝居小屋というコンセプトが今回は相乗しあって、僕としてはいい方向にいったなと思っていて、一階の劇場にはすごく期待しています。どう使ってくれるのか楽しみです。

谷川――《高円寺》で考えられたかたちと、これからの公共建築のあり方というのはどういうものであるとお考えでしょうか。

伊東――《高円寺》がどのように使われていくかを見定めながらという感じですが。《ゲント》や《台中メトロポリタンオペラハウス》みたいに、かなり強引に力で形式を変えるぞという意気込みでやる場合と、《高円寺》のようにさらっと、建築的にそう無理をしないであまり建築家の業が出ないでやる場合とに分かれる気がします。伊東も若くはないのだから、七割とか八割とかの力でやったほうが使う側からしたら気持ちがいいのだよ、という声も聞こえてきたりして。

《座・高円寺》プロポーザル時模型

《座・高円寺》遠景

谷川――暗い部分が多いのは、どのように考えられたのでしょうか。

伊東――基本的には、テントでつくった小屋というイメージだったので窓を開けたくなかったのです。子供のワークショップを遠藤勝勧さんがやったら、子供の意見にテントにぶつぶつ穴を開けたみたいとありまして（笑）、これはとても的を得ていると思って、まさしく窓を開けるのではなくて、なんか靴の紐を通すために穴が開いているようなイメージです。内側からきれいに見えるというよりも、ただ本当にこれは窓も何にもない芝居の小屋ですよというメッセージだったので、照度はちゃんととれているのですが実際の照度より暗く見えるのはいたしかたないと思っています（笑）。

井口――色の選択は？

伊東――色も皆さんに聞かれるのですが、絶対あそこで白いのはないだろうと思ったのですけれど、黒っていうのもちょっとどぎついし、あまりに黒テントにつながっちゃうのも嫌だなというのもあって、それでグレーかブラウンが混ざったような色を考えて、内も土臭い赤という色をイメージしました。

井口――ただ箱だけでいい劇場の内部は黒が定番で、とにかく黒にしておけばいろいろ汎用が効くので黒にしてしまう例が多いですね。

伊東――天井まで赤くしておけばよかったなとも思っているのですが……。天井は心配になって黒くしたのですが、簀の子の上にあがると屋根の形が結構面白いので、天井がもう少し透けて見えると内外の形がもう少しつながったのにと反省しています。

井口――伊東さんの作品は、劇場やホールの中は赤系が多いですね。

伊東――そうですね。《長岡》と《まつもと》では寒いところだったので、ホールに入ったときには暖かい感じにしたいなと、それで赤が始まったのです。そうしたらだんだん好きになって、ホールは別の色だとどうもイメージがわかなくなってしまいました。

《台中メトロポリタンオペラハウス》のこれから

井口――《台中メトロポリタンオペラハウス》はまだ出来上がっていないので、雑誌などでしかわかりませんが、オープンな構造体でプラグと名づけた、スラブだったり壁だったりというオープンなシステムを、特に劇場やホールが内在する空間の中で実際に成り立たせるために、いろいろなことを苦労してチャレンジされていると思うので、その辺を聞かせてください。

伊東――コンセプトとしては、内も外もないとか道路がそのまま建築の内部にまで入っていって、そこが少し広がったところでコンサートや芝居をやっている。もともと芝居は外でやっていたわけだし、ヴィチェンツァのパラディオの《オリンピコ劇場》でも、都市の街路に連続していく空間だったわけだから、そういう劇場は面白いと思うのです。全体に音とか空調とかの要求が厳しくなりすぎてしまったから、現代建築はどうしてもその問題をクリアするためには閉ざしていかなくてはならない。その狭間でいつも悩んで右往左往しているというのが現実ですね。もう少し外気と連続したホールがあれば、その暑さ寒さを超えるくらいの面白いことができそうな気がするのですが、これは建築家だけの問題でもないのでそう簡単ではないですね。

井口――今、我々は一七世紀以降に行われている芸術を観るために閉ざされた、伝統的にいえばまずクロークがあって、その中では舞台以外の空間も楽しむ習慣と結びついている装置としての劇場やホールがあります。それ以前は日本も含めて屋外だったという考え方を構造システムも含めて、既存のものから新しい秩序をつくっていくときに、プログラムの中に入れることができたら面白いと思うのですが。

伊東――なかなか今の状況では難しいですね。それをクリアするためにはコンペティションなんかではなくて、運営主体なり芸術監督と一体になってそういうコンセプトを徹底的にやったら面白いと思いますね。

井口――《台中メトロポリタンオペラハウス》に関するある記事で「緊張感がないものが多いから《台中》では同様の危険をはらんでいるので、建築は一回性の表現だと心しておく必要があります」とおっしゃっていますが。

伊東――プログラムを提示する側としては、もうそんなことは夢にも考えてない、本当に立派なオペラハウスを望んでいますからね。つくりながら少しずつ変えていく、《せんだいメディアテーク》なんかもそういうプロセスだったのですが。《台中》のコンペティションのときには審査員の一人で、台湾で有名な演出家の人がこんな劇場ができたら本当に面白いといってくれたので、そういう意識的な人が監督になってくれれば今までとはずいぶん変わった劇場になると思います。各部分は囲われて大中小の劇場になっていますが、全体は一つの空間システムでできているので、劇場以外の空間もどこでもホールになり得る、そういう洞窟のような空間がズルズル縦にも横にもつながっています。屋上も面白くなると思いますし、むしろそういう劇場以外の場所のほうが期待できるかもしれませんね。

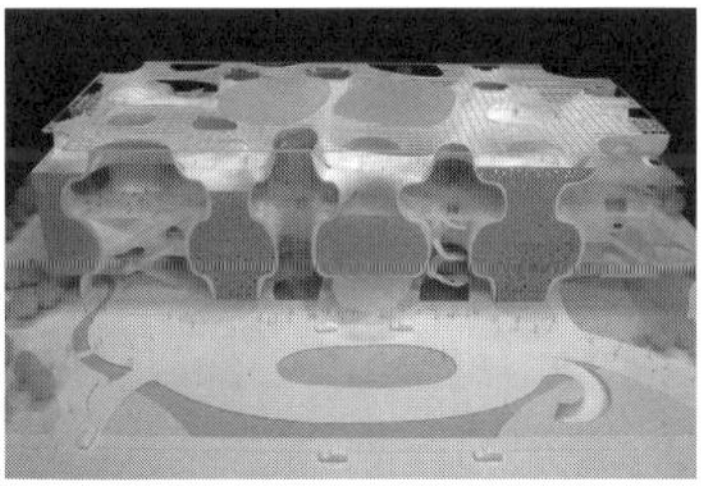

《台中メトロポリタンオペラハウス》模型

井口――いつ完成するのですか？

伊東――三年半くらいはかかるでしょうね。二〇一三年にはできるかな。実施設計は全部終わって、施工図に近い図面までおよそ一五〇〇枚くらい描きました。

井口――《せんだいメディアテーク》を彷彿させますけれど。

伊東――ええ。《せんだい》のときはこんな施工してくれるところあるのかなと思ったのですが、今にして思えば《せんだい》なんか楽なものでした（笑）。

未来に向けて

井口――劇場やホールが好きな人は多くても、大学の建築学科で劇場の研究室はかつてほど人気がありません。考えられる理由け、面白い劇場が特に日本には少ない、型通りのものはそれなりに建てられ、リニューアルも行われますけれど、もう少し夢のあるこんな劇場を自分もやってみたいと思わせるものが少ないためではと思いますが。

伊東――一つはやはり演劇の若い演出家というか、元気な人が出てきてほしいというのがまずあります。佐藤さんや串田さんや、若いといってもせいぜい僕よりちょっと若い人たちですから。それと商業演劇しか成立しないのも辛いですね。もっと小さな小屋で、あるいは古い建物の改修でもいいので、もう少し形式にとらわれない芝居の小屋ができると楽しいでしょうね。それから、これは劇場に限らないのですが、日本の自治体が公共建築を公共の力でつくらなくなってしまって、本当に僕は情けないことだと思うのです。やはり公共でしかできないことはたくさんあるはずで、特に文化的なものへのエネルギーはやはり公共が主導していかないとだめだと思います。

井口――たとえば、劇場やホールの設計はこんなに面白いということでなにか？

伊東――僕もそうですが取っ付きにくいのですよ。難しいノウハウがあってそこにはなかなか入り込めない。それでコンペティションをやるとなかなか若い人は勝てない、そこが壁になっていると思うのです。ですから、もっと小さいホールをつくればいいのにと思います。ホール専用でなくてもいいから、

集会場にも使える程度の、いわゆる昔の公民館みたいなのは、今はみんな分化しているけれども、再構成していくと結構面白いと思いますね。

井口――明治以降の劇場的な公共建築のビルディングタイプは、公民館と公会堂からスタートして細分化していくわけで、その原点が昔の公民館や公会堂でした。集会や演説が主体の時代からパフォーマンスに変わってきたことをいろいろに読み替えれば、公民館というのはすごく面白いと思います。

伊東――そうですよね。僕はよく事務所のスタッフに聞くのですが、自分の家の周りにどんな公共施設があったら毎日でも利用するの、コンビニだけではないだろうと。コンビニのような文化的なものが小さな施設でもいいので、そこに行ったら本を読めるとか、あるいは小さなイベントを見られるとかがあるといいと思いますね。

井口――そうしたプロジェクトに、建築をやっている若い人がかかわっていくということは重要ですね。

伊東――そうです。公共が主導でやってほしいと思いますね。

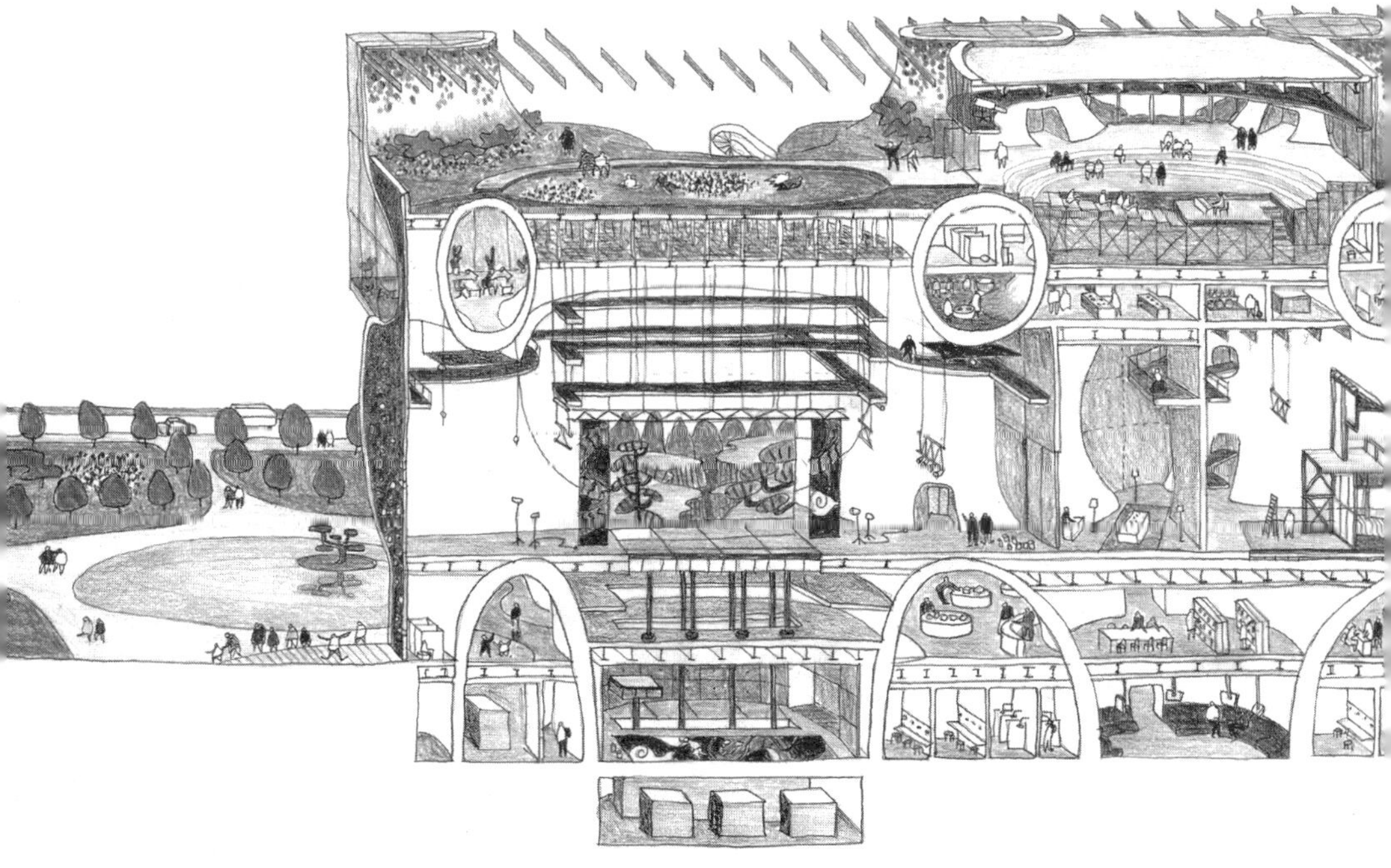

《台中メトロポリタンオペラハウス》スケッチ

《座・高円寺》ファサードと広場

伊東豊雄氏のインタビューをうけて

都市環境における小さな公共建築の未来形

谷川大輔

住民と自治体と演劇関係者、そして設計者が一体となったプロセス

《座・高円寺》は、平成二一年五月にオープンした新しい公共の小劇場である。オープンしてわずか一年であるにもかかわらず、生き生きとした街「高円寺」と一体となって、大都市東京における新しい「パブリックシアター」としての先端的な取組みを進めている。このような、地域と劇場が一体になった成功の要因として、まず地域住民、自治体、劇場運営組織、設計者などが一体となって進めた企画段階のプロセスがあげられる。旧高円寺会館の建替え工事としてスタートしオープンするまでの約一〇年間、《座・高円寺》はまさにじっくりと議論されながら計画されてきた。区側の責任者であり後に芸術監督となる佐藤信氏の存在、資質評価型プロポーザル方式で建築家伊東豊雄氏を選定したことなどに加え、オープン前から杉並区在住の演劇関係者が中心となったNPO法人劇場創造ネットワークが、指定管理者となって具体的な企画運営を行っているなど、様々なことで公共劇場としては画期的なプロセスをたどってきた。特にNPO法人劇場創造ネットワークのメンバーであり劇作家の斉藤憐氏は、建物が建てられる準備段階から地域の商店街や学校をまわり幅広く公共劇場の必要性をアピールし基盤を築いたという。このような劇場にかかわる人びとの熱意ある努力と住民の創意が地域に根ざした公共建築の成立において理想的なあり方を示しているといえる。

（右）絵本の旅カーニバル《座・高円寺 一》
（左）毛玉のインスタレーション、阿波おどりホール

様々なものが集まり混じり合う「空地」のような仮設的で自由な場所

次に《座・高円寺》の大きな原動力として、芸術監督の佐藤信氏の存在があげられる。佐藤信氏は劇団〈黒テント〉を通して日本の小劇場をリードしてきた人物である。その活動のテーマは一貫しており、従来型の劇場を離れどこでも劇場になるというような移動する〝仮設的な劇場〟を標榜してきた。その佐藤信氏が最初にかかわった公共劇場が世田谷線三軒茶屋駅に隣接する《世田谷パブリックシアター》である。このとき佐藤信氏は、従来型の「公共劇場」に自身の〝仮設的な劇場〟のコンセプトを導入することで、都市環境における新しい「パブリックシアター」を成立させたのであった。《座・高円寺》は、この《世田谷パブリックシアター》とは同じ都市環境における新しい公共劇場であるが異なる性格をもっている。それは立地と規模である。《座・高円寺》は小さく、また徒歩五分程度ではあるがＪＲ高円寺駅からは少し離れ、さらに活気に満ちた商店街からも外れた場所に建っている。つまり《世田谷パブリックシアター》は都市の中心にあるのに対し、《座・高円寺》は都市の中心にはなく、少し離れた場所にある小さな公共建築なのである。この「少し離れた」と「小さな」といった条件がより佐藤信氏の〝仮設的な劇場〟といった思想をより鮮明に公共劇場に反映させることができた。《座・高円寺》はまさに、佐藤信氏が提案する「空地」のような仮設的な場所であり、都市環境における公共の小劇場として新しいプロトタイプなのである。

プロとアマチュアの混在、外部と内部の連続、流動性の実践

《座・高円寺》では、演劇の公演、舞台芸術の教育、さらに地域市民の自由な創作や参加体験など様々な活動が行われている。実際訪れると、そのような活動以外にも様々な目的をもった人が気軽に利用していることに気づく。劇場のようで劇場でない、そのような雰囲気である。そのような《座・高円寺》の雰囲気をつくりだしている特徴の一つはまずホールの構成にある。性格の異なる同規模ホール（《座・高円寺 一》と《座・高円寺 二》）が内包され、縦積みされていることである。一階にある《座・高円寺 一》

（右）《座・高円寺 一》小劇場
（左）《座・高円寺 二》区民ホール

は、外形二一メートル×二一メートルの正方形で座席が固定されていない、いわゆる「ブラック・ボックス」と呼ばれる形式の劇場で、平戸間に可動式のステージデッキで階段状の客席を組み上げることによって、様々な舞台形式に対応することができる。二〇〇九年八月末に行われた「東京高円寺阿波おどり」のボランティア公演時には、平土間に桟敷席を組んで観覧をしている。さらに《座・高円寺一》は、西側と南側の扉を開けることで、エントランス・ロビー・ホール・搬出入ヤード・外部広場を連続して使うことができるなど、自由度の高いものになっている。これに対し地下にある《座・高円寺二》は、長方形で座席は固定された劇場である。客席の方向性を限定することによって市民でも使いやすく、講演会や発表会など区民ホールとして広く利用されている。このように、性格の異なる劇場が同時並列的に存在することが、利用者の使い方の境界意識を曖昧にして劇場のあり方そのものを変質させているといえる。

また自由な混在をさらにつくりだしているもう一つの特徴は、やはり外部と連続したホワイエと大階段である。本来集客性を期待して接地性の高いところに配置されるカフェや図書室、事務室を上階にして、一階レベルのホワイエを外部の広場に連続させ、大階段によってすべてをつなげている。このことで内部と外部、あるいは劇場と街との境界が曖昧になり、地域との一体化をつくりだしているのである。二〇〇九年一一月初旬に行われた「高円寺フェス二〇〇九」のフリーマーケットでは、ホール・ロビー・外部が連続的に使われている。《座・高円寺》は、都市環境における難しい条件を逆手にとって濃密かつ開放的で流動的な劇場であって劇場でない新しい公共空間をつくりだしているのである。

「新しいリアル」によるさらなる公共建築の実現へ

《座・高円寺》の設計者である伊東豊雄氏は、これまでも多くの公共建築の設計にかかわり建築を「開く」ことをコンセプトとして主張してきた。その伊東氏がこの《座・高円寺》の設計にあたっては「あえて閉じる」ことを主張した。このことが最も興味深いことであるとインタビューを通して感じ

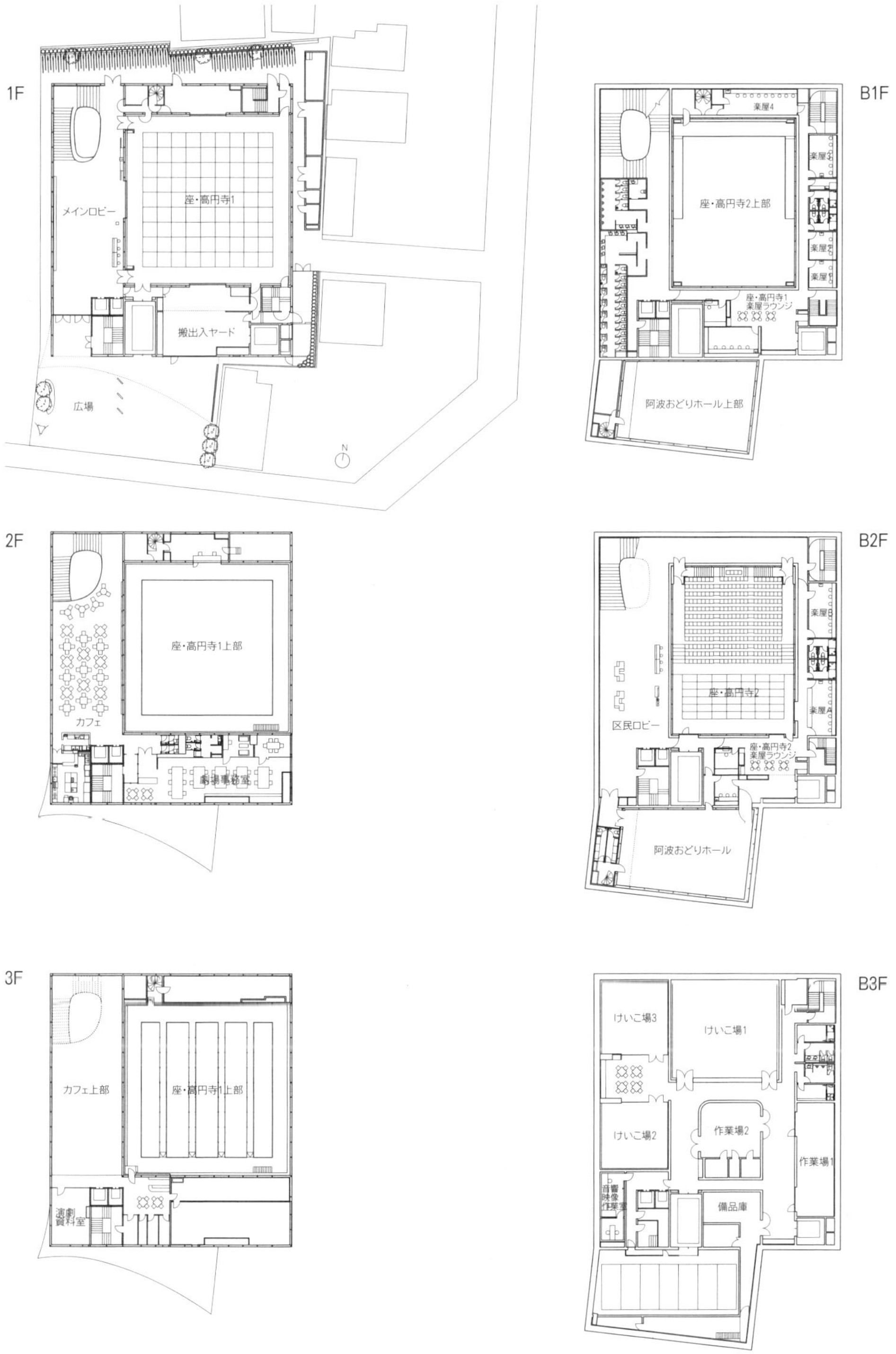
1F
メインロビー
座・高円寺1
搬出入ヤード
広場
N
B1F
楽屋4
楽屋3
楽屋2
楽屋1
座・高円寺2上部
座・高円寺1
楽屋ラウンジ
阿波おどりホール上部
2F
座・高円寺1上部
カフェ
劇場事務室
B2F
楽屋B
楽屋A
座・高円寺2
区民ロビー
座・高円寺2
楽屋ラウンジ
阿波おどりホール
3F
カフェ上部
座・高円寺1上部
演劇
資料室
B3F
けいこ場3
けいこ場1
けいこ場2
作業場2
作業場1
音響
映像
作業室
備品庫

《座・高円寺》各階平面図　S=1/1000

《座・高円寺》ホワイエ。高円寺フェス二〇〇九

た。あえて「閉じる」ことでより小さな公共建築を「開く」可能性を押し広げている。

特にその「閉じる」ことで「開く」意味は大きく二つあるように私には思えた。一つはビルディングタイプ、ここでは劇場の緩やかな解体である。利用者が自由に意味づけでき人間本来の躍動する自由でかつ生き生きとした活動が行われる空間に緩やかに再構成しようとするものである。それにはある程度「ブラック・ボックス」の方がよいということであろう。薄くて軽い幕で仕切られた内側に非日常的な場面をつくるきっかけを与える。このことで人びとの期待感を高め、生活の中に生き生きとした創造力を育もうとするものである。それが本来の劇場のあり方であり、演劇的振舞いの本質であるといえる。このことによって劇場の社会的意味は増幅して建築は開かれていく。

さらにもう一つは都市環境における小さな公共建築のあり方の再定義である。外殻を不透明なソリッドとすることで、しっかりとした建築の存在感を生み出している。これは目の前に走る中央線からよく見えることとも関係していると思われるが、建物が街の中心から離れてはいても、その断片が建物の間から見えることで街との関係を結んでいる。かたちも特徴的である。抽象的な幾何学の組合せでできた外形が、全体は軽くて仮設的なテント小屋のようであるが、それは波のようであり、また風にはためく布のようであり、人間の躍動感や鼓動を表現しているようでもある。それは劇場の枠組みを超えて様々なイメージを喚起し、人びとのシンボルとしてアイデンティティを生み出している。都市環境における小さな公共建築が柔らかいかたちによって緩やかで流動的な象徴作用をもち自然に社会的環境に組み込まれることができているのである。

近年伊東豊雄氏は「新しいリアル」という言葉を使うことがある。すさまじいスピードが求められる時代で現代社会は複雑化を増し、それをひもとく手段として建築は有効性が少ないように思われがちだ。しかし生身のからだを駆使すれば、まだ社会とつながる媒体として建築の力は十分残っているというメッセージであると思う。《座・高円寺》はまさにその演劇的振舞いによってこの「新しいリアル」を実践している。我々は《座・高円寺》が続ける実践から、都市環境におけるさらなる公共建築あるいはパブリックシアターの実現を目指す数多くのヒントを見出すことができるのである。

《座・高円寺》断面図

南立面図

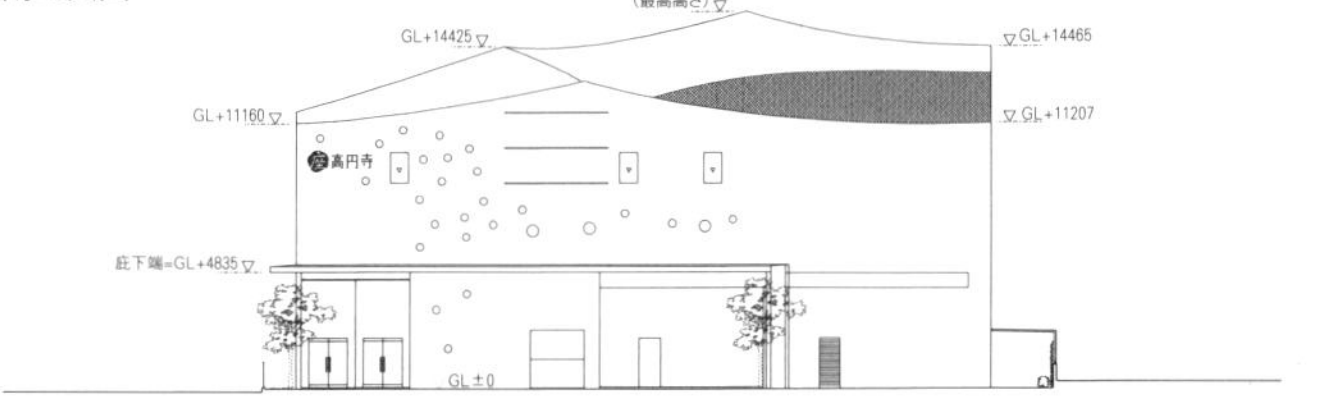

西立面図

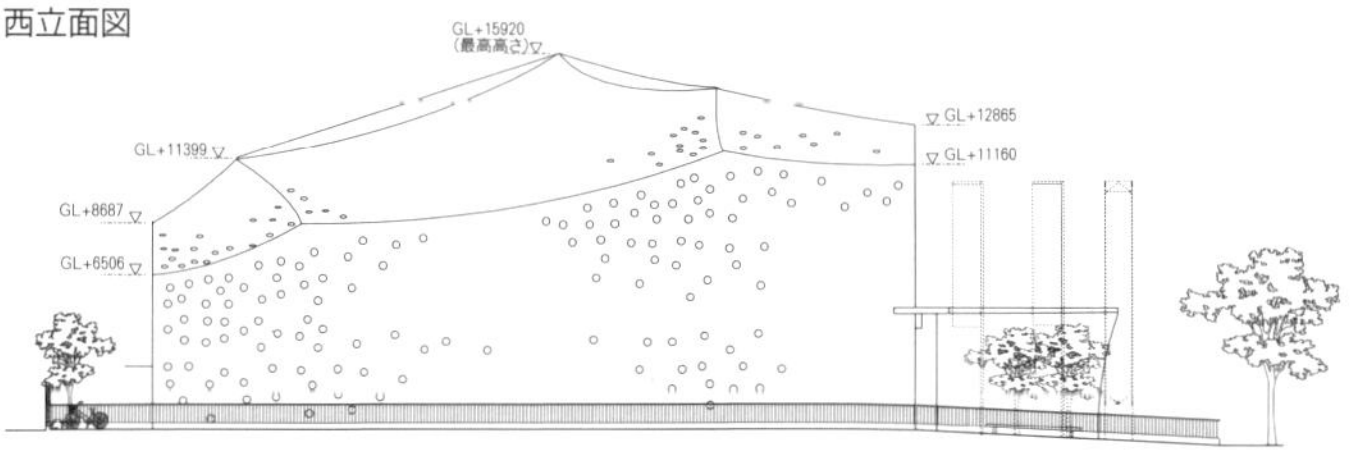

断面図

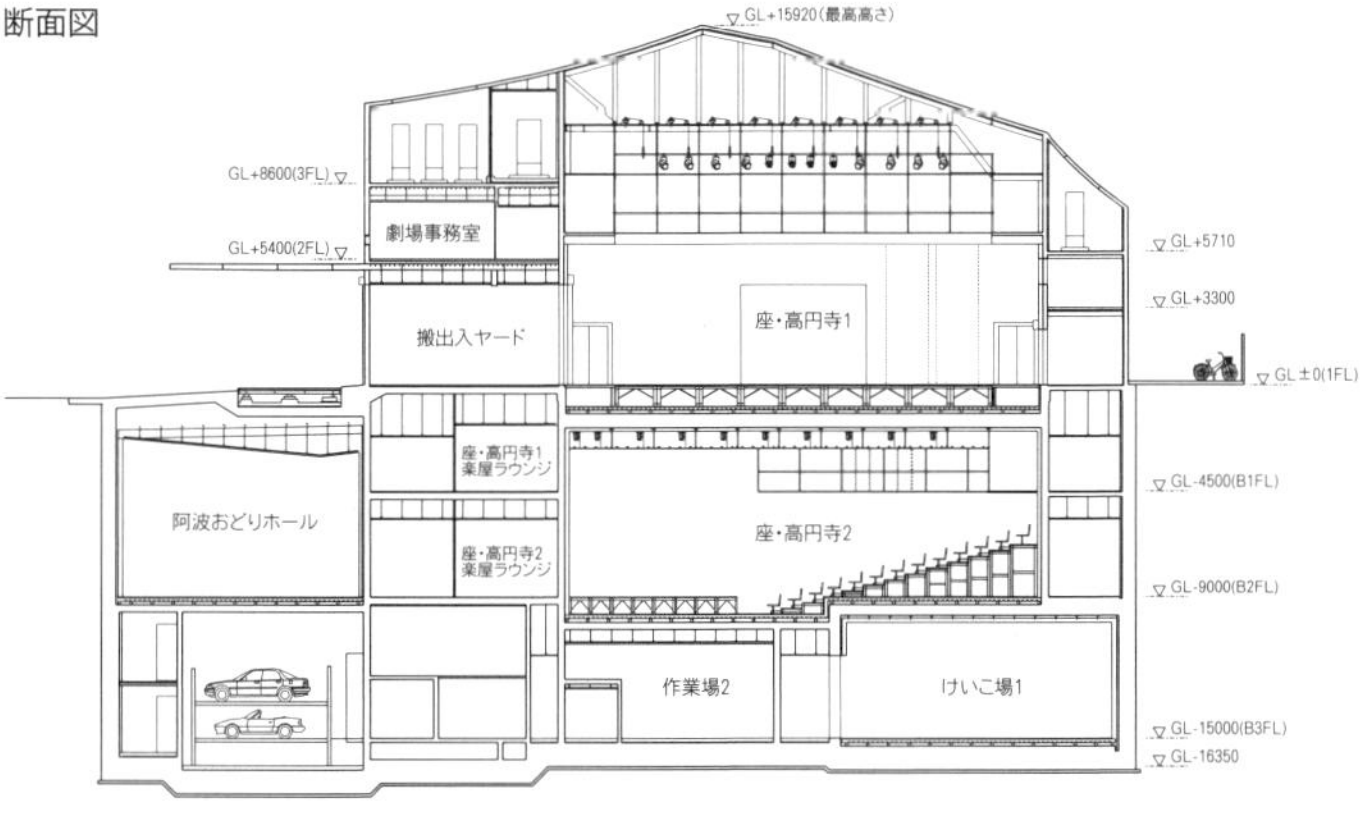

参考文献
伊東豊雄『風の変様体 建築クロニクル』青土社、二〇〇〇年
佐藤信「原っぱのような空間の見立て」『GA JAPAN 98』二〇〇九年、五-六号、九ページ、A.D.A.EDITA Tokyo
伊東豊雄「原っぱとして使える柔らかい建築」『GA JAPAN 98』二〇〇九年、五-六号、二六-二七ページ、A.D.A.EDITA Tokyo
伊東豊雄他「PLOT 杉並区立杉並芸術館」『GA JAPAN 85』二〇〇七年、三-四号、一〇-一九ページ、A.D.A.EDITA Tokyo
伊東豊雄「変わりゆく社会に応える新しい建築の秩序」『新建築』二〇〇九年五月、三四-三七ページ、新建築社
『建築ノート EXTRA 02』誠文堂新光社、二〇〇九年

「柔らかい」劇場空間へ

串田和美 インタビュー

串田和美氏は、小劇場《アンダーグラウンドシアター自由劇場》を皮切りに四〇年間以上俳優、演出家、舞台美術家など様々な分野から現代演劇の第一線として新たな作品づくりにかかわってきた。また一九八〇年代後半からは、東急文化村《シアターコクーン》の芸術監督として、二〇〇三年からは、《まつもと市民芸術館》の館長兼芸術監督を務めている。本インタビューでは、演劇と劇場、地域と演劇、地域と劇場の関係と新たなモデルを考えるヒントを語っていただく。

聞き手＝上西 明＋長谷川祥久

劇場をつくる

長谷川——串田さんは、演劇界でものを創っていらっしゃる方としては、建築家と劇場をつくっていくという経験を特にたくさんもっている方じゃないかと思っていますが。

串田——まあそうですね。建築家の斉藤義*1さんとの六本木の《自由劇場》*2は大きな経験ですね。それから《シアターコクーン》、そして伊東豊雄さんとの《まつもと市民芸術館》。ただし《まつもと》は、一年前ぐらいの最後のところだったのでほとんど固まっていて。直せるとこを探して急遽言ったことを、わりと伊東さんが面白がってくれて、もっと早く会いたかったなんていってたりしました。小ホールの壁は大体黒くしちゃうんだけど、僕は煉瓦のこの色がよいっていって。コンクリートもそんなきれいにしないでがさがさした風に色塗ってくださいっていったら「ああ面白いですね」って。伊東さんは、テクスチャーにはふだんあんまりこだわらない人だから、もっと早い段階で話したいなって。何にもない空間で何ができるか話したいなってお互いいってました。

《まつもと》の先のある町に、キャパシティは二〇〇～三〇〇席なんですけど、立派なホールがあるんです。傾斜の強い客席で、プロセニアムの前に小さな簀の子があって、吊れるようになっている。みん

串田和美氏（演出家）

*1　一九三八年生まれ。建築家。環境デザイン研究所所長。主な作品＝六本木自由劇場、黒テント移動劇場、世田谷パブリックシアター。

*2　串田和美が主宰する劇団および劇場の名前。劇団は後にオンシアター自由劇場と改名している。設計は斉藤義。

な「お、いいですね」なんていうんだけど、僕から見るともうどうにも「動かない」。

長谷川——今の「動かない」って言葉が面白いですね。どういうことを「動かない」っていうんですか？

串田——僕らね、《シアターコクーン＊3》をやったときに「柔らかい」「柔らかい」って盛んにいっていました。客席の半分が木で組んである。この木を全部とると、その下は二五メートルプールのようにパサッとできているので、人の労力を使って木を組めば、どんな風にでもできる。電動でもなんでもなくて手作業だから大変なんですけど。これを「動く」という。一時そのフレキシブルなフリースペースということが盛んにいわれて、プロセニアムをなくすっていう案も一つあった。でも、それが面白いかっていうと必ずしもそうじゃない。プロセニアムっていうと何かを隔てる。日常と非日常かもしれない、観せる側と観る側かもしれない。そういう何かがあるほうが、はみ出したり、無視したり、壊したりできる。ないと無視できない。戦う余地をもっているというか、全く何もない真っ白な紙みたいな劇場って、実はあり得ない。

芝居と芝居をする場

串田——芝居のつくり方っていうものも、どれだけ柔らかく自由になっていながらつくれるか。稽古時間はいつも長いわけではない。だけど僕のつくり方としては「これはこうなんです」って図面を見せて「安心してください、出来上がりはこうですから」っていうのじゃない。「僕のときの演劇は違うから」っていうと、それは言葉としては「おっ」とか思うけども、それは不安ですよね。

　その不安を「いいのいいの、不安がらないで」っていっちゃだめ。不安も大事な出来事だから。結構稽古場もいろいろ緊迫しながら進んでますよね。そういうのが理想。それには何日も普通よりは時間をとりたいし、もっといえば何年かかけたい。

　［コーカサスの白墨の輪］は三年くらいかけてやりました。全然違う若い人たちと始めたり、ワークショップをやったり。それで最後に海外の俳優やそれから松たか子さんとか、そういう俳優が混ざって完成したけれども、それまでに本当に小さな部屋でやったりして。札幌の二階の稽古場でやっていたりした。前のときだけど、本当に面白かったのは富良野の草っ原でやったこと。野原でやりたい、と思って。何度か野原でやったことがあって、静かだといろいろと声が通ることを知ってたりしたから。で、これ、コーカサスのいろんな農場の問題で始まる芝居なんで、それをやりたいと思って富良野の下見を

［コーカサスの白墨の輪］富良野公演の様子（昼）（撮影＝明緒）

＊3　東京都渋谷区にある施設Bunkamura内にある劇場。一九八九年開場。総客席数七四七席。芸術監督は開館時から一九九六年までは串田和美。設計は石本建築設計事務所、東急設計コンサルタント。

［コーカサスの白墨の輪］松本公演
（撮影＝明緒）

して、夜松明を焚いていたらどれくらい見えるかとかいろいろ試して、それがすごく楽しかった。で、ちょっとした小高い向こうに林があって、その中からみんなそれぞれ使う道具を担いで、歌を歌いながら歩いてすごくうまくゆっくり出てきて、でみんな集まって芝居が始まる。山の中で歌うとこだまして聞こえてきて、すごいきれい。夕焼けでね、松明を焚いて、本当にそれで結構見えるし、でも煙いからむせて、喋りにくかったりいろんな出来事がありました。

それを経験して、ほかのところでもやったんですけど、最後に《世田谷パブリックシアター》でやり、《まつもと市民芸術館》*4でやったときはトラックで乗り入れたり。とにかくたどり着くまでにすごく時間かかった。商売でいえば、こんな大変なことはなくて、設計図をピシっと描いてくれる人がいて、ひと月ちょっとで効率よくパパっとできて、お客さんを入れてくれればそれが一番。僕は困った人です、プロデューサーから見たら（笑）。でも、僕としてはそういうつくり方が理想です。

一方で、劇場というと空間だからね。どんなところが理想ですかっていわれて、富良野の原っぱとかいわれても困っちゃうもんね（笑）。それとかルーマニアの使われなくなった工場。ここは暗くしたいのにならない。でも、これが何ともよいんですよ。お客さんも見せてるとは思わない。だけど暗くしたいんだっていうのはひしひしと伝わっている。薄暗いけど暗転。お客さんの中では真っ暗なんです。でも、普通の劇場だと、ちょっと非常灯でも点いてると「暗くないよ！」ってなる。

なんだろう、あの想像力。結局は演劇っていろんなエフェクトだとか、照明機材も発達したし、なんでもできるようになった。完全暗転もできる、仕掛けもつくれる。でも結局それは映像に敵わない。それよりも何でもないところで、俳優の力、もしくはそのカンパニーの力で、ひゅっとそこに何かを出現させたように思わせちゃう力っていうのをどういう場所なら発揮しやすいか。それは本当に一概にいえなくて、どっかの納屋で昔おばあちゃんが話をして子供たちがそれを取り囲んで聞いている。それもポツポツと喋った中で、子供たちは自分で想像して、恐くなって眠れなくなったり。それもものすごい劇場だし、だからって納屋をつくったって、何にもなんない。今はルーマニアの工場がこの辺にあればよいなとか思うけど、実際にあんなものをこの辺にそっくり建てても、ディズニーランドみたいで、笑い者になっちゃう。

*4　長野県松本市深志にある音楽ホール・劇場。館長兼芸術監督に俳優・演出家の串田和美を迎えて二〇〇四年に開館。設計は伊東豊雄。

*5　演出家。東京学芸大学教育学部教授一九六六年、串田和美、斎藤憐とともに「自由劇場」（後の「オンシアター自由劇場」）を設立。

小さな場所

串田――斎藤義さんがはじめて建てたお宅で、完成記念のパーティーで僕ら芝居らしきものをやったんです。親戚の人とか集まってもらって庭の芝生に座ってもらって、その廊下みたいなとこで雨戸みたいなのをガーって開けて、そこに僕らこうタイツ履いて、白いの塗ったりして。サックス吹いたり。僕と佐藤信[*5]でパントマイムみたいなことやったり、朗読したり。みんなで自由劇場のような小さなところでも、劇場と呼ぼうっていう決心ができたのは、この時の経験とか、それぞれが子供の頃友だちの誕生会なんかで指人形なんかつくってやったりした経験から、ああいう風に芝居ができたらよい、小さいところでも芝居ができると思ったからじゃないかな。それまではいわゆる劇場といわれるところで芝居をやってて、「そういうところでしかできない」っていう考えでした。当時は小劇場なんてなかったから、ああいう経験がなかったら「えー、そんなところでみじめでやりたくないよ」って気持ちになったかもしれません。

長谷川――だんだん一度に観せるお客の数というか、空間の大きさも大きくなっていったときに、それに対してどう対抗するかみたいなことは何かお考えになりました？

串田――すごく考えますね。すごくあります。僕がまあ六本木でやってる頃は、本当にいつも不便で狭いところで、これもう一間高けりゃなぁとか、三〇〇高けりゃなあとか、ギリギリでやってましたけど、いざ少しずつ広くなっていくと、その小劇場でやっていたことをどれだけ膨らませられるか。そのことが大事なんで、それをなくさずに広げられるにはどうするかっていうのはいつも考えてました。今もそうです。何でもない広場であったり、どこかの体育館だったり工場だったら素敵に見えることを、逆にこの恵まれた劇場で、あの何もないところでしかできないことを、できるかっていうことは、いつもある。

　観客の想像力を喚起する環境をまず提示して、その中でどうするか。そういうようなものを見せて想像して、人の想像力をときどき壊して、意地悪に壊してみたりする。まあそんなことがしやすい空間っていうのかな、「柔らかい」とかそういうことを表現するゆとりがある空間っていうのは理想。全部の劇場がそのことに加担する必要はないと思うけど。

演劇をする場所、劇場の大きさ

長谷川――単純に観客の数ではこのくらいの人数まででだったらいけるなとか、その小劇場の空間でやっていたことと同じことを観せられるなという、その限度はあるんですか？

串田――引き受けられる限界は……、作品によりますねぇ。僕がやるのは一〇〇〇人以下。

上西――古い旧制高校の講堂を活用した施設である《あがたの森》*6で上演された「ゴドーを待ちながら」は、それ自体も非常に印象深かったんですけれども、それと同じくらいに印象深かったのがそこでそれまでやったいろんな場所の写真展。それを見たときに「こういうところでもやってるのか」っていう感じがあって。普通の本当に定型的な地方のホールでもやっているし、全然そうじゃない場所でもやっている。そのときに特に印象に残っている場所を伺いたいです。

串田――そうですね。「ゴドーを待ちながら」は、ずいぶん自分でそういうものを確かめたり振り返ったりする公演だったんですよね。何年間かやったし、夏になるといろんなとこ回って、九州のほうも行ったり、いろいろしました。最後は北海道。蔵をずっと回ったのも面白かったんだけれども、老人保健施設のレクリエーションする広間があって、そこはピンポンかなんかするところなんでしょうね、そこでやったのが結構面白かった。そこが一つでしょ。それからあと静岡のほうの青物市場。朝市場をやった

*6　長野県松本市にある旧制松本高等学校校舎を保存しながら、市民の教育文化活動に活用している施設。

あとにバーっと片付けて。あと網走刑務所。

長谷川――そういう場所は自分で見つけられるのですか？

串田――そうですね。あとは頼んで、こういうところでやりたいんだけどっていうと、「こんなのもあるよ！」って。「そういうのが面白いなら、こんなのもあるぞ」っていってきたりね（笑）。本当にオホーツクの北方のほう行こうとか。そのままロシアへ渡ろうとか。

長谷川――どんなところが面白いかを見つけだすことがまた面白いですね。

串田――そうですね。困ったなーってところはあるんですよ。何もないふだん結婚式のパーティやるような場所、「え？ ここかい？」っていうような、ほら安っぽいシャンデリアがガーってあって。図面見れば、広さとして十分可能なんだけど、「ここに立ち向かうの、えー！」みたいな（笑）。そこにわざと汚い幕を張り巡らしちゃったりして。

長谷川――そうか。かえって自然の空間だとか、時を刻み込まれていて、空間そのものに力があるような場所よりも、そうじゃないそういう場所のほうが戦いは大変なんですね。

［コーカサスの白墨の輪］富良野公演（夜）（撮影＝明緒）

上西――僕が疑問に思っていたのは、空間そのものに力がある場所だけでやっているかと思ったら、すごく普通のホールとか会館とかでもやっていて、そのどちらでも可能というのが、不思議に思ってたんですけれども、先ほどの話で氷解しました。普通のコンベンショナルな場所でやるときと、空間そのものに力がある場所でやるときの、それぞれの経験が相互作用しているんですね。コンベンショナルでない空間ではあれだけ苦労してエキサイティングしてやったものが、なぜここではできないかっていうように、場所と格闘しながらなさってる。

串田――そうなんです、そうやって両側から見てる。でも両側から見ると、やる方が大変なんだよね。よい劇場なんだけど、あの感じを観せるにはどうしたらいいかっていう工夫が必要。たとえば、三列でもいいからホリゾントの側に席をつくる。そうすると、こっちのお客さんはなんでホリゾント*7のところに、こっちを向いてるお客がいるんだっていうのを演劇的に見るわけですよね。そういう工夫をするとかね。

　まあもう広いところは舞台の上に両側客

席にしちゃうこともありましたし。そういうことでは磯崎さんが建てた《水戸芸術館*8》がすごく面白かった。ここは円形の劇場だけど、ずっと普通にしか使われていなかった。でもちゃんと円形に全部客席がついている。だから、ここで「ゴドーを待ちながら」を上演したときは、全部に座ってもらえるようにした。だけど出口方向に鉄骨の手すりがあって、これあとで溶接するから切ってくれないかといったら、切ってくれたのね。「やりましょう！」みたいなのを、こう熱くさせて（笑）。そしたら観てる人は自分の足の下からゴドーやなんかが両側から登場する。一本の道の上にこう席がある。もちろんこういう席もある、こういう席もある。それをみんなグルリでそうすると、「ゴドーを待ちながら」っていう演劇を観ているだけじゃなくて、自分たちをまた同時に観てるっていう。とても面白い。「ああ、ここよい劇場なんだ。こういう劇場があったんだ」って水戸の人が発見したりね。何かそんな感じでできたんですよね。

上西――《あがたの森》での公演のときに、とても面白い体験をしました。自分が座った目の前に一本道のゴドーの道があって、左から出てきたり、右から出てきたりして、道の向こう側にも観客席がある。ちょうど向かいあたりに、テレビカメラがいた。何カ月かして、ふとテレビをつけたらＮＨＫでそのときの放映がされていて、自分がテレビの画面の中に映ってる。自分がその場にいたときには、明らかに観客として向こうを見ていたのに、テレビで見ると自分がセットの一部になって映ってるのを見て「あ、そうだったんだ！」って思いました。

串田――そうですね。なんかそういう演劇を思考していくと、劇場ってどうあったらよいかっていう話に戻っちゃうとね、「こうしてください」とはいわないほうがよいと同時に、「このぐらいのことはできるようにしてください」っていったりですかね。

都市と演劇

上西――《まつもと》で歌舞伎をやったときに、「お練り*9」をされたと。

串田――パルコからね、ずーっとうねうね曲がりながら松本城まで。

上西――大変な人出だったみたいですね、一〇〇〇人どころじゃなくて。

串田――五万人です！「えー！」みたいな（笑）。すごかったです。あれはあれで一つ、演劇的な、劇的なことで。幕開く前からいろんなことやりながら、松本に歌舞伎がくるんだっていうことをお報せして、盛り上がって、盛り上がって、そして一〇〇人の出演者

*7　舞台やスタジオで使われる背景用の布製の幕または壁。
*8　一九九〇年に開館した茨城県水戸市にある市立の美術館・コンサートホール・劇場からなる現代芸術の複合施設。設計は磯崎新。
*9　伝統芸能において、役者たちが一定の距離を関係者らと行列して歩くこと。

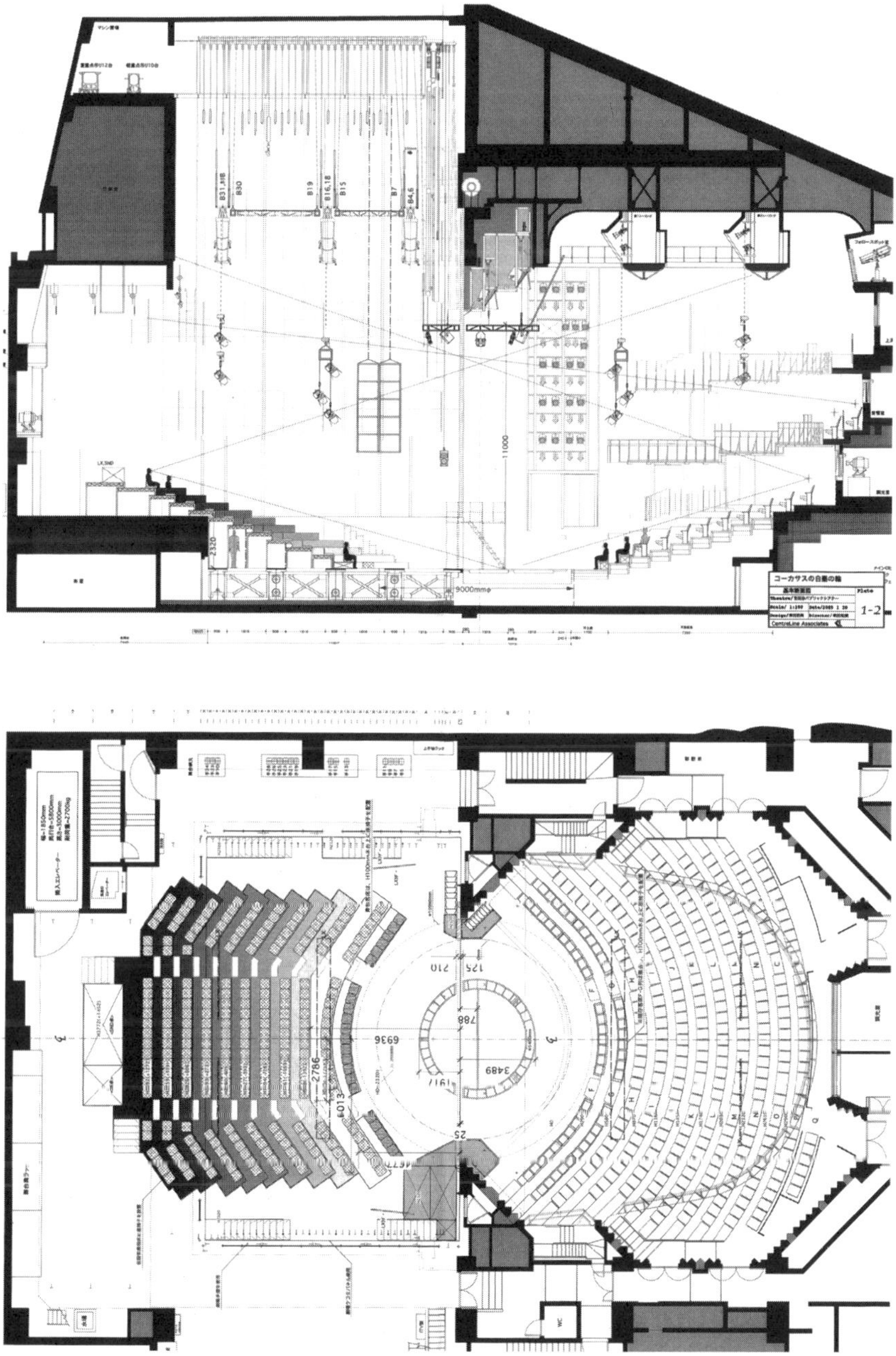

[コーカサスの白墨の輪]世田谷公演の仕込み図

とね、エキストラとしてもう一カ月も前から稽古して、入ったり。それからボランティア的な人が三〇〇人。そういういろいろなことやりながら盛り上げてって、そしてそのお練りをやろうっていうと、炎天下にもう道中がブワーって。僕も一人一台人力車に乗って浴衣着て（笑）、もうすごい、自分は何になったんだろうっていうくらいの歓声で、「ワー！　串田さん！　ナントカー！」ってビルの上から手を振って「おおおおお」って（笑）。「俺なんだ？」っていうような（笑）。そして松本城に入っていったら、そこに仮設のステージがつくってあってみんな上がっていって、芝生のところに昔のフォークのコンサートみたいに、いろいろやったんだけども。結局一二ステージやって、まあ一〇〇〇人、合計一万二〇〇〇人入ったけど、五万人お練りに来たってことは、観たいけど入れない人たちっていうのがたくさんいた。でもこのときの演目が『夏祭浪花鑑』*10だったから、ホールのホワイエにはお祭りみたいに露天のお店みたいなのがつくってあった。入れなかった人たちもそこまでは来てたりして、すごい面白いですよ。もう全部劇的といえば劇的な出来事で、まあ、そこまでを演劇と呼びだすのかどうか。松本に可能性を感じるのは、そういうことが打てば響くし、批判ももちろん出るし、聞こえてくるし、いいですよね、ああいう建物を建てて、喜ぶ人も反対する人もいるんだけど、わかりやすく面白い芝居すれば「面白い」っていってくれる。またカンパニーつくって、若い連中がチラシつくって「今度僕らこういうのやるんです」って道ばたで配ってても「何だそれ」ってわざわざ寄ってきて、「これうちの会社のやつに配るからもう少しくれ」ってもってってくれたりね。ただの遊びかなと思ったら、本番中にちゃんと何人か連れて客席に座ってて、こうやって手振ってたりして。そういうのなんかありえない、東京じゃ。

*10　人形浄瑠璃および歌舞伎狂言の題名。

長谷川――松本ならではですかね。

串田――歌舞伎の五万人もすごいけど、ただの通行人が五〇人でも興味をもって協力しだしたなんていったら、これすごいことなんです。そんなことがちょっと、演劇っていうものが観た人だけのものじゃない、観る人だけのものじゃないっていうのかな。そういう意味での劇場っていうものが、実は何ていうかな、「劇場が私の街にはある」ということというか。

劇場という存在

長谷川――不景気になってきたりすると、公共施設の中でも劇場というのは比較的弱い立場にあると思います。劇場というと批判的な目で見られることもあるかと思います。そういうことに対して、劇場がその場所に存在していることの意義のようなものを劇場を設計する側にしても、施設を企画する側にしても問題意識としてもたれていますね。

串田――そうですね。松本の規模だと、討議され、耳に届いてくる。今のように劇場があればよいっていいうんじゃなくて、「本当に大切か？」っていうことをもう一回問うっていうことは大事なことだと思う。だけど、いかなる状況でもこのことは大切だとか思う心は何か、思い続けてないとね。だから僕は、《まつもと市民芸術館》のときは立場としていえなかったけど、あまり金のかかったものをつくっちゃいけない。いろんなときを見越して、やっておかないといけない。運営する人たち、支える人たちを大事にしないと。その人たちさえ頑張っていれば、さっきいったように野原でもやってくれるかもしれない。しょうがないんだけど、なんかこう権力のシンボルみたいなものを建てるのはどうかなって思う。

長谷川――それこそ客席の規模だけで隣の街より大きいものをつくれ！　みたいなときがあったことは否定できないと思います。今はそういう時代ではないと思いますけれども。

串田――だからルーマニアのシビユに行ったときに、シビユに国立劇場っていって、ナショナルなのに「えっ！？」て感じの劇場があるんですよ。でもそれがね、すごくかっこよく感じたんです。ここをナショナルと呼んでわいわいやってんだ、いいなあってなんかね。

歌舞伎の小屋

上西――〈平成中村座*11〉って、第三者からの目で見ると、仮設であることをよしとしてやってるんじゃないかなっていう感じがするのですが。

串田――今はそうですね。どこでも広場さえあれば建てられるし。地盤が弱いと雨降るとだめとか、実は大変みたい。大変みたいなんだけど、面白いですね、出現すると。

長谷川――やっぱりその既設の歌舞伎小屋ではない場所でやりたいということがおありなんですね。

串田――そうです。それで少しでも江戸時代とかの贅沢でない場所、窮屈だったり、音が出ちゃったりする場所、っていうので今や面白い。それは、勘三郎*12さんの中にもそういう感覚って芽生えたのかもともとあるのかわからないけれども、今はちっともいやがらない。雨の音がするとか、飛行機がうるさいとか、赤ん坊が泣くとか。

長谷川――襲名されたときに、ずっと木造の芝居小屋を公演されて歩かれましたね。

串田――ああいうところが、あの人面白い。《相生座

*11　歌舞伎役者の一八代目中村勘三郎（初演時は五代目中村勘九郎）と演出家の串田和美らが中心となって、浅草・隅田公園内に江戸時代の芝居小屋を模した仮設劇場を設営して上演したのが始まりである。

*12　歌舞伎役者の　八代目中村勘三郎。

*13　岐阜県瑞浪市にある芝居小屋、博物館。江戸時代から明治時代、美濃国及び飛騨国では、地元の人々による地芝居（歌舞伎）が盛んに行われており、この美濃歌舞伎を保存するために開業した施設である。現在は夏の納涼歌舞伎（八月最終土曜）と、秋の敬老歌舞伎（一〇月第一金曜）の公演が開催されている。

*13》とかそういうとこ行くと習慣でおひねりが飛んで来る。襲名だからやってると、一〇円玉や一〇〇円玉を紙にくるんだやつがピヒャーン、バッチーンって頭に当たってね、痛いんだって(笑)。くそっと思うんだけど、「ああ、こういうものなんだ」っていうのを感じながらやったって。それをね、わざわざ一八代襲名だからって中村勘三郎が芝居小屋にね、行っておひねりバチバチぶつけられながら、くそっと思いながら「ああ本来歌舞伎役者ってこういうもんだ」って思いながら一生懸命認識したっていうすごくよいなあって思う。

芝居やってるといろんなとこでやらされてすごい嫌なときもありますよ、そりゃ。バカにされてるみたいな。乞食みたいな気持ちにね(笑)、なるんですよ。僕も若い頃いろんな道ばたで客よせのために始まる前に、わーわーやってくれなんていわれてやって、もうみじめでみじめで。くすくす笑いながら横目で通って行ったり、無視されたりすると「なんでこんなことやんなきゃいけないんだ」って思うこともあるんだけど、ああいうのを全部浴びながら、全部力にして。もちろん今の〈平成中村座〉は祝福されてちゃんとしたもの着てやってるんだけど、そういう彼の思いっていうのをなんか感じるんじゃないかな。

長谷川――地方の木造の芝居小屋で何度か歌舞伎を観せていただくと、そこまで質の高い芝居じゃなくても、また歌舞伎じゃなくても、やっぱり引き込まれる感じがなんとなくあって。その小ささだったり、親近感だったり、木造ならではのなんていうかこうきしみ感というか、そういうものから生まれるのかなとか思ったり。

串田――そういえば地歌舞伎なんか観に行ったりするとね、なんだっけな、「黒森歌舞伎」っていうね、昔の写真で見ると雪の中の雪中歌舞伎っていってね、雪がバーって降ってて、みんな蓑着たりして雪の中でやってんですよね。舞台は屋根ついてんですけど、客席にはなくて。僕ちょっとそれ観ようと思って行ったんだけど、温暖化で雨だった。発泡スチロールやブルーのシートとか敷いてあったり。もう風情も何もないわけ。で、子供たちの子供歌舞伎みたいなのが始まって、だんだん順番が過ぎてって、寒い中焼酎かなんか日本酒かなんか買って飲んで、そのうちなんか「おかしい。何で俺ここにいるんだろ」みたいな(笑)。

「もう帰ろうかな」とか思いながら、そこにいる自分がとても忘れられない経験ですね。

長谷川――一昨年、群馬県の赤城山の麓にある上三原田の歌舞伎舞台を拝見しました。その組み立てる技が無形文化財になっているようで、ふだんは茅葺きの一軒家で、それ舞台だけなんですね。客席部分に関してはただの野原なんです。そこに杉の木を両側からアーチ状に組んで、竹を格子状に架けてその上にムシロを乗せて屋根を架けて、脇には桟敷状の高いところをつくって、杉の葉で手すりをつくって、入口のところも杉でゲートをつくるってことを地元の方がやられるんです。木造の回り舞台と、中央に上から降りて下からも出る三段の木造の迫りがあって、それを全部人力で地元の方々がみんなでやってらっしゃる。出演しているのもみなさん地元の方で、子供もやっているんですけど、周りのおばちゃんたちは子供と一緒にその台詞をいってるんですよ。その辺に住む人たちがみんな応援しているという感じで（笑）。その状況がもう本当に面白いし、それ自体がもう劇的で。あれがもしかすると本当の劇場っていうものなのかなと思わされて、これには敵わないなって思いました。

望ましい劇空間

長谷川――これからまた新しく劇場を一緒につくっていただきたいとか、やりましょうというようなことが起きたとすると、やってみたいこととか、大事にしたいことが、具体的にはおありですか？

串田――自分じゃあつくれないからねえ。そうですね。フランスのアミアンのサーカスの専用劇場っていうのがとても面白かった。サーカスだって、ただの小屋じゃなくて石造り。真中に直径一三・五メートルの円形舞台。この大きさは、馬の都合でサーカス小屋の決まり。そこをグルリと客席が取り巻く。勾配の急な真っ赤な椅子が一〇〇〇席。円形だし、とても演劇的。広い意味でいえば、オペラもサーカスも箱ものですよね。空間っていうか。面白いぞこれはと思って、計算すると馬も走れて一三・五メートルっていうのは七間ちょっと。普通の劇場。だから、これは結構面白く工夫できて、やろうと思えばサーカスもできる、馬も走れる、でもオペラもできる。ちょっとうるさいと思えばわりと閉鎖した空間もつくれるってできんじゃないかなと思ってた。なんかいつも向こう側の袖側の搬入だのってことから考えてるけど、工夫すればできんじゃないかなって。

上西――ヘルツベルハー設計のオランダの《フレデンブルフ音楽センター》は、ちょっと似た感じですね。真ん中に舞台があって、客席が取り囲んでいる。ふだんはコンサート会場だけど、サーカスもできる。

長谷川――劇場によっては建物ができて、その後使う人が、こう使いたいからってどんどん変わっていく、取り外されていく、付加されていくということがあると思います。しかし、特に劇場のような建築物は将来的に取り除いたり付加したりして、もともとの設計とかなり違うところまで進んでいったとしても、劇場としてより進化しているという許容能力をもった劇場が、面白い劇場なのかもしれないと僕自身は思います。

串田――そうですね。その場合、進化させてくれる人がいないと、何でこんなになってんだ！ってみんなにいわれるわけでしょう？

長谷川――そうなんです。たしかに使われないままみたいなことも多いのかもしれません。

串田――使う人がね、使い切ってないと。理解が足りないと、もったいないなって感じがすごくします。ヨーロッパなんかは建築家から舞台照明家になった人とか、その逆とか不思議な経歴をもった人がいたりするけど、どうも日本ではつくる人は専門のわからないことだから心配して、「どうしたらいいんですか？」って聞く。搬入口がこうだとか、こうやると見切れないとか、こうやると楽屋が便利だとかいうのを聞いてそれに合わせようとする。もしくはそれを全部無視して、すごく使うほうが使いにくいなってものにしてしまうか、どっちかなんですよね。でも、使いにくいなっていうほうもなぜ使いにくいことにすることで何がよいのか、この使いにくいっていうことをみんなで背負うことによって、何か別の面白いことがあるんだろうって自覚すれば、面白くなったりするはずなんですよ。

［ゴドーを待ちながら］上演場所

二〇〇〇年　岡山アイプラザホール、大阪梅田ヒートビート、福岡近鉄ホール、大分音の泉ホール、宮崎県立芸術劇場、STUDIOコクーン、TOKYO FMホール
二〇〇一年　茨城つくばカピオホール、山形川西町フレンドリープラザ、宮城えずこホール、岩田盛岡劇場、北海道創造空間蔵、北海道夢創館、朝日町サンライズホール、くりやまカルチャープラザEki、北海道かでる二・七、老人保健施設ふらの、富良野演劇工場、北海道浪花町一六番倉庫、茨城水戸芸術館ＡＣＭ劇場
二〇〇二年　シアターコクーン内特設小劇場、theatre PUPA
二〇〇三年　横浜赤レンガ倉庫一号館、北海道金森ホール、Art Warm、たかすメロディーホール、遊人〇〇二ホール、音更町文化センターふれあいホール、斜里町公民館ゆめホール知床文化ホール、別海町中央公民館、湧別町文化センターさざ波、網走刑務所体育館（慰問公演）、エコーセンター二〇〇〇、静岡焼津市文化センター、浜松中島青果市場、長泉町文化センターベルフォーレ、笹塚劇場
二〇〇四年　松本あがたの森文化会館

〈平成中村座〉上演場所

二〇〇〇年　隅田公園
二〇〇一年　隅田公園
二〇〇二年　扇町公園
二〇〇三年　浅草寺境内
二〇〇四年　ニューヨーク・リンカーンセンター
二〇〇六年　名古屋同朋高等学校体育館
二〇〇七年　ニューヨーク・リンカーンセンター
二〇〇八年　ドイツ・ベルリン世界文化の家、ルーマニア・シビウ（シビウ鉄鋼所跡地倉庫内）、まつもと市民芸術館、浅草寺本堂裏広場

演劇空間のパラダイム「小劇場」から「小空間」へ

内野 儀

睡魔に襲われる日々

かつてイギリスの演出家ピーター・ブルックは、その『何もない空間』(高橋康也、喜志哲雄訳、晶文社、一九七九)でこう書いた。

何もない空間をひとりの人間が横切り、それを別の誰かが見ている。演劇行為が成立するためにはこれだけで十分なのである。

劇場という空間における演劇行為が成立するためには、これだけで十分だ、というわけだ。そして実際、つねに空間的にも規模的にも肥大化する傾向をもった演劇は、必ずどこかの時点で一種の反省期を迎え、このブルック的原点へと回帰するという道筋を繰り返してきた。日本演劇でいうなら、それは一九六〇年代後半から始まるアングラ演劇がそれにあたり、都市部のテント内や地下室の小さな空間で、様々な試みが行われることになった。それはやがて、小劇場演劇という劇場ジャンルというよりは、演劇のジャンルを生み出すことにもなった。ブルック的直接的コミュニケーションを大事にする(はずの)演劇である。

ポストモダン都市東京においては、雨後の竹の子のように小劇場が建てられた。ブルック的に演劇の原点を見つめるための特別な場所ではない。若手が演劇をやり始めるための、経済的に支払い可能な小さな空間としての小劇場である。後期資本主義下の都市文化の一部としての小劇場である。

こうして、東京にはそこら中に小劇場があることになった。なぜあるのかはよくわからないが、ある。そういう小劇場に行ってみると、演劇やダンスの公演が行われている。なぜ上演されているのかよくわからないが、上演されている。演劇やダンスが始まる。上演中、舞台から視線を客席に移してみると、極めて均質な観客の姿が目に入る。年齢層や服装などのテイスト等々、似ている、あまりにも似ている。そこで私は思い出す。そうだ、演劇やダンスは均質な共同体を召還するのだ、と。中劇場以上だとあまり気にならないが、小劇場だと観客席との距離感がないために、均質感が強まるだけだ、と。そういえば、小劇場出身の実践家が中劇場に進出すると、似たような観客が開演前や休憩時間にロビーを埋め尽くしているではないか。

そんな均質性の只中に身を置くといたたまれなくなるので、なるべく客席を見ないようにして舞台に意識を集中すると、それはそれでいたたまれなくなる。そこで私は思い出す。そうだ、〝Jという場所〟では、観客はいたたまれなくなってはいけない。そういう上演のいたたまれなさに共犯／へと共感して、「感動」しなければならないのだ、と。自らのいたたまれなさの鏡像を〝向こう側〟に見出して、「自分で自分を誉めてやらなければならない」。何しろ劇場は、都市の癒しの場の最たるものだ。やがて私は睡魔に襲われる。こうして私の日々は虚しく浪費される。いや、寝ているのだから、それはそれで私も癒されているのかもしれない。

もちろん、たまにいたたまれなさの対極にある「芸達者」な上演に出会うことがないわけではない。俳優が巧みにセリフを操り、ダンサーが巧みに身体を操る。俳優たちが集団になってエネルギーを放出し、ダンサーが常人には予測不能な奇妙奇天烈な動きを披露して、観客の身体と共振したり、その視線や意識を奪ったりする。しかし、私は「芸達者」とか「集団性」とかいう名の美学主義イデオロギーに興味がないものだから、やっぱり睡魔に襲われる。だから、やっぱり、私の日々は、虚しく浪費されることに変わりはない。「いたたまれない」のと「芸達者」のと、その両方しかない。小劇場演劇とはそういうものだ。つまり、後期資本主義的社会関係に全面的に依存した存在だ、ということである。

かつて菅孝行が指摘したように、アングラ演劇が、その想像力のあり方として「アンダーグラウンド」であると同時に、文字通り「アンダーグラウンドで行われる演劇」だったのは、高度成長経済による地下空間の供給過剰状態によるところが大きかった。ことほどさように、近代演劇が国家的プロジェクトとして制度化されなかった〝Jという場所〟では、演劇実践は経済的／地政学的インフラストラクチャーに寄生するほかなく、実際、そのようにして歴史的に展開してきた。劇場の外が騒然としていれば、劇場の中も騒然とする。劇場の外がバブルで賑わうと、劇場の中もバブルで賑わう。劇場の外が沈静化すれば、劇場の中も沈静化する。だから、劇場の中で起きていることに注目すれば、たとえば社会学者にとって、外で起きていることをよりつぶさに観察できるのは確かなので、実際にそうする社会学者がほとんどいないことはもしかしたら驚くべき事実なのかもしれない。

何しろ、西欧諸国のように文化装置としての資本性（＝文化資本性）が求められないのだから、経済資本性だけが小劇場演劇の存立基盤となる。観客がお金を払ってもよいと思った上演だけが生き残る。生き残れば、あっという間に中劇場、大劇場へと引き抜かれ、買い取られてゆく。小劇場は、こうして未来の業界を担う新人発掘の場となる。

観客が何にお金を払ってよいと思うかといえば、時代時代によってその内実に多少の差があるかもしれないが、基本的には「感動」という価値と交換される経済価値である。劇評家もまた、制度ではない単なる業界を頑張って主導しなければならないから、同じ経済価値に、観客同様、コミットするほかはない。

「感動」は、メロドラマの原理を思い出すまでもなく、〝全体性への憧憬〟という問題系ともかかわる危機的な予定調和のメカニズムである。最後に泣くことがわかっていて、やっぱり泣くのである。観客の期待値を裏切ってはいけない。大きく踏み越えてもいけない。「さすが蜷川幸雄だ。八〇〇〇円払った価値がある。何しろ感動したもの」「八〇〇〇円払ったのに、今度の舞台は蜷川らしくない。何しろ感動できなかった」。観客は学習しなくてもよい。歴史を知らなくてもよい。なんたって、消費者が一番エライ！ のである。消費者は「知」や「歴史」など、ましてや「挑発」や「挑戦」など求めない。「終わりなき日常」（宮台真司）を生きることこそ大変なのだ。それ以上に大変なことを、金を払ってまで経験などしたくない。劇場にいる時間くらい、「終わりなき日常」を忘れて、「感動」したっていいじゃないか。どうせ一時のことなのだ。

〝奇怪な一〇年〟——肥大化した演劇業界

あえて極論とも思える（単なる）観察をここまで書いてきたが、それほど的外れでもないという自負はある。こうした一種のダブルバインド状態——「いたたまれなさ」か「芸達者」か——に、安易な出口／処方箋などない。さらに加えて、ここ一〇年、〝奇怪な状況〟が起きている。国家による助成金制度が整備されたばかりか、《新国立劇場》などというものまでできてしまい、それ以外にも公共劇場なるものが各地につくられてしまった。つまり、形式上、演劇は〝公共性〟を獲得したことになったのである。いうまでもなく、それは形式上のことであって、中身がそう簡単に変わるはずはない。だから、この〝奇怪な状況〟は、演劇の公共化というより、演劇の公認化といったほうがふさわしい事態である。どこまでいっても〝消費者の論理〟だけしかないのは自明のことであり、演劇が制度化するわけもなく、助成金によって既存の演劇業界が肥大化し、その分、可視性を自然と増しただけなのである。

肥大化したので、当然、過当競争が起きる。業界は、あたかも演劇に歴史があることなど忘却したかのように、次から次に〝新製品〟を生み出さなければならない。もちろん、そう簡単に〝新製品〟など開発できないので、歴史的使命が終わったはずの商品が復活して販売される。「新劇」とか、「アングラ」とかいうやつである。もちろん、それなりにアップデートした新しい意匠をまとって、である。とはいえ、小劇場では、一般に実験的と了解される上演が行われていないことはない。しかしそれもまた、業界の周辺に劇評家によって実験的であると位置づけられ、いろいろある商品の一つ——それも、あまり売行きがよくないからこそマニアを引きつけるような——にしかならないように、すでにつねに決定されている。「実験的」はいつまで経っても「実験的」でしかなく、「実験的」であることの縮小再生産となってゆく。

〝小劇場演劇ゼロ年〟という思考――閉じこもりつつ開く／開きつつ閉じこもる

こういう見方はシニシズムである。そういう自覚で、私は書いている。シニシズムはたしかに評判が悪いが、ちょっと考えればわかるように、今やシニシズム以外の選択肢はない。どこまでいっても、〝Jという場所〟では、「なるようにしかならない」のだから。とするなら、この「なるようにしかならない」という大前提にことさら異議を唱えることなく、どうすればよいかという問いが浮上してくるだろう。元演出家の海上宏美は、したがって演出家を「廃業」した。何もすることがない、という結論である。ただし海上の場合は、演出家を「廃業」したのであって、彼自身は言説活動に活路を見出そうとしている。私は海上の思考に共鳴しつつも、演劇評論家「廃業」の手前で佇んでいる。なぜか？

美術評論家の椹木野衣はかつて［日本ゼロ年］（一九九九～二〇〇〇）という挑発的な美術展を企画した。私個人は椹木のかなり危うい政治性に必ずしも共感するものではないが、この「ゼロ年」という発想には意義を認めている。つまり、アングラ以降とかいわれる小劇場演劇の歴史をいったんチャラにするような思考が求められているのではないか。事実上、チャラになっているからではない。チャラになっていることを逆手にとって、もう一度、やり直すのである。徒労に終わるかもしれないが、もう一度やり直すことは可能なのではないか。私はそう考えているから、（まだ）「廃業」しないのである。

たとえば、小劇場という空間性。近年の若手実践家にとって、小劇場は小劇場でしかなく、つまり、彼／彼女たちの経済的理由によって選ばれる空間でしかない。その一方で、アングラ演劇の記憶を消せないアナクロニストにとって、小劇場は特権的であり、そこでは濃密なコミュニケーションや価値転倒的上演が可能なはずの空間である。〝小劇場ゼロ年〟的思考とは、こうした現実主義と理想主義――両者に共通するのは非歴史的だということだ――とは縁を切り、実際にそこで何が可能なのかという思考実験と上演実験を行うことを意味する。与えられた多様な関係性――縦軸の歴史的環

［労苦のおわり（The End of Toil）］

境と横軸の同時代的環境――を自明なものと見なすことなく、いちいち検証を加えながら、いちいち測量しながら、少しずつ前進すること。同定可能な歴史性をもつ〝Jという場所〟の演劇で、その歴史性を踏まえたうえで、今何ができるのか？　ちょっと気の利いた情宣をすれば、集まってくるにちがいない均質な観客に対して何を上演すべきなのか？　上演を取り囲む外部＝世界との〝回路〟をどのように確保すれば／切り開けばよいのか？　与えられた空間（性）に対して、どのような身体的技法によって、あるいは演劇的仕掛けによって、闘って／ずれて／融和してゆくのか？　等々。自明性にさえ依拠しなければ、いくらでも考えることはあり、いくらでも試してみることはある（はずだ）。

だから、私たちは小劇場という名前を捨ててしまったほうがよいかもしれない。劇場という神話的コノテーションをもつ語を捨ててしまって、たとえば、単に「小空間」と呼ぶのはどうだろう？　たしかに近年、こうした思考上で特異な活動を展開する「小空間」が増えてきているように思う。レジデンシーのプログラムなどを立ち上げ、若手の教育の場とするという「小空間」である。あっというまに「日の目」を見て、消費される前に、じっくり腰を落ち着けて創作する機会を与える、というわけだ。そのこと自体に何の問題もないが、その場合、気をつけねばならないのは、「教育する」「与える」という制作者側の保護者的発想だろう。制作者サイドには、実践家を「愛」ゆえに囲い込んでしまうのではなく、彼／彼女たちとの対話的距離を保つことが求められる。「小空間」だからこそ、風通しがよくなければならないのである。業界や演劇観客との「良好な関係」を保つという意味ではない。その空間が位置するコミュニティとの風通し。他ジャンルとの風通し、東京などという僻地を飛び越えた〝世界〟との風通し。いってみれば、閉じこもりつつ開く／開きつつ閉じこもること。そうしたアクロバチックな身ぶりこそ、今、小空間演劇に必要とされているのではないか。そしてそれは単に私個人の実現不能な妄想ではない。

近年、にわかに注目されるようになった〈チェルフィッチュ〉（岡田利規主宰）という集団は、小空間演劇と呼ぶにふさわしい出自をもつ。横浜の《STスポット》という小空間――そしてそこを埋めるいかにも均質な観客――を抜きにして、劇作家としての、あるいは演出家としての岡田のこれまでの作業を理解することはできない。演劇評論家の竹内孝宏は、その《ＳＴスポット》で二〇〇五年三月に上演された「ポスト※労苦の終わり」（岡田利規作・演出）について、こう述べた（ここで竹内のいう「実験」という言葉が、既存の小劇場演劇における「実験」、つまりは基本的にはショック価値《ヴァリュー》を「実験」と見なすモダニズム的感性とは全く関係がないことに注意されたい）。

> チェルフィッチュのやっていることは、観客の教育ではなく演劇の実験である。それは俳優を直接的な素材にし、俳優とよく似た観客を触媒にすることで成立している。実験なのだとすれば、なまじ「他者」などいられたら単に邪魔なだけであるし、「外部」に開かれていたらかえって精密さが損なわれるだけではないか。この均質性と閉鎖性は、だからなにより演劇の名において擁護されなければならない。しかし、そこで析出される言語と身体のかたちは、われわれが慣れ親しんだ演劇の閉域をすでにはみだしている。閉じこもることによって開くという逆説こそ、チェルフィッチュの戦略である。（最終アクセス日二〇〇九年八月一六日）

こうして、「閉じこもることによって開くという逆説」はすでに開始されている。小空間演劇の可能性は、少なくとも今のところ、ここにしかない。しかし、可能性がまだあることこそが重要なのである。

＊――「労苦のおわり（The End of Toil）」飯田研紀（Kenki Ida）／《横浜ＳＴスポット Yokohama ST spot》

劇場・音楽堂の舞台設備のこれからを考える

草加叔也

はじめに

舞台設備とは、一般に舞台機構設備、舞台照明設備、舞台音響設備、そして投影設備や連絡設備など、劇場というビルディングタイプが備える特殊な設備で、主に舞台演出を支援する設備を総称して呼ぶことが多い。

この舞台設備は、新たな劇場や音楽堂が整備されるごとに改良され、進化を続けてきた。特に戦後から今日に至る経済および産業の充実は、そのまま舞台設備の技術レベルを時代とともに押し上げてきたといっても過言ではない。特に近年になって電子技術、デジタル技術の革新的進化は、舞台設備の根本的な考え方そのものを大きく変化させるきっかけともなった。

長年、舞台吊物設備は、吊り込む大道具や背景などに見合うカウンターウェイトを綱元に吊り込むことにより積荷とのバランスをとることで、人力による初期トルクを軽減させ円滑な昇降を可能にする設備であった。しかし、この手動の舞台吊物設備を効果的に、効率よく、さらに安全に操作するためには、熟練した舞台技術者の存在が不可避であった。つまり、舞台設備だけの性能ではなく、その設備を操作する舞台技術者が技術力や経験値、そして知識を備えることが必要であり、設備と舞台技術者が備える能力のバランスによって舞台設備の性能が有効に生かされたり、はたまた制約されたりすることがあった。そこでは舞台技術者の裁量や力量、備える〝技〟が設備の機能を生かすための重要な条件となっていた。

ところが、近年になって動力化や電子技術の導入が加速し、これまで舞台技術者に求められてきた

従来形の舞台設備操作盤まわり

物理的な腕力や操作技能を軽減化させることが可能となってきた。このことは舞台機構設備だけではなく、舞台照明設備や舞台音響設備でも同様である。このような動力化や制御技術の導入が進められることで、舞台技術者の物理的な力量は軽減化されるようになってきた。しかし、大型化、複雑化する演出や舞台に持ち込まれる物理量の巨大化に対する対応力や制御能力としての知識が求められるようになるとともに、安全に対する高い信頼性を確保するための能力が舞台技術者には、新たに求められるようになってきている。

劇場が担う役割と期待の変化

舞台設備には、大別して二つの役割がある。その一つが舞台演出を支援するための機能、そしてもう一つが舞台での作業や進行、さらには安全性を確保するための機能である。この両面をより高度に、より複雑に実現していくことが舞台設備には求められ、劇場・音楽堂など演出空間が備える特殊設備として今日まで進化を続けてきた。

たとえば廻り舞台に代表されるように、歌舞伎独自の演出の要求から進化してきた舞台機構設備が、今日では世界的な劇場設備の一つとして認知されるようになってきたものもある。ただし、舞台設備が演出の要求や舞台設備だけの都合で進化、発展を遂げてきたわけではない。やはり、舞台設備を包含する劇場という器の変化や変遷、担う役割に負うところが大変に大きい。

公会堂から多目的ホールへ

わが国の劇場・音楽堂の進化を考えるうえでは、これまでの充足数の点から公設の施設を外して考えることはできない。この公設施設の原型と考えられているのが、戦前から集会施設として整備されてきた「公会堂」である。大会や講演会など集会のために整備されてきた公会堂であるが、戦後の復興機運と経済的な安定化に向けて、集会だけでなく演芸や芸能公演にも利用されるようになる。当初、演台だけを置ければよかった舞台に舞台照明が吊り下げられ、緞帳代わりの幕によって舞台と客席が区画されるようになってくる。

従来形の簀の子上の風景

一九三〇年に開館した《名古屋市公会堂》の舞台後壁は、ホリゾントライトを投影するためにルントホリゾント（湾曲したホリゾント幕）状の曲線をもった壁面になっている。その後、新たにつくられる公会堂には、徐々にではあるが集会だけでなく、音楽や演劇、舞踊など舞台芸術上演機能として舞台設備が設えられるようになる。これが今日、公会堂が多目的ホールと呼ばれる形態へと変身していくきっかけとなる。

専用ホール化への脱却

限られた器に適量の内容物をつぎ込むことには支障がない。しかし、器の物理的限界を超えた数、量を押し込むことは、入れようとするものが備える原型を歪ませ、変形させてしまうことがある。正に″多目的ホールは無目的″と揶揄された時代には、そんな無理がまかり通った。

公会堂に舞台設備が付加されることで、演芸や芸能公演も行われるようになる。次には音楽、演劇、舞踊などの機能や設備が次々に付加される。はては、歌舞伎はどうか、オペラも上演できるようにできないか。経済成長に後押しされた技術進化には目を見張るものがあり、日本の技術力を生かせれば超えられない一線はない。ハードに過信した期待が、舞台芸術を包み込む器としての劇場を本来の文脈から逸脱した方向に押し出してしまった感がある。

ただし、その混乱からいち早く離脱を果たしたのが、″生音の響き″を生かすことに特化した音楽のための器、コンサートホールである。音を反射させるためには音響反射板に質量があることが望まれる。しかし、多目的ホールでは、音響反射板を使用しないときに舞台上部に格納するため、できるだけ軽量化を図りたい。そんな自己矛盾をはらんだまま舞台設備はどちらともつかないままに計画されてきた。しかし、音楽のためのコンサートホールを計画することで、音響反射板は固定化され、″生音の響き″に特化した質量を与えることで豊かな響きや残響時間を備えた空間を手に入れることができた。

今日では、音楽のための空間だけでなく、演劇、ダンス、オペラ、邦楽など様々な専用ホールが整備されるようになっている。

近年の舞台設備操作卓まわり

創造支援型劇場の誕生

多目的ホールの量的な充足と多機能化、高機能化。そしてそこから専用ホールの脱皮と、確実にわが国の劇場・音楽堂は進化してきたように思われてきた。しかし、〝舞台芸術のための劇場〟〝音楽芸術のための音楽堂〟という本来的な目的や使命から一歩ずれた文脈のうえを歩んできた感が拭いきれない。それは、わが国の公立ホールが、集会機能を目的とした公会堂というビルディングタイプを端緒とし、そこに舞台芸術の上演機能を徐々に付加してくることで成長してきたことが、〝場が備える機能〟と〝舞台芸術を創造する機能〟それぞれの機能が、そもそも二分化したままに整備される結果となった。

そのため多目的ホールにしろ専用ホールにしろ、備える諸室や規模・機能は、すでに創られた舞台芸術や音楽芸術を公演し、それを鑑賞することへの期待以上のものではなく、舞台芸術や音楽芸術を創造するという視点はそもそも希薄であったといわざるをえない。

ただし、つい近年になり舞台芸術や音楽芸術を自ら創造する意志をもった劇場や音楽堂が計画されるようになってきた。それ以前の多目的ホールや専用ホールは、全国あるいは海外から発信される生きのいい舞台芸術や音楽をオリジナルの上演環境以上のよりよい状態で観賞できる「受信型パラボナアンテナ」として整備され、多機能化・高機能化が図られてきた。それに比べて創造支援型劇場は、自らの劇場や音楽堂を拠点として作品創造と公演、または地域の素材や活動の発掘・育成・上演を行うとともに、創造された作品を他地域でも上演していこうとする「発信型アンテナ」機能を備えた施設として計画されてきた。《彩の国さいたま芸術劇場》《北九州芸術劇場》《まつもと市民芸術館》《世田谷パブリックシアター》《新潟市民芸術文化会館りゅーとぴあ》《びわ湖ホール》《兵庫県立芸術センター》などは、その先例として注目されている。

劇場・音楽堂が担う役割

〝場が備える機能〟と〝舞台芸術を創造する機能〟、わが国ではその両方がもともと分離したままに

近年の舞台機構操作卓まわり

進化してきたわけではない。しかし、集会機能をルーツとする公立ホールでは、まだまだ施設整備の目的や担う使命が曖昧なままに施設整備計画や事業計画が進められたことから、施設や設備、機能が不相応な性能になっていないかという印象をもたれることも少なくない。

ただし、急速な施設整備や高機能化の牽引的役割を担ってきた経済成長には、一九九〇年を前後して急ブレーキがかかる。時代は、長期的経済低迷期からさらに混迷期に陥った感がある。一九九〇年代には、全国で年間一〇〇施設を超える公立ホールが整備された年があったが、今日では年間一〇施設を超えるかどうか程度まで激減している。公立ホール整備は、まさに少子高齢化状態にたとえられるように十数年前に比べ新たに整備される数を大幅に減らしている。そのため築後からの経年数が長く、改修や更新が待たれる公立ホールを大量に抱えている一方、新しい劇場や音楽堂が整備される数は、最盛期の一〇分の一程度になっている。

この状況に追い打ちをかけているのが、これまた急速に進められてきている市町村合併である。かつて全国に地方自治体は、約三三〇〇施設程度あった。それが今では約一八〇〇施設を切っている。社団法人公立文化施設協会の調べでは、現在全国に約二二〇〇の公立ホールが整備されている。つまり、かつては約三三〇〇の地方自治体に約二二〇〇の公立ホールが整備され、充足率は約三分の二程度であった。つまり、まだ公立ホールが整備されていない地方公共団体が全国に約一一〇〇程度はあった。ところが急速な市町村合併に伴い、地方公共団体の数は約三三〇〇から一八〇〇程度に激減。その結果充足率は、一八〇〇分の二二〇〇。つまり各地方公共団体に約一・二施設という充足率になったが、これは施設数が変化したのではなく、設置主体の絶対数が減ることで充足率が急上昇したためである。数字だけ見ると、全国の地方公共団体に公立ホールが整備されていないどころか、少なくとも一施設以上が整備されていることになる。事実、ある地方公共団体では、合併により公立ホール数が市内に六施設になったというところがある。その結果、今何が議論されているかというと「そんなに公立ホールが必要なのか」ということである。かつて行政圏域が異なっていれば、「地域の公立ホールの必要性」が叫ばれてきた。しかし、今になっていささか矛先が鈍り、維持管理費

高性能型の電動巻取装置（舞台機構）

用といった経済的な負担を背景とした必要の是非が議論され始めた。場合によっては「老朽化した施設から閉館」という動きもあるようで、先の公立ホールの少子高齢化傾向と相まって、全国の公立ホールの絶対数が、約二二〇〇施設から徐々に減少していくことは今日では避けがたいこととなっている。

　こういった時代だからこそ新たに整備される劇場や音楽堂、さらには改修などによって再生や利活用を促進させていこうとする公立ホールでは、施設諸室や機能、設備の内容だけでなく、これからの劇場・音楽堂整備の目的と使命を明確にしたうえで、それを満たすための施設計画や舞台設備計画を実践していく必要がある。また、舞台芸術や音楽芸術は、時代とともに成長し、変化を伴う芸術であるということも十分に理解していく必要がある。つまり、施設や設備が竣工あるいは完成した時点で、劇場や音楽堂のすべてが完成するわけではない。むしろ施設の竣工が文化芸術整備の起点になるととらえるべきではないだろうか。またその成長や成功を支える機能の一つである舞台設備も同様に、時代とともに、また時間とともに変化していくことが求められることはいうまでもない。

舞台設備の現状とこれからの動向

　舞台設備は、劇場や音楽堂の演出の可能性を決める重要な役割を担う一方で、個々の施設の個性を決める役割も担う。時に演劇劇場にふさわしい標準的な舞台設備の内容を問われることがあるが、吊物バトンの一本がなければ演劇の上演ができないとか、舞台照明回路が一〇回路減ることで日本舞踊が公演できなくなるということはない。むしろ、舞台設備が何もなくても、オペラやバレエ、歌舞伎を上演することができないわけではない。そういった意味でも、舞台設備はあくまでも上演の可能性、演出の可能性を引き出したり、高めたりするために設備されるものであり、舞台芸術の上演や演目を決定する絶対的な要因とはなりえない。

　これから新たに計画される劇場や音楽堂、あるいは改修を行う劇場・音楽堂では、あくまでも先例や事例に舞台設備整備の基準を頼るのではなく、それぞれの地域の舞台芸術、音楽芸術がこれからい

アナログ型の舞台照明調光操作卓

かにあるべきかを十分に検討したうえで、計画施設が担う使命をしっかりと見極め、舞台設備の計画を行っていくことが不可欠である。

以下には、これから舞台設備の動向を「舞台機構設備」「舞台照明設備」「舞台音響設備」の順で整理をしたので参考にされたい。

舞台機構設備

ここ数年の舞台機構設備の大きな変化としてあげられるのは、舞台機構設備の動力化である。少なくとも舞台床設備については、早くから液圧や電力を使った動力化が行われてきた。しかし、舞台吊物設備はその操作や制御の多様性、反応性などを理由に手動設備がまだまだ主流であるのが現状である。ただし、ここ数年に整備される主だった劇場では、カウンターウェイトレスの電動巻取型舞台吊物設備にその座が移っている。これは急速に進化した電子技術と制御技術によるもので、これまで手動では四〇〇キロ程度の積載能力が限界であった舞台吊物バトンの積載重量が最大一二〇〇キロまでになってきた。昇降速度も最大で一二〇メートル／分、最低速度もその一〇〇～一二〇〇分の一程度に制御できるようになった。さらにレベル設定機能や時間軸を与えた同期運転など、人的制御の限界をはるかに超える動作が実現できるまでになってきた。

このような舞台設備の能力向上に伴い、特定の舞台吊物バトンを舞台照明用とか幕設備用と機能を特定しない舞台吊物設備計画が可能となってきた。さらには、必要時に舞台照明を仕込み、また幕設備や大道具も吊り代えられる舞台吊物設備の計画が可能となってきた。

もちろん、積載重量の増大や高速化は、事故を起こした場合の被害の拡大にもつながる。そのため安全確保も機器側の大きな使命となってくる。また当然ではあるが、この舞台設備に仮設される大道具の仕様や固定方法なども、舞台機構設備の能力を踏まえた仮設作業の工夫が求められることになる。また、安全確保の一つの方法として、安全が確認できる位置での操作を可能とする移動型舞台機構操作卓の開発に加えて、操作卓での「操作の視覚化」が試みられ始めてきている。特に「操作の視覚化」では、舞台設備の運転を視覚化するだけでなく、仮設物が仕込まれた状態の映像をモニター

最新型の舞台機構操作卓

画面で視覚化し、舞台機構の駆動にあわせてどのように昇降するのかなど、動きをバーチャルに視認することが試みられようとしている。ただし、それだけで安全が確保できるわけではないことだけは十分に承知しておく必要がある。さらに平行して、これら高機能な設備を運用していくための専門的な知識や技術、経験を習得した人材の育成や専門的な職能の確立も急務となっている。

舞台照明設備

舞台照明設備も、やはりここ数年で大きな変化が起こっている。すでに標準化されつつあるのが、舞台照明操作卓のデジタル化と調光器盤のインテリジェント化である。どちらも電子技術の進化が可能にしたことであるが、調光データの記憶や再生をコンピュータにより円滑に実行できるようにしたことや、設備全体の状況や異常をインタラクティブに視認できるようになってきている。

また、移動型調光器の導入は、電源容量が確保できていれば任意の位置に必要な調光回路を配置することを可能にした。これにより任意の舞台吊物バトンを舞台照明バトンにするなど、舞台吊物バトンの積載荷重の増大と相まって舞台設備の可変性を大きく高めることになった。

舞台照明器具では、二つのトピックスがあげられる。一つ目がムービングライトの活用である。イベントやロックコンサートなどで多用されてきたムービングライトがより機能性や再現性を高めて演劇やオペラ、歌舞伎などの舞台照明としても利用されるようになってきた。もう一つは、ＬＥＤ(Light Emitting Diode)の舞台照明としての可能性の拡大である。まだまだ大容量の舞台照明器具の光源としての実用性は未知数であるが、電飾や映像、小規模の容量の灯体では、すでに実用化に近づいているものもある。また、将来的には有機ＥＬ(Organic Electro-Luminescence)なども舞台照明の光源としての可能性が期待されている。

最後に、現在でも調光器の素子としてサイリスターが長年使用されてきているが、さらに高効率で安定的で安価な調光素子の開発が待たれるところである。加えて調光ノイズの発生を抑える調光器として正弦波調光器の開発も注目されている。

床機構設備の例。マシンピットの省スペース化を図れる

舞台音響設備

舞台音響設備も、ここ数年で本格的なデジタル化が進められる状況にある。そもそも市場での音源がCDやMDに限られるようになってきていることに加えて、テレビ局がいっせいに目指している二〇一一年の地上波放送のデジタル化が大きな推進力となってきた。

劇場などの電気音響システムでは、すでに音の入口側のマイクロフォンと出口側のスピーカを除いた間のデジタルへの転換が徐々に進められてきており、すでに十分な実績がある。音の入口と出口に対しては、A／D（アナログ／デジタル）あるいはD／A変換を行うが実用上のタイムロスなどの懸念もなく利用できるようになっている。

今後は、新築案件のみならず、改修などでもアナログからデジタルシステムへ転換していくことは時代の趨勢となりつつある。さらに市場コストもすでにデジタル化に傾いているといってよい。もちろん、音質の点でアナログ指向を求める専門家もいないわけではないため、アナログシステムが一気に消失するわけではないが、市場はまさに転換期にあることは間違いない。

さらに、この傾向に拍車をかけるのが、デジタルマイクロフォンの実用化である。導入コストの市場性によっては、音の入口側も急速にデジタル化が進む可能性が高い。

出口側のスピーカでは、明瞭性や遠達性に優れているということで線上音源としてのラインアレイ型のスピーカシステムの導入が昨今注目されるようになってきている。これに加えて、個々のスピーカが増幅器を抱えるパワード型のシステムが注目されるようになってきている。

舞台設備の改修および更新

舞台設備は、そもそも機械設備であったり、電子製品の組合せであったりすることから技術的な進化は日々刻々と行われ、その機能や性能を向上させているといってよい。劇場や音楽堂に備えられる舞台設備は、設備が設置されてからではなく、入札が終わって機器の仕様が決定した時点から劣化が始まるともいわれている。

近年の簀の子上の風景。吊物滑車が簀の子床面にない。中央は移動型点吊装置

舞台設備の劣化の中で最も顕著なのが、使用時間や設置からの経過時間に伴う「経年劣化」である。当然使用頻度が高ければ、劣化の進行度も比例して高くなる。しかし、同時に機械類は使用頻度が極端に低い場合にも、同様に経年劣化が進行することがある。

ただし、劣化は経年によってのみ起こるのではない。機器の経年数が浅くても、舞台音響設備のアナログからデジタルへの転換に代表されるように機器の性能が大きく変わってしまう場合、このような劣化を「機能劣化」と呼ぶ。この機能劣化は、舞台設備に限った問題ではなく、電子製品を使用しているすべての機器に同様のことが起こる可能性がある。たとえば、つい最近までカセットテープが記憶媒体として広く使用されてきた。しかし、今日ではCDやMD、そしてハードディスク、フラッシュメモリーなどは大型の記録媒体として日常的に利用されるようになってきている。少なくともカセットテープやオープンテープが一般的に使用される時代は終わり、デジタル製品が取って代わっている。ただし、最終的な記憶媒体やシステムが現在のままであるかどうかは定かではない。

さらに、市場的なニーズではなく、時代の要求で安全性や信頼性の基準が変わることにより改修や更新が求められることがある。たとえば、機械設備の製造基準や安全基準が変わることで起こるのが「性能劣化」である。もちろん、「機能劣化」同様に物理的な劣化を伴うのではなく既存の基準が不適格になることもあり、次期の改修では新たな基準に準拠することが求められるようになる。たとえば「耐震補強」や「バリアフリー化」などもその一例としてあげられる。

これからの劇場・音楽堂に求められる舞台設備

今、劇場・音楽堂は、大きな転換期に差し掛かっているかもしれない。いやすでに曲がり角のただ中にいるというほうが正しいだろうか。

かつて、高い機能を備えた施設を整備し提供することだけで文化政策だと考えられた時代から、文化や芸術の魅力を発信し、地域住民にその魅力を流布していく拠点としての役割が求められるようになってきている。特に地域の公立ホールでは、その役割が顕著である。そんな劇場・音楽堂には、それぞれの地域の特性や役割を十分に反映できる使命の確立が求められ、その上で、その使命を実現化するための活動とその拠点となる諸室や設備が必要になる。

舞台設備は、そんな文脈の中で新たな使命を与えられるべきであり、その使命にふさわしい機能を担う必要がある。

時代は経済的な発展や産業の振興に依存する時代から、成熟社会の形成へと転換を図ろうとし始めている。舞台技術も、新しい技術や設備であることだけで、新しい市場を席巻するという時代ではなくなりつつある。そんな時代を迎えつつあることから劇場・音楽堂が目指す目的を見つめ直すことから始め、これからの成熟社会において劇場・音楽堂が担う使命の再確認を行い、そのことを通して新しい舞台設備のあり方や価値、再構築、再発見を行っていく必要があるのではないだろうか。

創造都市戦略としての小劇場集積エリア

坂口大洋

メディア装置としての小劇場を再考する

想像してみよう。約一〇〇年後、二二世紀の日本において劇場はいかに存在しうるのだろうか。明確な答えはもちろんない。だがアプリオリに劇場が存続し続ける基盤は確実に揺らいでいる。

Web 2.0 の時代。個人の表現が拡張可能な技術をもつ社会。世界中の映像が瞬時に手元に届き、自己表現として配信され、数億人がリアルタイムでコンテンツを共有する。劇場がかつて獲得していた時代を映す有力なメディア装置としての機能は、日に日に薄れつつある。相対的な位置の低下と社会の縮小化などの不確定さが漂う中で、将来的な視界を広げる新たな目標を射程に入れる必要がある。

もちろん、専門家がこれまで手を拱いていたわけではない。《新国立劇場》の計画にかかわる一連の研究、創造型の劇場システム、文化行政論、公共劇場における市民参加、劇場法の議論と数多くのアプローチが試みられてきた。ざっと俯瞰すると、水準の確保から独自性の創出、劇場単体から社会全体における関係性の構築、理念から個別解の実現方法へと推移してきたといえる。

二一世紀は都市の時代といわれている。世界人口の七〇%以上が都市に住み、都市間競争が経済戦略として位置づけられるように、都市はグローバルな課題となりつつある。

いくつかの課題を抱える都市のあり方が議論される中で、従来の開発型とは異なる都市再生の方法論が模索されている。サスティナビリティとともに、ヨーロッパを中心において注目が高まっている概念がJ・ジェイコブスを起源とするC・ランドリー、R・フロリダらの提唱する創造都市論（creative city）である。創造都市論の基本的な考え方は、都市の文化的な様々な資源を有機的に結びつけ、内発的な発展の循環モデルを形成し、都市全体のアクティビティを高める点にある。ボローニャ、ナント、ビルバオ、モントリオールなどの欧米を中心としながらも、ユネスコの創造都市ネットワーク（二〇〇九年一八都市）などの動きにあるように、世界的な広がりを見せている。日本においても文化経済学の佐々木雅幸、後藤和子らの理念の紹介とともに、横浜や金沢における先駆的な実践が進むにつれて、政令指定都市レベルを中心に認識が広がり、理念の導入から都市固有の資源の読み取りと具体的な政策手法に議論の焦点が移行してきている。

社会のパラダイムが変化する中で都市と劇場の関係は、今新たな意味を帯びようとしている。先鋭的な作品創造だけではなく、アウトリーチによるアイデンティティの創出、教育や移民問題に対するソーシャルプログラムなどの実践的な試みの数々はそれらを物語っている。今まさに都市における劇場のあるべき姿が問われているのである。

本稿の狙いはここにある。多様な価値を許容する劇場本来の役割を取り戻し、都市的に展開する可能性を描くことにある。具体的には創造都市の議論を視野に入れながら、そのツールとしての小劇場に着目し、閉塞する状況のブレークポイントを示す。特に小劇場の集積による都市の成立ちと価値の創出についてスタディする。なぜなら、アクティビティの集積は都市的なインパクトをもつとともに、創造都市の重要な政策手法だからである。何よりこれらがもたらす都市的な風景は、街を確実に異化させる。

小劇場から考える最大の理由は空間的なスケールだ。複合的な機能をそぎ落とし、表現する者と観る者のプリミティブな関係から劇場空間の本質と可能性をとらえ直す。単なる規模のスケールダウンではなく、小劇場としての成立する要素を明らかにしていく。二つ目は、小劇場がもつ実験性と都市性である。現代演劇の実験的な試みは、起源とされる一九六〇年代後半の小劇場運動のみならず現在も小劇場の空間が大きな役割を担う。単なるノスタルジーではなく、多様な表現を継続して創出させる場の意義と仕組みを検討する。最後は既存の都市空間におけるリアリティ。計画動機、コスト、制度上はもちろんのこと、この規模の劇場が、アーティストが表現を発展させる機会を生み、都市規模にかかわらずインキュベーションの役割をもつからである。

ハード、ソフトを問わず、小劇場にシンパシーを抱く者は少なくない。筆者もその一人である。だが従来の小劇場に対する多くの言及が、歴史的な意義の再確認と演劇表現としての思考にとどまっており、都市における将来的なパースペクティブを生み出してはいない。小劇場空間の役割を都市再生の方法論として描くことが、メディア装置としての未来の小劇場像であり、小劇場集積エリアは新たな創造都市戦略でもある。

撤退する小屋と生まれる公共の小劇場

大阪市梅田、東梅田商店街界隈に大阪ガスによる土地の暫定利用を契機に一九八五年誕生した《扇町ミュージアムスクエアー(OMS)》は、八〇年代から九〇年代にかけて〈劇団南河内万歳一座〉〈劇団新幹線〉などを生み出した関西の小劇場演劇の生産基地として知られていた。一九九七年の閉館に際して発刊された記念誌[*1]には錚々たる演劇人が寄稿し、《OMS》が果たした役割の大きさを物語る。《OMS》とともに関西の小劇場界を担った《近鉄劇場》《近鉄小劇場》(二〇〇〇年閉館)、《ベニサンピット》(二〇〇九年閉館)や《シアタートップス》(二〇〇九年閉館)などの首都圏の小屋も含め、ここ数年八〇年代以降日本の演劇シーンを創りだしてきた民間小劇場の撤退のニュースが続いている。

建物の老朽化、不況による親会社の経営状況などの違いはあるものの、関係者の受止め方は「総じて残念だが仕方がない」[*2]といったところではないか。脆弱な基盤の上に小劇場が存在していたことを浮彫りにしている。

一方、首都圏を中心としたポジティブな話題もある。《世田谷パブリックシアター》(一九九七)、《吉祥寺シアター》(二〇〇五)、《座・高円寺》(二〇〇九)の公共小劇場の開館は、興味深い動きの一つだ。いずれも明確にパブリックシアターを標榜し、創造性と地域性をミッションに掲げ、劇場機能、空間、運営システム、事業内容を連携させ計画・活動を展開している。特に《世田谷パブリックシアター》と《座・

高円寺》は、デザインと劇場機能の水準に加えて演出家佐藤信が深く計画にコミットしており、アウトリーチ（《世田谷パブリックシアター》）、アカデミー（《座・高円寺》）といった舞台芸術の普及を運営上の柱として公共劇場の一つの型を示しつつある。

だがこれらは特殊解でもある。小劇場がプロジェクトとして汎用性をもつためには、空間を詳細に読み解き、実験性を担保させるシステムを踏まえた小劇場論を再構成する必要がある。そして空間の面白さと多様性、都市的な戦略も大事だ。都市全体のアクティビティを高めるために、民間を含めた舞台芸術環境のマスタープランを描き、経済や教育などの文化以外の都市政策論にオーバーラップさせる必要がある。

撤退する小屋と新たに生まれる公共小劇場。都市と劇場の関係を読み解く、次世代への手がかりの一つはここにある。

小劇場の原点に見る都市と劇場の関係

少し歴史を紐解いてみよう。近代において小劇場がはじめて意識されたのは、一九二九年の《築地小劇場》である。劇場史においても小山内薫らによる演劇理論の具現化は有名であるが、立地を巡る一連の開設経緯は当時の都市と劇場の関係を映し出す。鈴木博之が示すように*3開設前に一度駿河台に土地を確保し具体化しつつあったのだが、近隣の反対などもあり敷地の移転を余儀なくされ最終的に築地になる。この経緯は結果的に《築地小劇場》の実験性を高めるのだが、演劇が社会における未知なる存在であるとともに、芝居小屋から小劇場へと移行する過程で、当初から社会的な認知（許容性）が重要であったことを示している。また公ではなく私的な行為が新しい表現と小劇場の成立の根源であるように、築地を巡る一連の経緯は現代の論点としても重なることが多い。

だがこれ以降、劇場が実験性を獲得し都市的に展開するのは、一九六〇年代後半の小劇場運動まで待つことになる。背景には政策的な理由も大きい。設置法が存在しないことはもちろんだが、興行場法の成立過程にあるように、劇場は戦後ある時期まで都市における規制すべき私的行為として位置

劇団〈黒テント〉（提供＝斉藤義）

づけられてきたのである。

一九六〇年代後半の小劇場運動の担い手は、布野修司が指摘するように*4社会というフレームと前例としての近代劇と格闘するために実験場として都市を選択した。市街劇、天幕テント、地下室。たとえば佐藤信を中心とする〈黒色テント〉は、建築家斉藤義の設計による二台のトラックによるテンション構造の軽やかな空間設定とオルグと呼ばれる人間関係づくりを柱とし、劇場の外へ外へと場を獲得していった。インタビューの中で設計者である斉藤は、模型のトラックを動かし膜が上がり、下部に空間が生まれるその光景に、佐藤たちが非常に共感し具体化につながったと語っている。可変性を一歩踏み込んだ場の創出や転換が劇場計画の言語として新しい響きをもっていた。

建築としての実験もなかったわけではない。山崎泰孝を中心とする坂倉建築研究所の設計で知られる一九七六年開館の芦屋市の《ルナホール》は、小劇場演劇の空間の可変性を実現した優れた公共小劇場の一つである。特にオープンステージと空間のプロポーションやインテリアなどは、市民会館にようやく小ホール的なスペースが併設されつつあった時代状況を考えれば、実現した水準は画期的であった。

しかし、都市と郊外の全面的な開発に対して、建築家が都市住宅に実験的な試みを展開しつつある中で、都市と演劇がシンクロした空気を目指した《ルナホール》でさえ、新しい表現のための都市のアジトとなる劇場には至らなかった。小劇場運動を経ても劇場そのものの固定的な構造は変化しなかったのである。

一九八〇年、宰相大平が語った文化の時代。しかしながら劇場は娯楽の側面を超えず都市政策において広がりをもつことはなく、コミュニティ、住民参加などの高まりなどもあり、あくまで社会教育施設としての広場でしかなかった。根木昭らのように、量的な施設整備に対してソフト不足を指摘する*1議論は多いのだが、むしろそれ以上に重要なことは社会や演劇の変化と、劇場計画にかかわるステークホルダーが劇場の本質を共有しながら柔軟性を持ち得なかったことが、劇場がコンテンツとともに都市的に展開しなかった最大の要因ではないだろうか。

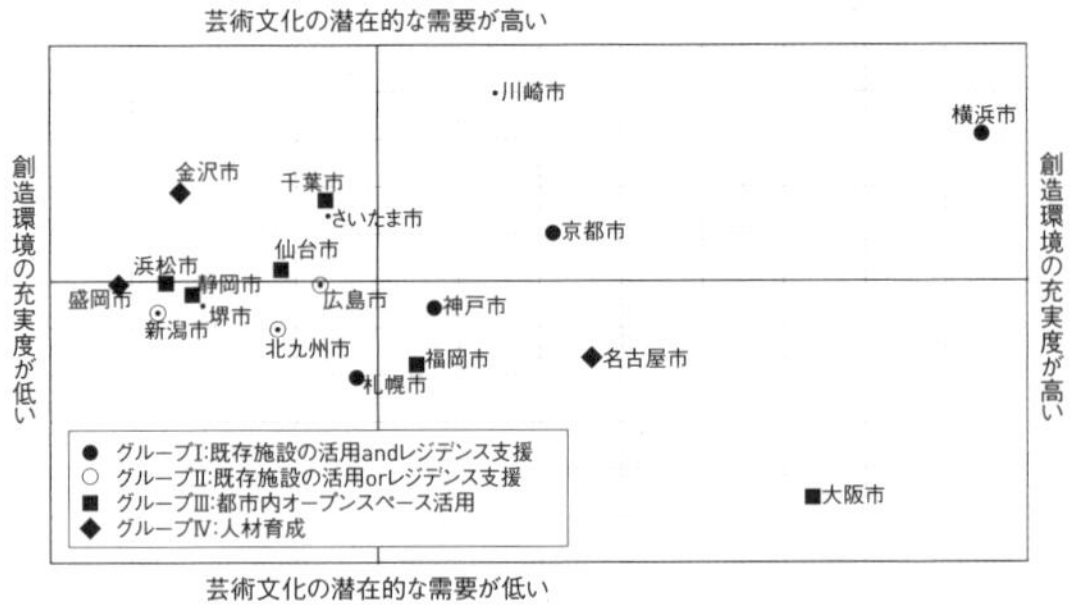

政令指定都市における創造性指評（坂口・池田「創造都市政策における舞台芸術環境」二〇〇七）

都市再生における創造都市論

これらを踏まえて具体的なスタディに移ろう。創造都市の主要政策は、創造産業誘致、コンテンツ開発を核とした経済政策と文化政策、欧米ではこれに多文化共生の観点から移民政策が加わる。そして各都市の資源を精緻に読み取り、課題ごとに政策連携や政策融合により実現させる。行政組織と制度的な障壁を崩しながら、都市のポテンシャルと課題を広範囲に共有するプロセスが重要となる。この状況を把握する指標の一つにフロリダや佐々木らが提示する創造性指標がある。個別の状況把握とともに、都市間比較をも可能とするこれらの指標は政策立案のベンチマークとして重要性が増している。上図は筆者らが政令指定都市を中心に佐々木の示す*5創造性指標をもとに、各種統計の公開データをベースに主成分分析により複数の創造性指標の軸を構築し、分析した結果の一部である*6。

一軸がハード、ソフト両面を含む各都市の創造環境を示し、二軸が芸術文化の潜在的な需要の高さを示している。潜在的な需要とは、都市内の文化事業への参加率が高く、施設整備状況が低いほど相対的に高い値を示す。いわゆる興行として成立しやすいかどうかである。これを見ると三大都市圏といわれる横浜、大阪、名古屋でもそれぞれ都市状況が異なることがわかる。札幌、仙台、広島、福岡などの地方中核都市といわれる政令指定都市は同様のポジションにある。個別に見てみよう。横浜の創造環境の充実度の高さに対して、大阪はマーケットの低さが見られ、現状の政策スキームと都市状況が合致していないことが伺える。また同様な都市状況にある静岡と浜松では、浜松は多文化政策を展開し活動全体の多様化を図り、静岡は舞台芸術支援を中心とした創造環境の充実度を高めスタンスが異なることが興味深い。また《金沢二一世紀美術館》を開館した金沢や、〈札幌交響楽団〉を主体とするコンサートホール《KITARA》をもつ札幌は、他都市と比較すると美術やクラシック音楽などの行動者率の高さが影響し、一定の都市規模であれば施設整備が都市全体にインパクトを与えていることがわかる。

《急な坂スタジオ》

先行している横浜の試みに少し触れよう。二〇〇四年から創造都市横浜として、いくつかの拠点を設定し創造界隈事業としてプロジェクト型の政策を実施している。舞台芸術の面では、それぞれの場の特徴を生かした活動を展開している。舞台芸術の側面では、世界的なコンテンポラリーダンスのコレクションの《赤れんが倉庫》。旧日本郵船のオフィスをコンバージョンしたアートとダンスのコラボレーションなどの公演が行われている《BANKART 1929》。クリエイターのオフィスが集積するZAIM。老朽化した結婚式場をコンバージョンし、アートNPOアートネットワークジャパンが運営する《急な坂スタジオ》はレジデントアーティストの創造支援を行うなど、魅力ある小さい点を集積しネットワークさせることでエリア全体の価値を高める手法を展開している。

理念から実施段階に移行しつつある日本の創造都市政策を考えると、一つの方向性はフロリダが指摘する創造性を高める三つの要素、技術、人材、寛容性、いわゆる3Tを軸に、様々な状況をうまく結びつけアクティビティを高めながら、きめ細かいネットワークの形成とプロデュース能力をもつ必要がある。具体的な都市像では、たとえばビルバオのような大きな拠点（グッゲンハイムビルバオ）の構築ではなく、ナントのようなコンテンツ（ラ・マシーン）を所有することでもなく、たとえばボローニャ（イタリア）、ニューキャッスルゲート（イギリス）、モントリオール（カナダ）などの様々な都市イベントを展開するネットワーク型の都市が一つの参照モデルになるだろう。

集めてつなげる。活動の集積状況とそれらを支援する寛容的な場をいかにもてるかが大きなポイントになる。そして創造都市戦略に実験性を担保した小劇場の集積は、エリア全体としてどのような可能性が生まれるのかを、次項二つのフィールドワークから検討する。

日本の小劇場集積エリア下北沢

ここまでの議論から見えてくるのは、実験的なアクティビティを担う小劇場の歴史的な経緯と、都市再生の手法として注目が高まる創造都市政策に求められる活動集積を相互に関連させることで、新たな都市における文化創造の戦略が描けるのではないかということである。

東京の六つの小劇場集積エリアの公演状況

集積エリア	中劇場	小劇場（500席未満）		計	年鑑ステージ数（2004年公演実績）	劇場年間稼働率（2004年公演実績）	1km圏内最寄駅1日あたり総計乗車人員数（2004年）
		民間	公共				
新宿	3	13	0	16	2825	99%	1,697
下北沢	0	9	1	10	2083	99%	124
銀座・有楽町	3	5	0	8	1246	96%	1,128
池袋	2	2	2	6	1215	92%	1,349
中野	1	5	0	6	675	67%	1,366
阿佐ヶ谷	0	7	0	7	422	45%	53

その際に忘れてはならないのが、日本の小劇場演劇を中心とした現代演劇は民間の、それも極めて個人的な才能と活動が全体の状況を創りだしてきたことだ。それは表現だけではなく劇場そのものも含み、ハードとソフトが一体となった様相を示していた。その最も特徴的なエリアが、東京の下北沢である。

簡単に下北沢の軌跡をスケッチする。戦後間もないまだ一面住宅地であった頃の一九五〇年代後半。当時中心部の飲食店などで、新宿を中心として活動していた芸人たちが基盤を移し始めたことが、演劇の街下北沢のルーツである。六〇年代後半になると、〈黒色テント〉などが空地などを使いテント公演を行うようになり、これらの動きに共感した本多一郎が一九八〇年に《本多スタジオ》を設立する。その後本多を中心とした本多グループはこの地で八つの劇場を開館し、それらを含み現在一〇の小劇場が立地する原動力となったことは周知の事実である。

では下北沢では、どれほどの活動の集積があるのだろうか。データでとらえてみよう。上図は下北沢を含む東京の小劇場の公演状況を示したものである*7。これを見ると一日の乗降客が二〇〇万人近い新宿エリアの劇場の公演回数に対して、約一二万人の下北沢が約三分の二の公演数を誇ることが人々の流動に対して、公演状況の集積を物語る。

下北沢の活動集積の最大要因は、演劇界の知名度とともに客席あたりの施設使用料の安さにある。そして施設使用料の安さが長期公演や実験的な公演を可能にする。さらに批評の可能性や劇団の実績、メディアへの露出、そして新たな作品創造といった価値創出を生む。この循環構造こそが小劇場集積エリアがもつ重要な点である。八〇年代以降の若手劇団が活動をステップアップする状況をとらえて佐藤郁哉が『現代演劇のフィールドワーク』（東京大学出版会、一九九九）において「小劇場すごろく」と指摘しているように、ある時期まで直線的なサクセスストーリーが描かれていた。このサクセスストーリーの背景には持続的に活動集積を可能にする仕組みが存在しているのである。しかし現在、世田谷区の三極構造の開発計画を契機とした駅前広場の拡張と、道路の拡張による劇場移転の問題が街のあり方を左右している。七〇年代のノスタルジックな議論だけではなく、価値創出の仕組み

（右）開場を待つ観客の列
（左）大学路の様子

をいかに継続できるかが、今求められる問いなのである。

アジア随一の小劇場集積都市、ソウル大学路

海外に目を向けると、ブロードウェイ（ニューヨーク）、ピカデリーサーカス（ロンドン）などいわゆる劇場街といわれるエリアはいくつかある。しかし、下北沢をはるかに凌駕し、他国の劇場街とひけを取らないアジア随一の小劇場の集積エリアが韓国の首都ソウルにある。旧市街地の明洞から少し離れた大学路。そこはまさに実態としての小劇場集積都市である。その凄さは、何はさておきその密集度にある。五〇〇メートル×一〇〇〇メートルの範囲に一〇〇近い小劇場が開設している。客席規模の八〇％程度が三〇〇席以下で、全体の九〇％近くが商業施設の一部を小劇場に用途転用したものであり、全体の九五％程度が民間劇場である。同様のエリアの面積で下北沢の劇場数が一〇であることを想像していただければ、その凄さがよくわかる。加えて、劇場数は今なお増加している*8。

大学路の成立過程が興味深い。古くは世宗の時代から文教エリアとして国家の基礎をなす場所として始まり、骨格を形成したのは日韓併合時代の京城大学の開学である。その後終戦を経て、ソウル大学校に変わり、周辺は大学街として賑わいを示していた。一九六〇年後半からいくつかのスペースが小劇場的な空間として、学生演劇などの活動場所として生まれていた。一九七六年ソウル大学は郊外の冠岳に移転し、大学路には大学病院だけが残るかたちとなる。普通は学生が去ると単なる商業地域になるのだが、ここで転機となる出来事が起こる。まず大学路のいくつかの小劇場でロングランが成功し、多方面から脚光を浴びる。また同時期に韓国の代表的な建築家金重根による《アルコ芸術センター》が開館し街区としての文化イメージが向上する。さらに、一九八〇年代後半あたりから次第に大学路の商業施設の至るところで劇団や制作会社による小劇場の開設が相次ぐようになり、その後も劇場の立地は増加の一途をたどり、二〇〇四年には歴史的な街区として名高い仁寺洞に続き、ソウルで二番目の文化エリアとして指定される。

夕刻を過ぎると大学路の至るところで開場を待つ観客の列ができる。通常、大学路のほとんどの

開場を待つ観客の列

公演が三～六カ月におよぶロングラン公演であるので、平日でも五〇近く、週末には八〇近い公演が行われる。まさに演劇が日常化している。大学路の中心に位置する地下鉄恵和の駅からのアプローチを含めて、至るところの壁は演劇公演のポスターやチラシで埋め尽くされ、具体的な演目を考えずにこの町に観劇目的で訪れた観客に対して、若手劇団の多くが客引きを行う。この光景はまるで風俗街のポン引きの劇場版だ。それは同時に大学路の演劇の幅広さを物語っている。同時に行われる公演の多さが、演目の多様性やチケット料金の幅をもち、ふらっと訪れた観客も必ずどこかにフィットする。

　このような日本では中々見られない光景が随所に展開する大学路は、都市と劇場の関係としてもいくつかの示唆に富んでいる。

　まずは劇場の社会的な価値の高さである。大学路において新たに商業施設を計画する際に地下部分に劇場を組み込み、ディベロッパーらが店子となる劇団に声を掛ける場合がある。これは小劇場が商業施設の価値を高め、かつ劇団が建築計画にかかわるプレイヤーであることを示している。

　もう一つは劇団の基盤の強さである。一般的に大学路の小劇場の所有形態は主に三つある。最も多いのが貸しテナントとしての入居、次に自前の持ちビルあるいは所有した劇場、その他は制作会社が中間に介在し、期間などを決めて劇団に貸す例などの契約形態が見られる。劇団制が崩れ個人単位のプロデュース化が進む日本とは異なり、組織的かつ経済的な基盤の強さは、表現としての意義は別として社会や都市にかかわる際には有力な武器になることは確かである。

　さらに近年、大学路のアクティビティに着目し複数の芸術系大学のサテライトキャンパスが立地してきている。韓国では芸術系学部の中に演劇学科のある大学が多いが、劇場街に展開するフレキシブルな動きは興味深い。当初は関わりがなかった行政も大学路の文化的な価値の認識の高まりを受けて、街路の整備や一部建築計画のボーナス制度など、都市整備に対して具体的に動きつつある。

　他方、技術を含めた劇場機能の貧弱さは否めないし、コンバージョンした劇場のほとんどは空間的な魅力も乏しい。演劇の表現自体も、役者の演劇を中心とする構成が多く、戯曲の構造や演出の力量

大学路の小劇場立地状況

で新たな表現を目指す姿勢は、日本の現代演劇のほうが一歩先んじていると見ることができる。

だがこの活気とアクティビティが集積するフィールドに立つと、未来の可能性を感じないではいられない。清渓川の復活で都市開発として注目を浴びたソウルだが、その懐の深さをより多面的にとらえる必要性を痛感する。下北沢の現状を単なる民間劇場の移転問題としてとらえるか、街の価

演劇のポスターに埋め尽くされる壁面

値の損失として見るのか、状況認識と解決のフレームをどこに設定するかで、アウトプットと具体的な進むべき方向も大きく異なるだろう。大学路のフィールドから浮かび上がる仕組みと論点は、創造都市戦略の議論に十分に値することだけは確かなはずだ。

小劇場集積エリアから創造都市を思考する

最初の問題設定に立ち返ろう。小劇場の都市的な意義と都市再生を検討する中で、浮かび上がるのは民を含めた個々の関係と集積のデザインの描き方である。これは都市デザインと文化政策の政策融合であり、創造都市政策への期待もまさにこの点にある。具体的なイメージの一つとして考えてきた小劇場集積エリアは劇場自体の意義とともに、アクティビティを含めて公共空間全体のあり方を問い直す可能性を秘める。ここまでの検討を整理し、一つの試案として具体化の項目を列記することで結びとしたい。

一つ目はエリアのデザインと制度上の仕組みである。たとえば特区制度を念頭において創造活動特区を考えてみる。建築基準法、仮設興行場法、興行場法、消防法などの一部緩和や柔軟な運用はカンパニーによる創造活動拠点の進展をうながす。《京都芸術センター》《急な坂スタジオ》《せんだい演劇工房10-BOX》などの先進的な公共の創造活動拠点や、〈黒テント〉がかかわる神楽坂の《シアターIWATO》などは、いずれもコンバージョンを含む事例に専門的なノウハウが巧みにコラボレートされている。

二つ目は公共小劇場の具体化である。現在、一九六〇～八〇年代に建設された多くの劇場が、公共の財政難などを理由に改修どころか存続自体が検討される状況にある。その際に、代替案として公共小劇場のプロジェクトを積極的に組上にのせてはどうか。《吉祥寺シアター》《座・高円寺》なども本格的な専門家の参画にもかかわらず、事業費は一〇億円前後の規模でありランニングコストを含めても持続可能性や次世代の人材育成の観点を考慮すると、潰すかやむなく残すかというのではない新たな有効な選択肢になりうるはずだ。

三つ目は多様なパブリックスペースにおける文化政策との連携である。都市に点在する施設を含む様々な公共空間を読み替えていく。たとえば小学校の体育館や地域の公民館などの小スペースを仮設的な舞台技術を組み込み、劇場空間として転用していく。必然的に学校教育や社会教育の議論にもつながり、文化のトランスバーサルな側面をプロジェクトベースで展開する余地はある。都市部だけではなく、過疎地における神楽や農村舞台などを文化財保護と農業振興などの両面から意義を拡張していくことも視野に入るだろう。

そして最後に、これらの集積されたアクティビティやオルタナティブな場を都市全体でプロデュースする主体と能力が必要不可欠である。まさにこの部分が創造都市政策のオペレーションであり、価値創出の循環構造であり新たなマーケットの拡大を期待させる。

平成以降に開館した公共劇場が、維持管理費の削減の名目で事実上休館になるなどのニュースが聞こえてくる頃、一年ぶりに訪れたソウル大学路では新たな劇場建設の工事が進展していた。道のりは遠いが、今ならまだ布石は打てる。

＊1――『呼吸する劇場 扇町ミュージアムスクエア一〇周年記念誌』扇町ミュージアムスクエア、一九九五年
＊2――『日本経済新聞』二〇〇八年一二月一六日
＊3――鈴木博之『日本の近代一〇都市へ』中央公論社、一九九九年
＊4――布野修司『布野修司建築論集〈二〉都市と劇場 都市計画という幻想』彰国社、一九九八年
＊5――佐々木雅幸＋総合研究開発機構『創造都市の展望 都市の文化政策とまちづくり』学芸出版社、二〇〇七年
＊6――坂口大洋「創造都市政策における舞台芸術創造のレジデンス支援と場の共有効果」創造都市研究報告会、横浜市都市研究助成、二〇〇九年三月
＊7――坂口大洋、井上貴詞、小野田泰明「下北沢にみる集積効果と創造活動の展開」文化経済学会〈日本〉大会、分科会C、二〇〇七年六月
＊8――坂口大洋、小野田泰明「ソウル市大学路における小劇場集積状況と形成過程に関する研究」『日本建築学会学術講演梗概集』E-1、一七一-一七二ページ、二〇〇八年九月

劇場をつくること、開くこと

小泉雅生＋相馬千秋 インタビュー

《クレアこうのす》《千葉市美浜文化ホール》などの公共劇場や新しいパブリックスペースとしても注目されている《象の鼻パーク》を手がけられた建築家小泉雅生氏と、都市空間を演劇やダンスの場として大胆に展開する先駆的なイベントである「フェスティバル／トーキョー（F/T）」のプログラムディレクター相馬千秋氏のお二人へのインタビューから、次世代の都市と劇場の新たな関係を探る。

聞き手＝坂口大洋＋井口直巳＋谷川大輔

小泉雅生氏（建築家）

相馬千秋氏（ディレクター）

《クレアこうのす》周辺と親和性

井口――《クレアこうのす》では何を重視されましたか？

小泉――スタディの中心は、戸建て住宅地の隣に親和性をもたせながら一三〇〇席の大きなボリュームをいかに置くかという配置の検討でした。全体的に地形のように見えるスカイラインをもつボリュームのデザインを目指し、共用部の面積が非常に厳しい中で機能の読替えを行い、文化情報コーナー、ギャラリー、レストランなどの市民の利用率の高い機能を既存の公園沿いに配置し、ホワイエやエントランスホール的な使い方ができるようにしました。外装にはグレーチングを用い一枚紗幕を覆った表情としました。ボリュームの間を縫うようにして人を呼び込み、劇場としてのリニアな機能構成を守りながらも、全体的な回遊性を担保し、様々なアクティビティを立体的に組み上げていくことを考えていました。

《クレアこうのす》外観

坂口――スタディの過程で参照された実例は何かありましたか？

小泉――《クレアこうのす》の少し前に《ビッグハート出雲》の設計をしました。そのときは、ホワイエとホールを一体化させたシャローンのヴォルフスブルグのホールにインスパイアされました。総合計画の本杉省三[*1]さんにヒントをいただきました。ホワイエでブラブラしていて、そのまま劇場の椅子に座って鑑賞するという、カジュアルな上演空間のあり方です。その設計を経験したことで、劇場建築の可能性がいろいろと見えてきたように思います。

*1　一九五〇〜。建築計画者、本書執筆者、二五六ページ参照

《千葉市美浜文化ホール》——プログラムを読み替える

小泉——《千葉市美浜文化ホール》では《こうのす》とは異なり、もう少し市民利用に主眼をおいたホール建築を目指しました。三五〇席の演劇ホールと一五〇席の音楽ホールという、小規模の二つのホールと保健福祉センターとを合築するというプログラム自体が刺激的でした。管理区分は異なりますが、それぞれの必要とする諸室を並べると、同じような使われ方・機能の部屋が多い。そこで複合建築として、相互に利用できるような構成がいいのではないかと考えました。一階と三階は行政主体で夕方五時過ぎまで開館する機能を集約させ、二階と四階は市民利用が主体で夜遅くまで利用できる機能としました。つまり、ホールと保健福祉センターの諸機能を利用・運営主体と利用時間帯とで再構成したわけです。二つのホールは敷地の両端に配置しホワイエ状の共用空

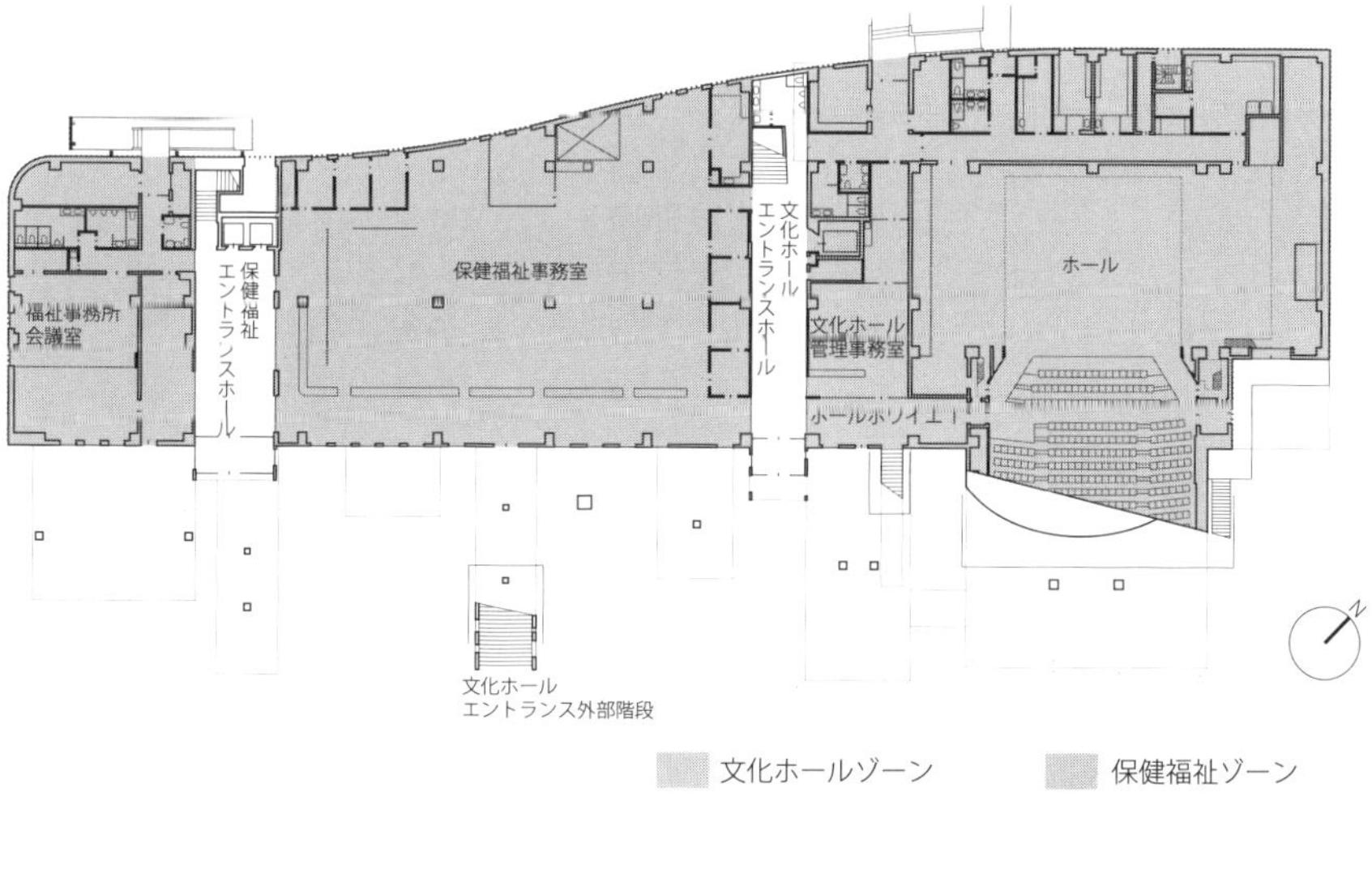

《美浜文化ホール》一階平面図

間によりつなぎ、自然と人が行き来するようにしました。特徴的な壁や天井のパターンをもったチューブ状の空間が演劇ホールと音楽ホール、文化ホールと保健福祉センターをつなぎ、縫い合わせていくというイメージでした。

坂口――プログラムを読み替える場合、運営主体や利用団体を具体的に想定する必要があると思いますが？

小泉――行政と様々な議論・検討を行いました。単純に合築するのではなく、複合化によるメリットを理解してもらい、エンドユーザーが可能なレベルを確認しながら、ゾーニングを設定しました。

《小田原市城下町ホール》――外側をデザインする

小泉――このコンペでは、建築計画の小野田泰明[*2]さんと組んで提案を行いました。全体的にロの字型で、客席と舞台とホワイエが連続していく地形のような構成をとりました。客席後方や舞台側面の壁面が開閉することで、どこでもパフォーマンスが可能な空間となっています。ロの字の真ん中の部分には動線とバックヤードを集約し、四方向へのアクセスとサービスを確保しています。

坂口――劇場空間を成立させる要素として重視したものは何ですか？

《美浜文化ホール》二階平面図

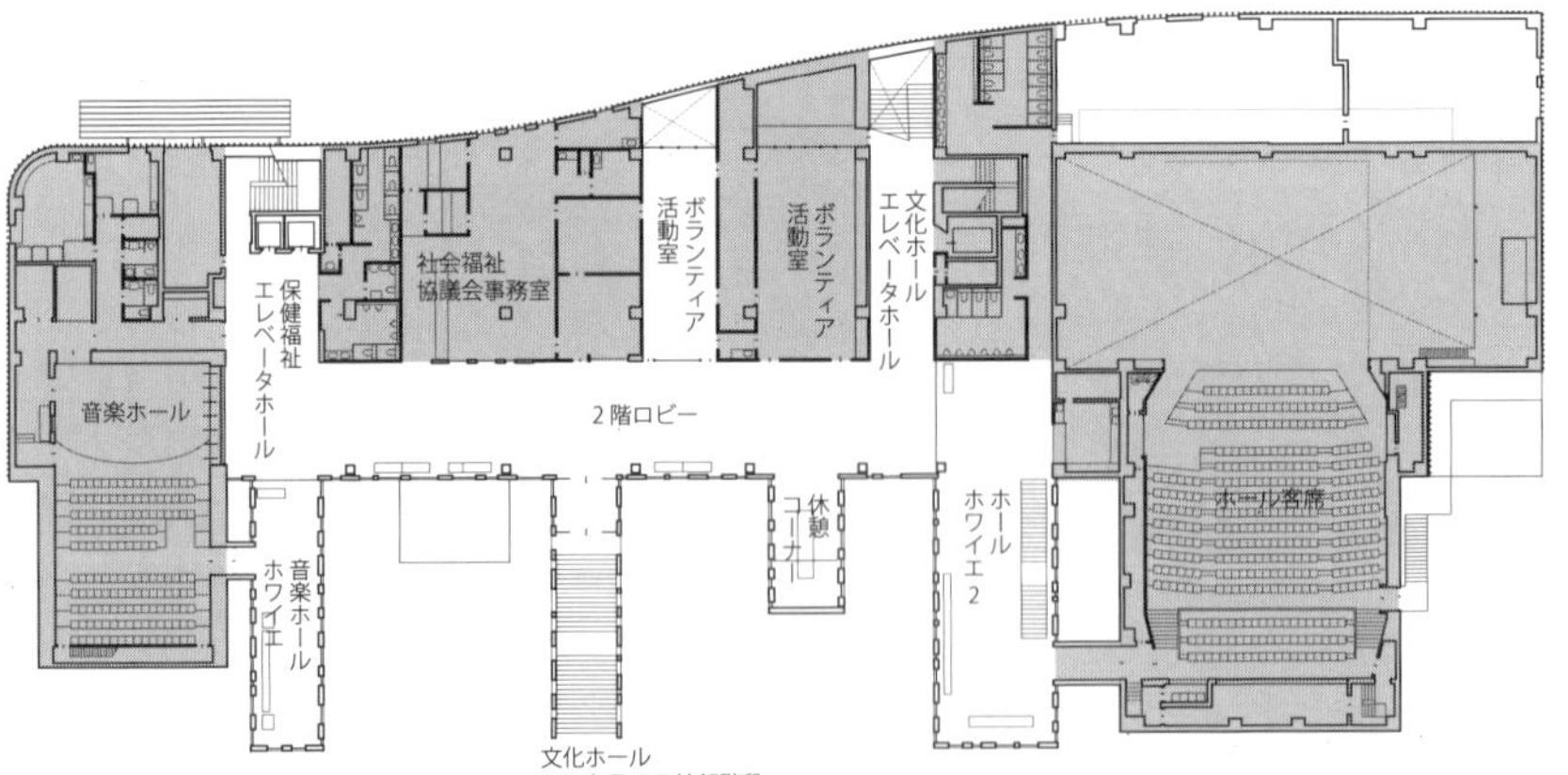

小泉――演ずるためのスペースと観るためのスペースとの関係が構築されていることが大事だと考えました。それぞれのスペースは、遮音上閉じる必要があれば閉じればよい、閉じなくてもよい場合は開いた状態も可能にする。ホワイエにあがるための階段も観るためのスペースともなりうるし、ステージ自体も袖のところにロールバックチェアを設置しておいて、客席として展開可能なスペースとしています。

井口――オープンにするための遮音などのテクニカルな部分は？

小泉――プロセニアム形式をベースとしているため、ホール内部の音環境としてはそれほど無理をしていません。側壁や後壁をオープンにできるということに対する遮音性能の確保に関しては、音響コンサルタントである永田音響と検討をして、ダブルの遮音壁を上部や側方からスライディングさせるという、既存の技術で対応可能なシンプルなアイデアで実現しています。

井口――表と裏がいろいろなところにあるのは極めて劇場的だと思うのですが？

小泉――ロの字型にぐるっと回っていく真ん中に裏があるという構成となっています。市民利用のホールですから、表と裏の関係はそんなに厳密でなくてもよいのではないかと考え、もちろん動線は混乱させないように配慮をしたうえで、表から裏への視線が通るような形式を採りました。

坂口――一般的に劇場を開く場合、遮音壁が強固な境界として残るのですが、それを一歩進めてアウトラインが変わっていくのが面白いですね。

小泉――通りや広場でパフォーマンスやっているのに近い開放的な場所と、視線を区切る程度に閉じたところと、さらにしっかりと音も光も入らない閉じた箱と、キャラクターの違う場所がひとつながりの地形の中に展開していく。それらが連続することで、従来の閉じた箱としての劇場とは異なる、総体としての劇場のようなものができるのではと考えていました。

《鶴川》のプロポーザル――都市のオープンスペースへの連続

小泉――《小田原》で検討した開かれた場所でのパフォーマンスの可能性を、さらに発展させようという提案です。特に駅前広場に隣接するという立地ですから、そのポテンシャルを高めるために、ホールでの上演だけでなく、その手前で日常的なダンスや音楽の練習風景やイベントの風景を共有できる広場のような場所をつくりたいと考えました。ホール部分

《小田原市城下町ホール》想定したアクティビティ

*2　一九六三〜。建築計画者。本書執筆者。二五七ページ参照

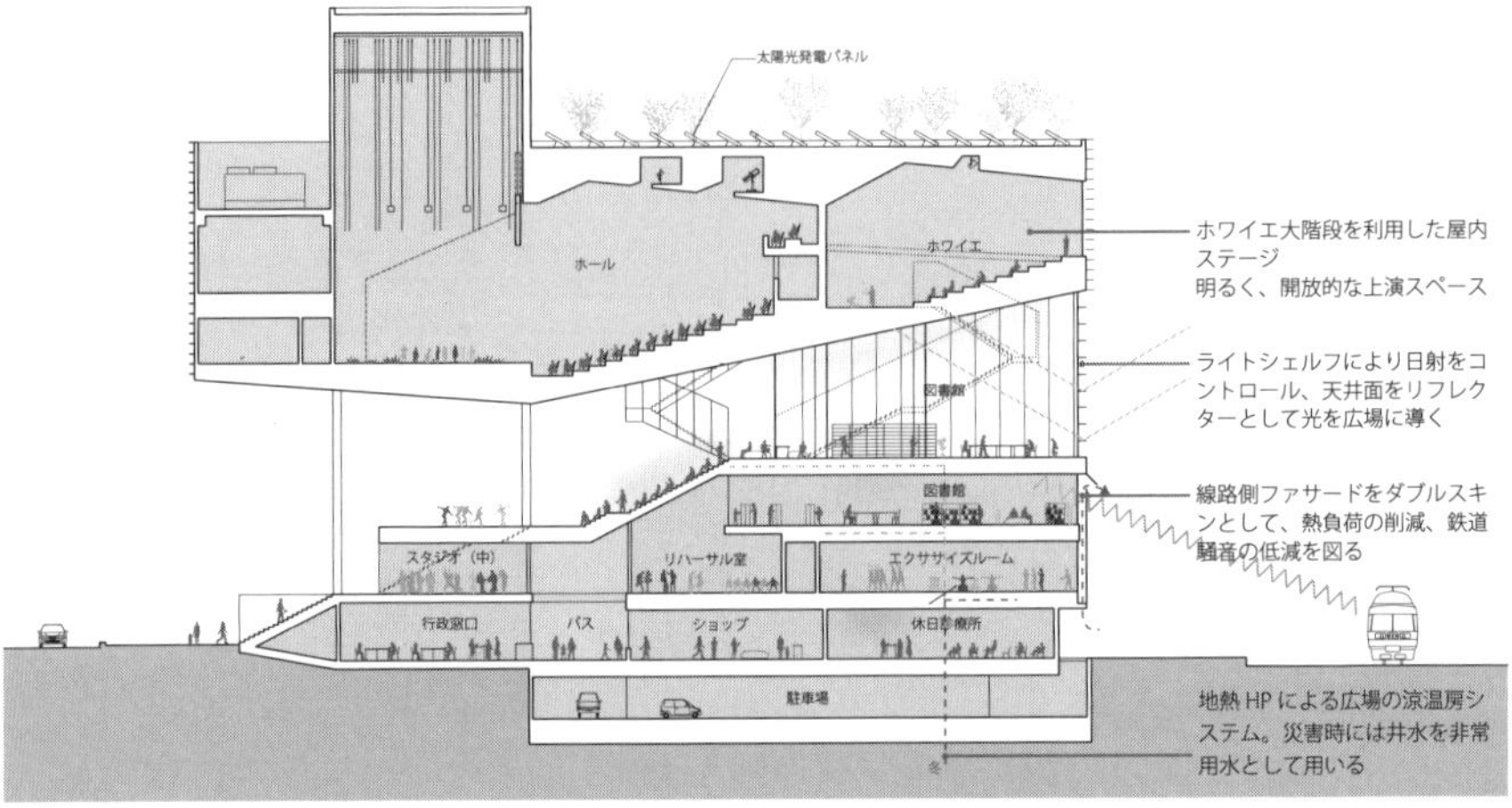

《鶴川》断面図

を高層にもちあげ、その下部に地形のような大階段を設け、大階段上に図書館を展開させ、大階段の中間部は日常的な練習や発表の場という図式を提案しました。

井口——階段状の平らな部分と傾斜の中にいくつかステージがあって、その下がリハーサル室になっている。これも表と裏が一つになったように見えますが、階段をモチーフとした意図は何ですか？

小泉——まず、大階段がもつポテンシャルに可能性を感じているということがあります。原広司*3さんの設計した京都駅やローマのスペイン階段など、都市的な風景の中で大階段を生かしている例がいくつもあります。視覚的な面白さに加えて、大階段があると人がそこに座るという行為が発生する。座ると方向性ができて、座っている人たち相手に何かやってみようという人が出てくる。そのようなかたちで、大階段にはアクティビティを連鎖して発生させるポテンシャルがあると思います。

坂口——この案では、観る人と演じる人の関係のとらえ方が通常のパブリックスペースとの違いを生んでいると思うのですが？

小泉——僕は劇場というものを解体して考えようとはしているけれども、演じる側と観る側という関係はフィックスしているように思います。観られて快

＊3　一九三六〜。建築家。代表作＝ヤマトインターナショナル（一九八六）、札幌ドーム（二〇〇一）。

いというのと、観て楽しむというのは大きく違うメンタリティでしょう。だから、観られる側と観る側との線引きは大事だと思います。そういう意味ではホール自体はコンサーバティブな劇場型式になっています。むしろ劇場以外の部分が劇場的に使われるように仕掛けることで、新しい場所の可能性を導き出せるのではないかと考えました。広場が劇場的に使われるには、演ずる側と観る側を生み出すちょっとしたきっかけや仕掛けが必要で、そこで大階段に注目したわけです。

《象の鼻パーク》テラス
——オルタナティブでありパブリックであること

小泉——このプロジェクトで考えたのは、文化芸術と触れ合うことができる祝祭性をもつ広場を街の中に実現するということでした。具体的にはいろいろなイベントに対応した「開港波止場」と呼ばれる広場空間と、「開港の丘」と呼ばれる屋外劇場としても用いられる芝生の緩斜面を設けています。緩斜面の一部がめくれ上がったようなランドスケープの造形として、その裏側に「象の鼻テラス」と呼ばれる建築空間を設け、海が見える休憩所として機能するとともに、展示やパフォーマンスなどにも対応できる芸術

（右）《象の鼻パーク》テラス
（左）《象の鼻パーク》スクリーン

文化発信拠点として位置づけています。地形と一体化した建築とすることで、外部空間との連続性を担保しています。このような立地プログラムですから、基本的には周囲に対して開けた空間として考えました。ある文化団体の方からは、光が入るので使いにくいと否定的な意見もありましたが、相馬さんはむしろ「海が見えるところで上演できるのは面白いですよね」と肯定的にとらえてくれました。劇場にかかわる人も柔軟に建築の特性や場所性を意識してくれると、劇場のあり方もいろいろと変わってくるように思います。

坂口——敷地の周囲には赤レンガ倉庫、クイーン、ジャック、キングの塔などの歴史的なコンテンツが集積していますが、それらの環境への関わりとして考えられたことは？

小泉——そこが一番難しかったところです。様々な歴史的要素に囲まれた中心で何をやるかです。ジャック、クイーン、キングといった塔は横浜の歴史、景観を形づくってきたものです。それらの要素と張り合うように目立とうとするのではなく、むしろ周囲の景観の力を借りる発想のほうが有効だと思いました。そこで、このような地面に近い、半分地面に埋もれたような建築を考えました。横浜の風景の足下に、さりげなく存在するというようなスタンス

です。

坂口――スケール感が圧倒的に異なる港と広場の空間的な連続性をもたせるためには、どのような点を考慮されましたか？

小泉――土木工事と建築工事とを一体化するということ自体にテクニカルに難しい部分がありましたが、我々としては最後までランドスケープと一体化した建築というものにこだわりました。逆に壁柱状のスクリーンパネルなど、ランドスケープの中に建築的な要素・スケール感をもちこむということにもこだわりました。さらに、階段をのぼる視線の先にクイーンの塔が見えてくるようになど、敷地外の都市軸を織り込んでいくことも意識しています。様々なスケールで照射することで、風景の中に違和感なく溶け込むデザインとなることを目指しました。

井口――歴史的なものの輻輳しているその重なりが、現代において重要な時代であることを感じましたが、具体的な計画の中で意識されたことは？

小泉――時間軸をどう位置づけるのか難しい課題です。一五〇年前にまさにはじめて波止場がつくられた歴史的な場所で、また一五〇周年というタイミングの中では、時間軸に対する視点が当然求められてきます。我々は塔のように何か一つの大きなシンボリックなモノをつくるのではなく、小さいモノがたくさん集積することで大きな風景をつくりだすというかたちでシンボル性を獲得しようと考えました。そこで壁柱状のスクリーンパネルを並べていくという提案をしたのです。

《象の鼻パーク》テラス内部

パブリックスペースと劇場空間

坂口――日本ではパブリックスペースの使い方について、制度上まだかなり難しい側面があると思いますが？

小泉――屋外空間の占有ということに対して行政はナーバスですね。歴史的な経緯もあるのでしょう。欧米でよく見かけるように、店側にテーブルと椅子を出させてオープンテラスで食事をするのも制度的に大変なようです。一方、二〇〇八年、相馬さんたちが企画して、横浜の吉田町で「ラ・マレア」という屋外演劇が行われました。商店街から車をシャットアウトして、街路を舞台に転換してそこで劇を上演するというものでした。空き店舗の中にセットを組んで上演空間とする。本当のお店とセットのお店が当たり前のように横に並んでいる。隣のバーで飲んでいるお客さんとセットの本屋さんで演じている役者さんが全く等価に見えてくる。まるで通り全体が舞台のようで、隣の居酒屋で飲んでいる客の心象風景までもが見えてくる気がしました。どこでもがパフォーマンスの場になり、誰もがパフォーマーになりうるパブリックスペースの新たな可能性を実感しました。

坂口――たとえば、学校の体育館のような他のビルディングタイプに劇場の考え方を展開させる可能性はないでしょうか？

小泉――以前設計した戸田市の芦原小学校では、二階にメディアマーケットという特別教室群が配された天井の高い空間を用意しました。先生の中に一人ミュージカルをやられている方がいて、児童を何人か集めてこのメディアマーケットでミュージカル的なものを上演されたことがあります。そこは天井の高さが三・八メートルあるというだけで、通常の劇場空間のスケールでもなく、特殊な設備はありません。表現をして伝えようという欲求があれば、様々な活動が生まれてきます。だから、劇場の考え方から空間構成を変えるというよりも、いかに表現をしようという気持ちにさせるかということが重要であり、その意味で少し高い天井高さというのは大事なのかもしれません。

現代におけるパフォーミングアーツの位置と「フェスティバル／トーキョー（F/T）＊4」における実践

井口――街における劇場の役割という観点から、相馬さんの活動のベースとなっている部分はどのあたりでしょうか？

相馬――実は、私自身は今まで劇場に勤務したことがないのです。それは偶然であると同時に、自分でそれを選んでもいるところもあると思います。現在「F/T」というプロジェクトをプロデュースしながら今の演劇や舞台芸術を考えるとき、はたして「劇場」は必要なのかという問いから発想することさえあります。フランスでアートマネジメントや文化政策を専攻した後、様々なジャンルのアート制作の現場にかかわっていたのですが、その活動拠点のほとんどはもともと劇場の用途ではない場所でした。プジョー一家の豪邸を改装したアーティスト・イン・レジデンスとか、セーヌ川に浮かぶ蒸気船を改造した船上アートスペースとか。さらに帰国後の職場である《にしすがも創造舎》は、廃校になった中学校の校舎を転用した稽古場兼劇場ですし、横浜で立ち上げた《急な坂スタジオ》も、もとは市営の結婚式場です。そういうお古の物件を渡り歩いていて、結果的にいわゆる「劇場」が手元になくても演劇はつくれる、い

＊4　二〇〇九年三月より東京からの文化発信を目指した国際演劇祭。http://festival-tokyo.jp

（次頁上）［ラ・マレア］観客
（次頁下）［ラ・マレア］書店
（撮影＝Shiori Kawasaki）

僕が見てるの気づいてるかな？
いや　あの子からは見えてない
彼女に僕は見えない

やむしろ具体的な場としての稽古場とかアーティストが集まり長期的に作品を生み出せる環境さえあれば、それを発表する場としての「劇場」は都市の中に、様々な形を変えたオプションとして存在すればよい、というところに今たどり着いている気がします。

坂口――「F/T」における場を生み出すというアプローチが非常に興味深いのですが？

相馬――もはや一つに限定された劇場からものをつくるという発想をやめてしまっています。いくつものオプションがあったところにどういうコンテンツをインストールしていけるか、あるいはその場から影響されてどういう作品を新たにつくりだせるかというところに興味があります。同時代の人たちが心地よく共有できる物語が、日本人の場合、劇場ではなく、テレビや映画、マンガなどにある今日、つまり、必ずしも劇場に集わなくても、様々な物語が簡単に共有されてしまう時代に、本当に我々が劇場に足を運んで、その場、そのときにしか体験できないものを共有する意味や価値とは何か？　「F/T」ではそういった問題をつねに問おうとしています。

坂口――現代の都市において、フェスティバルがもつ意味はどのようなところにあるのでしょうか？

相馬――「F/T」は東京都の文化政策の中に位置づけられている、まさに「都市のフェスティバル」です。

(右)[cargo Tokyo-Yokohama]トラック(撮影＝Jun Ishikawa)
(左)[cargo Tokyo-Yokohama]工場(撮影＝Jun Ishikawa)

財政的にも東京都が主催者として二億円を拠出し、文化庁が約一億円の助成金を出しています。その他、企業協賛金やチケット収入を集めて三億五〇〇〇万円規模のイベントですので、世界的に見れば決して大きなフェスティバルではないですけれど、日本ではそれなりに大規模な公的フェスティバルです。前回六万人強の動員があったのですが、六万人はパフォーミングアーツでいうとものすごい大きな数なのですが、テレビの視聴率一％が一〇〇万人であることを考えると、ほとんど何の影響力もないといっていい。その状況をシビアに考えると、舞台芸術というのは、その場、そのときに集まった人にしか直接は伝えられない極めて不自由なメディアだと思います。しかしそのことに悲観的になるのではなく、逆に、その場、そのときに集まったことの価値とは何かを考えた場合に、そこで共有される体験の密度とか、代えがたい何かの価値の質を高めていくことが「F/T」の使命かなと思っています。

坂口――体験の強度をあげるために、場所とコンテンツの設定にはどのようなところを重視されますか？

相馬――まず日常的に、アーティストとの共同作業の中で、東京という都市をどうとらえるかという議論をしています。このとらえどころのない巨大な街と向き合ったときに街の風景が異化されるというか、街がふだんよりちょっと違って見えるような仕掛けを、どうやったら演劇を通して実現できるか？　そのことは意識的に考えていますね。

小泉——その場所がもつ歴史とか古さに触発される部分はありませんか？

相馬——それはすごくありますね。ただ、東京のほとんどの場所は実際には戦中に破壊されてしまって、結局ほとんど文脈のないところに散文的なビルとかマンションが建っている、というのが今の東京の現状かと思います。でも、あえてそこにある種の物語を読みこんでみよう、という視点で都市を見ようと努めています。そこに挿入しようと思っている物語と空間のポテンシャルがいかに合うか、あるいはそのずれがいかに面白いか。そのマッチングは、実は直感的なものだったりします。

同時代性——サイトスペシフィックとドキュメンタリー演劇

小泉——僕は[ラ・マレア]という屋外劇にとにかく驚かされたのですが、一見すると普通の商店しかない吉田町を舞台に選ばれています。吉田町に相馬さんのアンテナが反応されたのはどの辺だったのでしょうか？

[個室都市 東京]入口
(撮影＝Masahiro Hasunuma)

相馬——あのプロジェクトはアルゼンチンのアーティスト、マリアーノ・ペソッティ＊5が考案したものですが、もともとはアルゼンチンやヨーロッパの他の都市でも上演してきたものです。今回横浜でもやることになって、我々と一緒にリサーチをしながら上演地を決めたのですが、横浜のストリートの中でも、あの何か普段着っぽい街の雰囲気が彼のセンサーに引っかかったのでしょうね。通りがあって、店舗があって、わりとクラシカルなショーウィンドウが並んでいるのと、あとは居酒屋やバーがあって地元の人が普通に行き来するとてもオーディナリーなストリートだからあえて選ばれたのでは。

小泉——そこを選ばれたときは、相馬さんの視点とアーティストの視点が重なりあったという感じですか？

相馬——そうですね。今回の「F/T」で新しいバージョンでやるリミニ・プロトコルの[Cargo Tokyo-Yokohama]というプロジェクトがあるのですが、この作品の「客席」は改造トラックの荷台なんです。片面がガラス張りになっていて、お客さんが横三列になってシートベルトをして座席に座っているというもの。お客さんがCargoつまり荷物の視点で様々な物流拠点を回っていきます。何一つ舞台装置をつくらないわけですよ。つまり、お客さんが荷物の視

＊5　一九七三〜。アルゼンチンの演出家・映画監督。

点になって物流拠点を見せられる。ただそこにある港湾地域の風景や港湾労働者の日常があり、またトラックの運転手さんは実際本業で日々運転している労働者で、運転しながら解説してくれる。テキストなりある視点が与えられたときに、何の変哲もない日常、風景が全く別のものとして立ち上がってきて、そこに新しい都市への視線や物語が生まれるのだと思います。

小泉――サイトスペシフィックな上演空間が成立する際には、時代性とか社会的背景というのがあるのではないでしょうか?

相馬――サイトスペシフィックという言葉と連動するものとして、現実のドキュメンタリー性というものがあると思います。[ラ・マレア]や[Cargo Tokyo-Yokohama]といったプロジェクトでは、ある特定のサイトに演劇を挿入する際、そこにある現実も利用してそのまま見せるという手法がとられている。こうした現実のドキュメンタリー性を取り入れた手法は、今演劇の世界でも重要な潮流の一つとして存在しています。もちろん、メインストリームは今でも物語を舞台上で上演する形態のものですが。こうしたドキュメンタリー演劇の手法は、自分たちが今生きている現実とどういうふうに接続していくか、その接続の方法の一つとして極めて重要なものだと思っています。そしてその現実には、当然、時代性や社会的背景も鏡のように映し出されるのではないかと。

《急な坂スタジオ》を立ち上げた当初に企画した「急な坂フィールドワーク」というワークショップでは、横浜で上演の可能性のある空間やサイトを徹底的に歩いて、一日で回ろうということをやりました。横浜という街全体を劇場としてとらえたいという感覚がすごく強かったのです。この街全体をある種、あらゆる形の作品を上演可能な「劇場」であるととらえ、まずは自分たちの足で歩きながら、どういう上演が可能なのかを身体的に検証しようという試みでした。

坂口――サイトスペシフィックな上演空間の強度を高めるためには、いかにインタラクティブな場を設定するかが重要だと思うのですが?

相馬――次の「F/T」の中で[個室都市 東京]という〈Port B〉の新作を高山明*6さんと一緒につくるのですが、今回はツアー型のパフォーマンスではなくて、池袋の西口公園に個室ビデオ店のイミテーションをつくってしまおうと。プ

[個室都市 東京]室内
(撮影=Noboru Matsuura)

*6 一九六九〜。演出家。〈Port B〉主宰。

レハブの建物を出現させて、それを「劇場」ととらえようと。一般の人はもちろん、浮浪者もやくざもたくさんいるような公共の場所に、あえて個室化する都市の現実の一断面を引きずり出してくることで、様々な軋轢が生じると思うのです。私たちがそこで見せる映像というのは、エロビデオではなく、その広場にいる人たちのインタビュー映像です。様々な質問をしていって、最後に「あなたは誰ですか」って聞こうと思うのです。もうほとんど「これは演劇なのか」という、既存の枠組みは解体しているかもしれないけど、それをあえて演劇祭という枠組みの中で演劇としてやることによって、逆説的に演劇の可能性を問いたい。隣には《東京芸術劇場》という「ザ・演劇」のオーソリティがあって、その隣にプレハブの仮設の劇場を建てて、そこであらゆる演劇的な要素、つまり役者がいるだとか物語があるとか台詞があるということを全部排除したうえで生成されるものが、我々が今やるべき演劇なのだと主張しようと思っています。そうすると当然、旧来の演劇観しかもたない人びとからは非難もされ、問題視もされますが、それをやることが今の東京のリアルに自分がコミットする一番ラディカルにして強いやり方だと思っています。

[F/T09]ロゴ

＊7　一九三五～八三。劇作家、演出家、俳人、歌人、詩人、映画監督。〈演劇実験室・天井桟敷〉主宰。

舞台芸術空間が都市的なインパクトをもつために

坂口——たとえば寺山修司＊7の時代は、劇場ではないところで公演するだけで事件でしたが、今はそれだけでは事件にならない。そのためにはある種のフレームを設定しないと都市的なインパクトが生まれにくい。そのツールとして、フェスティバルという形式は意味があるように思いますが？

相馬——フェスティバルの輪郭というか、その枠組の力をできるだけ強く出したいと思いました。たとえば、「F/T」のロゴは第一回と第二回ともパンフレットのビジュアルデザインが変わっていない。F/T（エフ、スラッシュ、ティー）とベタな感じでいこうと。フェスティバルというある場やある共同体と東京という都市が、スラッシュを介してパラレルで成り立っていて、つねにその間に様々なダイアログが展開される。つまり入替え可能であって、かつスラッシュの関係性も様々な多様性のある読みができる。そういう状態がつねに成立しているフェスティバルにしたかったのです。

井口——事業を広めるということと、深めるということは共存させにくいかと思うのですが？

相馬——アーティストは個人に固有の避けがたい問題意識や興味にしたがって作品をつくるので、それが半径五メートルの人にしか伝わらなかろうが、世界中の人に伝わろうが作品をつくる動機は変わらないと思うのです。ただ、半径五メートルで終わるのか、世界中に広がるのか、ここから先は受け手と政策の問題だと思います。

小泉――伝えようという対象のサークルが小さくても、表現の強度が失われなければよいのだけれど、小さいサークルの中だと内向きになり、結果として表現の強度が落ちてしまうというのがありがちなケースですが。

相馬――それはたしかにあります。基本的に演出家の中で私がすばらしいと思っている人たちのほとんどは、創造に対する欲望が無限に肥大していきます。一〇〇万あったら一二〇万ほしいし、一〇〇〇万あったら二〇〇〇万使っちゃうみたいな。苦労して、制限つきの逆境から生まれることもありますけれど、それは長くは続かない。一定のクオリティのものをある普遍性のレベルまで高めようと思ったら、お金やサポートなどの仕組みは絶対に必要だと思っています。

坂口――フェスティバルには伝えると同時にアーティストのほうにも並ぶという意味があり、アーティストと作品両方の相互の批評性としての意義があると思うのですが？

相馬――おっしゃる通りです。フェスティバルという輪郭があって他のアーティストの作品も意識しながら発表することは、つくり手にとって刺激的なのではと思います。それはお客さんにもいえることで、一個の作品をただ見に行くよりも、いろいろ見て比較をすることで、フェスティバル全体として主張したいことが汲み取りやすくなると思います。

育てること、使いこなすこと

井口――育てるという機能についてはどうお考えになりますか？

相馬――アーティストを中長期的に育てていくのは本来劇場の役割ですが、日本ではなかなかその役割を劇場が担いきれていない部分もありますね。フェスティバルは本来的にはアーティストを次のステージへと上げる扉みたいな役割だと思いますが、私自身は継続的な関係を重要視したいと思っています。演劇やパフォーミングアーツの醍醐味であり、とても難しいのはお金とものすごい人数の人がかかわらなければ出来上がらないというところで、そうするとあまり短期的なスパンでつきあえないというか、長期的な関係性をつくって「三年後にこれをやりましょう」とか「五年後にはここまでいけたらいいね」とか、そういう信頼関係がないとなかなか作品をつくっていくのは難しい。

坂口――現在、相馬さんがディレクションされている《急な坂スタジオ》の活動や様々な創造支援の中で、大事にしていることはどのあたりですか？

相馬――《急な坂スタジオ》は、システムが問題なく機能する限りにおいて、つくりたい人がつくりたいスタンスで集まってその場を使い倒してくれればいいと思っています。稽古場って一番よいのは、荷物をずっと置けて、長期間使えて、ジャージで好き勝手にだらだら使えるというような、そういう自由な雰囲気だと思います。汚してもいいとか壊してもいいとか、そういう意味でも廃校の中学校だとか元結婚式場なんかは逆に彼らのクリエイティブを刺激するようなところがあり、むしろピカピカの稽古場よりもいいかなと思います。

井口――そこにかかわる人たちが使いこなすという意識にならないと難しい。日本の劇場は管理運営も含めて、海外に比べるとそのあたりが希薄だと思うのですが？

相馬――そうですね。私自身はヨーロッパに三年暮らしていたので、特に「使い倒す」という感覚にはなじみがありますね。当時留学していたリヨンにも、いわゆる新しい建築物としての劇場はありませんでした。メインの《国立リヨンオペラ座》は、旧来の劇場の上にジャン・ヌーベルの新しい空間を重ねて成立させていましたし、他にも古い工場跡とか食肉処理場とか、ありとあらゆる産業遺産が創造の場として生まれ変わっていました。もともとの歴史と新しいクリエイティブな要素を重ねていく手法で、たとえば、光の祭典「Fête des Lumières」のときには、それらの創造拠点がネットワーク化して、それぞれの存在をアピールする。市民が自分の暮らす都市の中で、歴史とアートが交錯している複数のサイトを回遊しながら、「あ、こういうところにも歴史的建造物が転用されたアートスペースがあったのだ」と共有できる物語をもてることが大事です。

劇場を支援するフレーム

井口――日本では、全国的に多くのホールが改修や更新の時期を迎えていて、これらをどのように扱うかを含めて行政的にも大きな課題になっています。地域の劇場の活用と街との関係で、もう少し面白い使い方があるのではないかと思うのですが？

相馬――とても難しい問題だと思います。これを大転換させていくには、相当強いビジョンとそれに対応する予算が必要で、この辺を日本の文化政策の新しい課題として自分自身も興味があります。たとえばフランスの場合、これといった産業に乏しい地方の小都市でも、〝国立〟と名のつく演劇センターや公立劇場があります。たしかフランス全部で演劇センターが四〇くらいで国立舞台が七〇くらい。街の公共ホール的な場所などに劇団がレジデンスして活動しているところに、国が〝国立〟というラベルを与えこれだけ多くの〝国立〟の演劇拠点が存在しているわけです。たとえばどこにでもあるような公共ホールに、NPOや劇団などプライベートなイニシアチブが入り込んでつくった劇場を国が認知することによって国の予算がつく。《国立演劇センター》の場合は、国が《国立演劇センター》の芸術監督を任命するというかたちをとってお墨付きを与えます。劇場と国が雇用を含めた事業内容により三年や五年の契約を結び、それにしたがった予算が配分される。これはあくまでフランスの例ですが、日本でも一つひとつの劇場がもっている予算やリソースはそれほど大きくなくても、劇場ネットワークが全国に張り巡らされ、あるクオリティや考え方を中央がコントロールするやり方をすれば、全体的なレベルアップにはつながると思うのですが。

小泉——文化的なモノを中央がコントロールするというのは、少し難しい側面もありますよね。

相馬——たしかにそうですね。地域の文化活動に対する国の関与とその仕組みは、相当慎重に議論すべきことだと思います。

小泉——箱ものを単に否定するのではなくて、その箱をどう使うかということを見つける必要があると。

相馬——箱は箱でものすごく大事ですね。やはり場所があって人が集まることができて、あるコミュニティが生まれて、持続的で継続的な活動が展開される。ようやく日本でも、政令指定都市レベルで都市文化政策的なものが生まれてきて、横浜が一番先駆的だと思いますが、たとえば仙台でも《メディアテーク》ができてだいぶ文化を取り巻く環境が変わったように、県庁所在地、政令指定都市あたりまでは場を軸とした都市政策が成果を上げてきたと思います。

創造都市横浜でものをつくる

坂口——小泉さんは横浜に事務所を移されて、ここでデザインを考えていくうえでどういった点に横浜の可能性を感じられていますか?

小泉——現在、横浜市が展開している「創造都市（クリエイティブシティ）構想」は、ある種実験的な試みとしてとても興味深くとらえています。創造活動をしている自分にとってもどういう意味があるのか、その試みの内部にいて体験したいと思っています。以前渋谷に事務所があったときには、行政の人との接点は全くといっていいほどなかった。横浜では行政の方やメディアの方々とふれあう機会が格段に増え、今までにない関係ができている。様々な分野の方々と触れ合うことができるのは、物を創造するうえで非常に重要だと思います。

井口――今までの経験の中で、こういうところが変わっていくと将来的に劇場が面白くなっていくというポイントはありますか？

小泉――痛切に感じているのは、建築そのものより人です。横浜の創造都市の動きは、実際には《BankART 1929》の池田修*8さんや《急な坂スタジオ》の相馬さんといった非常にエネルギッシュなキャラクターがキュレーションを行っていることで実現している。同じように劇場を大きく展開させていくための課題は、意欲的なキュレーション、そしてそれを実現する人材の養成にあるのではないでしょうか。

坂口――欧米の創造都市は、環境都市としても充実しているように、クロスポリシーとして成立している。ホールの活用もそうですが、特に地方都市などでは、文化政策の多義性をもう少し積極的に考えるべきだと思うのですが？

相馬――文化は、福祉、教育、都市計画、環境などとクロスしていくことが得意な、トランスバーサルなジャンルであるということが、都市文化政策の根本的な考え方としてあると思います。文化を一つの原動力とした地域開発ですよね。フランスで勉強した当時もそれが主流な考え方で、ようやく日本の各地の都市文化政策にも浸透してきて、いよいよ政策の実行段階に入ってきたと思います。

坂口――相馬さんにとって、横浜の可能性はどのあたりにありますか？

相馬――横浜はある意味、ヨーロッパで体験してきたことを同等のスケール感でできる実験場としてとらえています。東京がとらえどころのない雑然としたカオスであるとすると、横浜は新しい街だけれど、ある種のポエジーがあり、文脈があり、ランドスケープとしても読み取りやすいし、足で歩いても体感として感じやすい。都市のスケール感を身体感覚として明確にもてる場所だと思っています。ここで仕事をすることは個人としてもある種の快感ですし、たとえば東京で仕事をしていたら、小泉さんとこういうかたちでお話しさせていただく機会がもしかしたらなかったのかなと思いますし、横浜の都市のスケールで様々なジャンルの人たちと垣根なく接してもらっているというのも魅力の一つです。

（記録＝坂口大洋＋森山裕理）

＊8　一九五七〜。ギャラリーディレクター。《Bank Art 1929》代表。

座談会

都市と劇場の新たなデザイン

太田浩史＋浦部智義・坂口大洋・佐藤慎也・戸田直人

この座談会では、本書における論考を踏まえながら様々なフィールドにおいて研究と実践の両面から興味深い活動を展開されている比較的若い世代の方々に集まっていただき、次世代の劇場空間を考える切り口を探す。ゲストに国内外の都市デザインとパブリックスペースに詳しく、自らも様々な活動を展開されている建築家の太田浩史氏を加えて、劇場空間を都市空間に拡張する可能性と戦略を座談会形式で探る。

建築や都市に求められる演劇的要素

坂口――まずは皆さんの最近の関わりや問題意識をご紹介ください。

佐藤――《世田谷パブリックシアター》などの稽古場調査をきっかけとして、舞台美術デザインなどで演劇の現場にかかわるようになりました。一方、カールスルーエにある〈ZKM〉というメディアアートセンターに滞在していたこともあり、展示デザインやアートプロジェクトなどで美術の現場にもかかわっています。最近では、演出家の中野成樹[*1]さん、矢内原美邦[*2]さんを迎え、「戯曲をもって町へ出よう」(二〇一〇)という劇場外で演劇を行う演劇作品をつくっています。他には、美術家の中村政人[*3]さんがディレクターを勤める千代田区の廃校になった中学校を改修したアートセンター《3331 Arts Chiyoda》を設計しています。

戸田――シアターワークショップという会社で劇場コンサルタントとして二〇年近く、多くの劇場計画にかかわってきました。かつては、設備を含むハードのプランニングがメインだったのですが、最近は運営や市民参加などのソフトのプランニングも増えてきています。これまでにかかわった劇場をいくつかあげますと、《博多座》《千種文化小劇場》(名古屋市)の基本計画、《北九州芸術劇場》《茅野市民館》《大船渡市民文化会館》などです。《茅野市民館》では、マ

*1　一九七三〜。演出家。〈中野成樹＋フランケンズ〉主宰。演出作品に「44マクベス」「スピードの中身」。

*2　一九七〇〜。振付家、演出家。〈ニブロール〉主宰。振付作品に「ROMEO OR JURIET」、演劇作品に「青の鳥」。

*3　一九六三〜。アーティスト、東京藝術大学准教授。展覧会に「QSC+m」「QSC+mV」「秋葉原TV」。

*4　一九五五〜。建築家、早稲田大学教授。〈NASCA〉主宰。建築作品に、ジグハウス／ザグハウス、神流町中里合同庁舎。

ルチホールという昔の芝居小屋をモデルとした桟敷席の配置や外部への開放性も担保した転換の機構などのハード部分と、市民参加の仕組みやワークショップを通して設計者の古谷誠章*4さんや行政の人たち、市民と計画を進めました。

浦部——かつては、国内外の代表的な劇場・ホールにおいて舞台—客席空間の視覚特性について調査を行っていました。特に座席における視覚的な満足度評価と物理量との関連が大きなテーマで、それを生かして《まつもと市民芸術館》の大ホールなど、いくつかの劇場・ホールの視覚検討やシミュレーションに携わりました。最近では、文化施設に関するものとしては、福島県飯坂温泉の豪農の家を文化施設に用途転用する中で、蔵を舞台空間に改修するプロジェクトなどにもかかわっています。研究面では、《可児市文化創造センター》《北上市さくらホール》《茅野市民館》のような市民の日常利用を意識して計画された劇場・ホールをもつ公立文化施設のパブリックスペースの利用者の意識やアクティビティなどを研究しています。

坂口——私も稽古場の調査がスタートです。実践としてかかわった最初は、演劇の創造活動支援施設《せんだい演劇工房 10-BOX》。開館後も利用調査などやプロデュース公演の制作などに継続的にかかわっ

（右）「戯曲を持って町へ出よう。1 しあわせな日々」（演出＝中野茂樹）
（左）《大船渡市民文化会館》

ています。それ以外では、講堂からコンサートホールにコンバージョンした東北大学《川内萩ホール》や仮設の移動式神楽舞台のプロジェクトなどにかかわっています。都市的な観点では、下北沢やソウル市大学路などの小劇場集積エリアの調査です。特に大学路は一・二キロ×六〇〇メートルのエリアに一〇〇近い小劇場があり、成立過程と文化的なアクティビティの集積効果に興味があります。もう一つはクリエイティブシティにおける創造空間の再編です。創造活動拠点の役割を横浜をフィールドに創造都市政策と活動空間の両面から調査研究を進めています。

太田——私は建築の設計もしつつ、大学で都市再生とパブリックスペースのアクティビティを研究しています。東大の「COEプロジェクト」にかかわっていたこともあり、国内外を含めて一三〇都市ほど訪問しているのですが、都市のブランディングと文化施設の役割に関心があり、その中でいかに劇場が位置づけられているかに興味があります。半分趣味ではありますが、「東京ピクニッククラブ」というピクニックプロジェクトを行っています。これは創造都市として名高いニューキャッスルゲーツヘッドに招聘されて行ったピクニック（ピクノポリス）です。マザープレーンとベイビープレーンの二つをデザインし、

一〇日間都市の中を移動しながら最終日に両方のプレーンが出会い、皆で地域ならではのピクニックを考えるコンテストをする、というストーリーです。

都市と劇場の関係も興味がありますが、フランスのロワイヤル・デ・リュクスのプロジェクトのように、街を使う参加型のスペクタクルをつくるというのが現代では重要ではないかと思います。そのように考えて、四国のしまなみ街道のアートイベントのプロポーザル案では、吊橋にらくだを歩かせ、瀬戸内の島々を巡っていくストーリーを提案しました。テクノロジーによって早い交通が実現された地域を、らくだのようにゆっくりとしたスピードで行き来することで、橋もしくは交易の本来の意味を浮かび上がらせようと考えました。建築であれ都市であれ、こうした演劇的な振舞いは非常に重要であると考えています。

変わりつつある劇場と変わらない劇場

坂口――戸田さんは、九〇年代前半から現在までホールを計画、運営する現場に多数かかわってこられたと思いますが、この約二〇年何が変わって何が変わっていないのでしょうか？

戸田――ハードが変わってきている部分は説明できるのですが、クリエイターの作品創造の要請から劇場が変化してきたかというと、残念ながら難しい。九四年の世界劇場会議で舞台美術家に対する太田創[*5]さんによる「あなたの好きな劇場はどこですか？」というアンケートでは、第一位が《ベニサン・ピット》でした。つまり倉庫です。ランキングにはそれ以外にも、本来劇場ではなくて転用したものがいくつかあげられていました。その意味では日本は危機ですね。先ほどの話のように外部をうまく使って面白い体験ができるように、演出家とかクリエイターとコラボレーションできている劇場がどれだけあるかとなると、《新国立劇場》や《世田谷パブリックシアター》でさえもわからない。高萩宏さんが本書で指摘している自分たちで《駒場小劇場》をつくったときのような、劇場とのコラボレーションみたいなものは現在ではないのではないでしょうか。

（右）《アートセンター 3331 Arts Chiyada》展示コーナー
（左）《仮設神楽舞台》（設計＝坂口大洋＋カグラグミ＋はりゅうウッドスタジオ）

坂口――それは計画や設計プロセスの問題なのか、あるいはアーティストの場所を創りたいというモティベーションの問題なのでしょうか？

佐藤――もちろん、演出家の中には外部空間を使わないで劇場の中でやろうという人たちがいます。また現在の劇場に不満をもっていても、自分たちのための劇場や空間を自分たちでつくろうと発想する人はほとんどいないでしょう。それは劇団自体のつくり方にも関連していて、劇団というシステムであれば団員だけでつねにやり続けると思いますが、最近はユニットとして、作品に合わせてその都度チームを構成する人たちが増えてきたような気がします。そのため、上演する空間も作品ごとに選ぶため、カスタマイズされた固定化した空間が一つあればよいという話ではないような気がします。

戸田――先ほどの《ベニサンピット》の評価が高い理由は、何でもしていいことです。劇場で何をしてもいいということになると、劇場をもとに戻す高度な技術が必要になるわけです。その技術までもっている劇場は非常に少ない。けれども、何でもやることができたら、どんなハードでも面白い劇場になる。

佐藤――美術も同様で、ホワイトキューブの展示室を好むアーティストもいれば、リノベーションした非常に特徴のある展示空間を使ったり、アートプロジェクトのように街に出て行くという状況もあり、演劇とパラレルな関係にあるのではないかという印象があります。

坂口――パブリックアートなどがそうですが、外部で展示するには内部で展示するよりも高度な技術や作品のクオリティが必要です。〈Port B〉の高山明*6さんや太田さんのように外部をうまく使える人は技術があるので、結局その人たちは中でもちゃんとできるという感じがします。

しまなみキャラバン・海を渡るラクダ。

*5　グラフィックデザイナー。〈01Ga.Graphics〉主宰。
*6　一九六九〜。演出家。〈Port B〉主宰。演出作品に「肉雲」「家」「サンシャイン六三」。
*7　一九三五〜八三。劇作家、演出家、俳人、歌人、詩人、映画監督。〈演劇実験室・天井桟敷〉主宰。演出作品に「毛皮のマリー」「ノック」。
*8　シュテファン・ケーギ、ヘルガルド・ハウグ、ダニエル・ヴェツェルによるアートプロジェクト・ユニット。二〇〇〇年結成。演出作品に「ムネモパーク」「Cargo Tokyo-Yokohama」。
*9　一九四九〜。建築計画、建築批評。滋賀県立大学教授。

都市に展開する現代演劇

坂口――かつて七〇年代初頭に寺山修司*7が市街劇を展開していましたが、佐藤さんが「フェスティバル／トーキョー(F/T)」で高山さんとコラボレーションした「個室都市 東京」(二〇〇九)では、寺山の試みと継続している部分と違う部分があると思いますが？

佐藤――たとえば今回の「F/T」では、ドイツの〈リミニ・プロトコル*8〉というユニットが、トラックの荷台に客席をつくり、街を走らせながら演劇をやる作品をつくっています。高山さんの話によると、彼らは寺山がかつて市街劇をやっていたことを知っているそうです。もちろん高山さんも知識としてはもっていますが、実際に観たことはないと思います。

坂口――僕もリアルタイムでは観たことはないです。布野修司*9さんが以前「世界劇場の夢」という文章の中で「小劇場演劇は近代演劇と近代を象徴する場所としての劇場の二つの批判からカウンターとして成立していた」と考察しています。たしかにそうだと思うのですが、近代劇場も近代演劇も中心ではない現代において、都市に対するある種のインパクトをもつ表現を目指す場合に、積極的に都市の外部空間を使う理由には以前とは異なる重要な意味がある気がするのですが。

佐藤――ないですよね。必ずしもそこからの延長として自分たちの作品をつなげてつくっているわけではなくて、むしろ作品の中から手法と表現が生まれてきている。彼らに共通していえることは「ドキュメンタリー演劇」という手法です。たとえば、リミニの「カール・マルクス：資本論、第一巻」(二〇〇六)という作品では、資本論の本当の研究者、翻訳家などの役者ではない人たちが舞台上で演じています。〈Port B〉も、実際の人たちを出演させたり、インタビューで登場させたりして、それらを構成して作品をつくっています。単なるフィクションとは異なる演劇のあり方を模索する中で、劇場の中だけにとどまらずに実際の街に出ていく作品をつくる必要性が出てきたのではないでしょうか。だから、一見すると寺山修司と似ているのかもしれませんが、そのあたりの意味合いが異なると思います。

街の中の役者

太田――去年、エジンバラのフェスティバルに行ったのですが、駅前にインフォメーションセンターがあり、そこで毎日配られているプログラムの厚さに驚き、そのスケールの大きさを実感しました。文化プログラムの開発は都市間競争の中ではとても重要で、各都市がコンテンツを競っているところがあります。その中でエジンバラのフェスティバルは飛び抜けて歴史があり、一つひとつは単なるパフォーマンスですが、その公演数の多さが街に染み出てきて、都市全体が祝祭的な雰囲気になってくるわけです。広場や道に公演を終えた役者が出てきて、コーヒーを飲んでいたりする。ドラキュラとすれ違ったり、中世風の衣装を着ている人と立ち話をしたり、そういう場の雰囲気がとても面白かった。演劇的な人間が街にいること自体が、とてもよいことだと思います。たとえばサッカーのサポーターがユニフォームを着て歌っていたりすると、街の公共空間がふだんとは違うモードになりますよね。それが大々的に現れていたエジンバラは衝撃的でした。そのことと関係しますがウォーターフロントの再開発などの都市再生プロジェクトでは、特にオペラ座が一番の飛び道具なんですね。コペンハーゲンやヨーテボリ、ヘルツォーク&ド・ムーロン*10設計のシンフォニーホールがあるハンブルグもそうです。ホワイエが運河に面していて、着飾った人たちが都市の風景として浮かび上がる。シャンパンの泡のように切ない社交は僕はいいと思うんですね。もう古典的ですが、シドニーの《オペラハウス》もそういう雰囲気があって、都市的だな、と思うんです。でも、よく見てみると、かつて工場地帯だったところに劇場やオペラ座

(右)ピクノポリス・マザープレイン
(左)エジンバラの演劇フェスティバル

が非常に戦略的に置かれて、その街の象徴的な文化空間を都市プロモーションとして表現しているんです。

日本の場合は、初台の《新国立劇場》の立地もよくないし、松本市の《まつもと市民芸術館》ですと、日本一の指揮者小沢征爾*11さんと日本一の建築家伊東豊雄*12さんがかかわっていても、それが街の軸線から外れたところにあって、配置に意思が感じられないんですね。伊東さんは建築でやれることはやっていて、一番都市に面したところにホワイエをつくっているんですが、そのホワイエからはカレー屋の看板しか見えない。本当ならば、ライトアップされた松本城が見えるところに劇場があるべきではないかと思うんですね。これは劇場とか、ホールとか、美術館とか、文化的な活動の場が、都市空間と関係したものとして位置づけられていないからではないかと思うんです。

浦部——役者っぽいとか、演出できるとか、そういう人間は、街や空間を楽しくするにはすごく大切だと僕も思います。《ウィーン国立歌劇場》のオペラを観たときの個人的な体験ですが、他は皆地元ウィーンの人ばかりのボックス席で、一人同席していた日本人(僕)に話し掛けてくるんです。「どうだった」みたいに。演奏が〈ウィーンフィル〉だったので自慢もあったと思うのですが、たとえば外国人が一人客席にいて「今日の歌舞伎はどうだった」と普通の日本人は話し掛けるかどうか？　言葉が通じるとか通じないとか以前に、とにかく周りを楽しくさせるという基本姿勢が備わっていることが、先ほどから出ているパフォーマンスが成り立つ根本だと思います。その中で演出する楽しさを感じ、演出を見せられ楽しめた人がリピーターになっていく。特に都市レベルの話になると、同時多発的にそのパフォーマンスの発生が期待されるかと思いますが、その辺が継続性とか持続性、あるいは都市がアクティビティを持ち続けるかどうかということとすごく関係していると思っていて、その意味で太田さんの話にはすごく共感できました。

太田——唐十郎*13さんの赤テントでは、最後にテントが開いて外が見えたりするのが定石でしたし、磯崎新*14さんの《静岡コンベンションアーツセンター》も外の公園と連続していますが、ホワイエや舞台が外部とつながるというものは、他にも結構あるのですか？

戸田——一九七七年の菊竹清訓*15さんの《川崎市民プラザ》をはじめとして、ときどきできてますね。

*10　ジャック・ヘルツォーク、ピエール・ド・ムーロンによる建築家ユニット。一九七八年結成。建築作品に、テートモダン、プラダブティック青山店。
*11　一九三五〜。指揮者。
*12　一九四一〜。建築家。建築作品に、シルバーハット、せんだいメディアテーク。
*13　一九四〇〜。劇作家、演出家、俳優。演出作品に「腰巻お仙」「泥人魚」。
*14　一九三一〜。建築家。建築作品に、水戸芸術館、山口情報芸術センター。

劇場のパブリックスペースにおける見る見られるの関係

浦部――《茅野市民館》は、古い文化会館を建て直すときに敷地を求めて郊外に出ずに、中心部の駅に対して開いたかたちで建設し、人びとの公共的な気持ちを高めていくという意味で、立地面で太田さんの指摘を具現化していると思います。

やっぱり、日常においても見る見られる関係っていうのは大事だし、公共施設もその緊張感や楽しさを演出するほうがよいと思いますし。そういう意味では、カジュアルだけど《北上市文化交流センター》では練習室がガラス張りで、練習している姿が外から見られることによって、それ自体で役者になっていて結果的にみんなが盛り上がっている。そのシチュエーションを無理矢理つくることも一つの手だと思います。今まで自分の部屋で練習していた人や、閉ざされたところで練習していた人が、開かれることでいろいろな人に見られて、ひょっとしたら練習の時間が一時間から一時間半になっているかもしれない。細かいことなんだけれど、そういう利用者の気持ちを高ぶらせる仕掛けも必要だと思います。そして、都市レベルでそれを成功させるためには、継続してときには多発的にやっていかないとなかなか難しいですよね。

坂口――日本では海外に比べるとアマとプロ、演じる人と見る人の境界が非常に曖昧な部分があります。近所のおばあちゃん同士で劇場を使ってカラオケ大会をやったりする土壌が現実としてある。それらの背景をポジティブにかつうまくプロジェクトに取り込む必要がありそうですね。たとえば《茅野市民館》のプログラムを設定するときにはどのようなことを考えたのでしょうか？

戸田――《茅野市民館》はもともとの発想がそういう演出的なことではなく、一階を平土間にし、年に一回県の美術展をやりたいということからでした。実際にはあの仕掛けをまだ戦略的かつ十分に使い切れていない。それにはやはりアイデアが必要です。そしてそのアイデアは相当クリエイティブな人でないと沸いてこない。だからほっといたら面白い使い方なんかしてくれないんです。たとえば、使われるたびに写真に撮りためて、利用申込みに来た人に見せるなどのことは必要だと思う。

坂口――たしかに、実際にどのようにレイアウトして使ったかということは、一般的に施設ではアーカイブしていないので、それがユーザー間で共有できると使い方の発想が広がりますね。

＊15 一九二八〜。建築家。建築作品に、スカイハウス、東光園。

《北上市文化交流センター》でのアクティビティ（撮影＝浦部智義）

ロワイヤル・デ・リュクス（資料提供＝太田浩史）

劇場に見る広場論

坂口——伊東さんが《座・高円寺》について広場をモチーフとして語っていたり、本書のインタビューで取り上げた小泉雅生さんの最近のコンペ案では、階段を用いた広場のような場所が現れたりしています。しかし、劇場は単純な広場ではなく、圧倒的な暗黒の空間という物理的な要素があります。伊東さんの《ゲント市文化フォーラム》のコンペ案もそうですが、どのような広場をモデルとしているのかに興味があります。その一つは壁のあり方とその差異です。六〇〇ミリの厚い壁と、二〇〇ミリの壁では圧倒的に要素が違うと思います。

戸田——《ゲント市文化フォーラム》と似た案として、実現が難しくなったものに、山本理顕[*16]さん設計による《小田原市城下町ホール》案があります。あの案を運営しようとすると教科書と正反対の発想がないと難しいですね。その案の検討中に、舞台美術のテクニカルディレクターである眞野純[*17]さんはこれは劇場じゃないという割切りをしていました。「広場で何かやるんだ」という発想だったら、これは成立するということでした。

坂口——《座・高円寺》の芸術監督である佐藤信[*18]さんの初代黒テントは、公園や空地や神社の境内に、二

*16　一九四五〜。建築家、横浜国立大学大学院教授。建築作品に、熊本県営保田窪第一団地、横須賀美術館。

*17　一九四八〜。神奈川芸術劇場館長。舞台監督、技術監督として、日本を代表する多くの演出家の作品にかかわっている。

台のトラックによるテンション構造のテントを一日で設営するなど、簡単なデバイスで劇場空間に変えていた。《座・高円寺》の広場のイメージもこの文脈で語られています。理念としての広場ではある種の平等性が語られますが、そういった公共的に支持されやすいキーワードである広場と、強固な遮音壁や専門的な性能をもたなければいけない劇場の機能とは、表面的には相容れない部分があると思います。その結果ハコものだとかいろいろな批判を受けるのですが、もう少し外のアクティビティと中がうまくつながるようなデザインが行われると、劇場の意義そのものも変わる可能性がありませんか？

浦部——素人的な見方をすると広場とは飲食ができたり、本を読めたりだとか、行為の自由が許されている場所だと思うのですが、一般的な劇場・ホールの客席に入ると、そういうことが禁止されていますね。個人的には昔からどうしてダメなんだろうと思ったりもします。公演によってもう少し幅広く飲食を認めると、劇場・ホールの利用のされ方も変わる気がします。施設内のパブリックスペースの調査をしているとわかるのですが、人がたまる条件は、もちろん稽古や練習の合間に休憩している人もいるけれど、たいていは机があって書物を読めたり、飲食が自由だったり、ある意味では規制が少ない場所といえます。そういう意味では、劇場ホール空間と都市をつなぐ鍵は施設内のオープンスペースにあると感じています。

太田——劇場が広場化するというのは説明としてとてもわかりやすいのですが、よく考えると多目的ホールの延長線上でとらえられている気もします。都市再生の立場から提案してみたいのは、広場が劇場化するという見方です。創造都市の議論もここに入りますが、もともと都市は劇場的なのではないでしょうか。都市によって異なりますが、都市自体の原理に、演劇的であるということがしばしばあげられますよね。ニューヨーカーの挨拶の仕方やイタリア人は必ず歌うなどの、それぞれ個性によるコードや挨拶みたいなものが支配しているわけですね。単純かもしれないのですが、共同意識の高い都市はそのアイデンティティを生み出す装置として公共空間を劇場化することを選択していると思うんです。都市空間全体が劇場化する、もしくは劇団化することを必要としていて、その中の極として美術館や劇場というものが拠点としてある。

戸田——僕も演劇的振舞いというのがすごく好きで、それは共通していますよね。

太田——《シドニーオペラハウス》の練習場は、ハーバーブリッジを越えたところにあって、若いダン

＊18　一九四三〜。劇作家、演出家、東京学芸大学教授。〈鷗座〉主宰。《座・高円寺》芸術監督。演劇作品に「おんなごろしあぶらの地獄」「鼠小僧次郎吉」

〈黒テント〉（資料提供＝斉藤義）

サーや音楽家が練習しているのをみんなが観られるんですね。歩いて行ける距離で、「ハレとケ」の「ケ」の部分がよく見えるようになっています。《まつもと市民芸術館》も屋上のリハーサル室に夜でも無料で行けますが、そういうのも都市を劇場化しているように思います。ポスターが街中に張られたり、「どこかの街からこういうカンパニーがくるよ」というのが街の噂になったりする。そういう演劇的な時間に包まれる、ということは都市にとって何か本質的なものがあると思います。

坂口――日本は演劇の定義を少し狭くとらえていることも一つの課題だと思います。先ほどの韓国の大学路では、一〇〇くらいの劇場の中には、現代戯曲だけではなく、マダン、チェーホフ、お笑いや人形劇もあり、それが個々に多様な観客を集める吸引力となり、ある規模を獲得している。結構そこに行ってから何を観るか考えることができて「うちの劇場に観に来てください」と、飲み屋の呼び込みのような光景もありエリア全体にアクティビティが集積し劇場化しています。

都市戦略と文化

太田――私たちにピクニックを依頼してきた組織は、「ニューカッスルゲーツヘッド・イニシアチブ」といって半官半民の組織です。ニューカッスルとゲーツヘッドは二つの都市なので、バランスをとりながら両市の文化政策を横につなぎ、それぞれの街の文化予算とは別に、年間一二億円の予算をもっている。そのミッションは、パイロットとなる質の高いプログラムを開発し、イギリス、そしてヨーロッパにおいて文化的ブランドを確立しようというものです。彼らと話していて気づかされたのが、「プレミア」をつくろうとする意識です。再演ではなく、これはニューカッスルゲーツヘッドではじめて試みられるものである「プレミア」の価値に大変こだわる。いわれてみると［ドン・ジョバンニ］はプラハで初演されたとか、［蝶々夫人］はミラノだったとか、どこが最初だったかは今でも語り継がれていますね。「プレミア」をつくりだしたことを評価する、そういう土壌があるのだと思いました。

戸田――全体予算が一二億円で、その政策が持続する理由は何ですか？

太田――ニューカッスル・ユナイテッドFCやホテルなど、それぞれお金を出すんですけれども、これだけホテル業界に貢献があるとか、教育のプログラムとどのように結びついたとか説明しています。ニューカッスルでは、街のインフラを使ったり、風景も劇場化していきます。劇場と便利な言葉を使っていますけれど、都市全体がスペクタクルであったり、神話になっているということが大事ですね。いろいろな移民がいたり、その街の人ではないツーリストもいるわけですよね。そういうもともと価値を共有しない人たちが一緒に住むときに、スペクタクルとか、瞬間的な連帯感みたいなものが現代都市では非常に重要で、そのときにコミュニケーションの方法として演劇という言語がとても大事であるということではないでしょうか。

坂口――ロワイヤル・デ・リュックスのような都市空間におけるコンテンツの使い方も重要です。クリエイティブシティを提唱したチャールズ・ランドリー*19やリチャード・フロリダ*20も、寛容な場の意義を指摘しています。広場を、劇場というか、演劇的な行為が発生する場所にするためには、そこを使う人の見立てが大事ですね。

太田――劇場化する広場、もしくは劇場化する都市空間という潮流の中で、劇場がどのような特殊性、たとえば閉じた空間としての超越性をもつのかということは、また別の話だという気もします。やはり、あの特権的な時間と空間や、幕間の高揚感は別の神話性をもっていると思うんですよね。

佐藤――いわゆる広場は建築ではないですよね。建築家が広場という言葉を使うのは、建築ではないものによってつくられている状況に対する憧れがあるのではないかと思います。伊東さんは劇場をいくつも設計していますが、理想の建築として、幔幕が一枚張ってあり、その中で宴会が行われている様子をあげて、その薄い幕が建築なんだと語っています。しかし、太田さんが話していたように劇場には超越性みたいなものが基本的に必要で、どうしてもそれが壁をつくってしまい、建築である以上は広場にはなりえないんだけれども、その状況に近づけたくて広場という言葉を使っている。建築が広場になりえないからこそ、永遠の目標として繰り返し広場をもちだすのではないでしょうか？　しかし、実際には演劇をやっている人たちは、劇場でもやるし、広場でもやるし、そういう建築家がとらわれている枠を乗り越えています。観る方も意外と広場で演劇的なスペクタクルを観るのも、劇場と同じようなものとして考えているのではないでしょうか？　広場にこだわっているのは、もしかすると建築家だけなのかもしれない。

戸田――たしかにオペラは客席と舞台がある程度分かれているけれど、演劇はどんどん客席に入っていこう、客席と舞台を一体にしちゃうという力のほうが強いですね。だから、建築家の主張との差異が現れるのかもしれません。

*19　一九四八〜。都市計画家。著書に「創造的都市　都市再生のための道具箱」。
*20　一九五七〜。社会学者。著書に「クリエイティブ資本論　新たな経済階級の台頭」。

劇場における客席

坂口――客席空間に関してですが、一般的な劇場の客席間隔は昔に比べると広くなる傾向にあり、安全性や見やすさの水準は上がりましたが、空間が希薄になったという指摘もあります。たとえば、唐十郎さんなどのテント空間は仮設でぎゅうぎゅう詰めですが、客席の密度が高くそこが面白いという意見もあります。《まつもと》などでは客席間隔を詰めて舞台までの距離を近くしていますし、《北上》では階段状に練習室を設け、練習空間から別の練習空間が見えるなど、空間のスケールや見る・見られるの関係が、近年の劇場計画でもいくつかテーマとなっています。たとえば、新居千秋*21さんの《大船渡市民文化会館》では客席を分割していますね。一体感をもつという点では少し希薄なようにも見えますが、他方、自分の客席だというアイデンティティをもてる面白さもあるようですが？

戸田――均質よりは面白い気がしています。お客さんをチラチラ見ながら観るほうが、見えないより楽しいと思います。

坂口――清水裕之さんが著書『劇場の構図』の中で様々な芸能空間の広がりを、客席と舞台ともう一つの端点の視軸の三角形の成立が重要であると指摘しています。一般的に日本の劇場は、特に音響設計上の観点から平面計画は左右対象で客層の階層も少なく客席の値段もあまり変わらないのですが、新居さんは客席を変えることで劇場空間の多軸性みたいなものを考えている気がしますが？

戸田――それはあります。今度はあそこで観てみようかなと考えることができる。日本だとバルコニー席の配置で遊んだりするけれど、ヨーロッパでは一階席の正面にボックス席があったり、その中にも違うクラスの客席をつくったりする。そういうのは面白いと思いますね。

浦部――二〇〇〇席クラスになるとある程度、視覚的条件の悪い席をつくらない限り、非常に条件のよい席はつくれないので、一般的には条件の悪い席を少なくするために非常に条件のよい席も設けないという感じになるかと思います。新居さんの設計された一〇〇〇席規模の劇場・ホールの客席配置を見させていただくと、逆に従来の一〇〇〇席規模の劇場・ホールにはなかった、舞台からちょうどよい高さ・距離に席を配置してみようという発想でつくられている側面もあるのではないでしょうか？　それをデザイン的にもうまく納めるために、分節化したバルコニー席と土間席などを建築的にうまく処理されているのだろうと考察していますが、そうでもないで

*21　一九四八〜。建築家、東京都市大学教授。建築作品に水戸市西部図書館、横浜赤レンガ倉庫二号館。

すか？

戸田――《大船渡市民文化会館》は比較的うまくまとまっていると思います。

佐藤――分節した客席というのは、コンサートホールではある役割や機能をもてる気がするんですが、劇場空間といったときにどのようなメリットがあると考えていますか？

戸田――機能面の意義があるかというと、正直なところ難しいですね。

佐藤――アーティストからすると、作品の内容によって使い分けができるのがよいと思います。僕がかかわった演劇作品では、舞台上にも少し客席をつくるなど、様々な場所から観客が舞台にかかわれる空間をつくっていました。コンサートホールと劇場では考え方が少し違いますが、単に何でもできる空間がいいというのでもない。そのバランスが問題です。

太田――そこが劇場がもっている特異性ですよね。

坂口――《座・高円寺》の場合は、当初運営計画上難しそうだと思われる点もありましたが、実際に稼働させると意外に大丈夫という感じです。戸田さんが指摘された使用の限界ラインの設定と判断基準が、計画条件の自由度を変化させることを示していると思います。

佐藤――《座・高円寺》は芸術監督である佐藤さんが当初からかかわっていたわけで、やはり使い手が見えているか見えていないかというのは計画時に果たす意味が大きいですね。

坂口――技術に関してですが、《座・高円寺》の場合はアナログとデジタルがシステム的にも共存していますが、地方の公共ホールなどはほぼデジタル。アメリカやヨーロッパの劇場は、大劇場でもかなりアナログな部分がありますよね。なぜ日本はなかなかルーズにすることが難しいのでしょうか？

戸田――それは僕らの責任かも（一同笑）。

坂口――《座・高円寺》のように圧倒的にプロ仕様のところにアナログが導入され、アマチュアが使う部分が非常にデジタルというのは、劇場の本質を示しているように思いますが。

戸田――ヨーロッパの劇場に行くと、割切りがすごくはっきりしている。「なぜ、ここはこういうふうになっていないんですか？」と聞くと、「なぜこの劇場にそれが必要だと思うの？」と聞き返されたりすることがよくあって、そのときにハッとするんですよ。

都市空間にダイナミズムを与える劇場の役割

太田――ぜひ伺いたい質問があります。《歌舞伎座》に行くと、みんな幕間に食べることに夢中になるじゃないですか。日本では「休憩」といったりするから、その意味が曖昧になるんですけれど、幕間にお弁当を予約して食べるということが、日本の劇場の受容のされ方のとてもいいところだと思うんです。お土産屋さんがあったり、皆が夢中でお弁当を食べていたり、そういった部分は劇場計画でどれだけ重視されているのでしょうか？

戸田――それは《歌舞伎座》が本当の商業劇場だからです。一般的な劇場では、ホワイエにバーカウンターがあって、飲み物と軽食を出すぐらいはありますが。

太田――しかし、その辺が終演後も含めて貧弱だという議論もありますよね。《東京文化会館》なんかでも全然だめですね。

坂口――それを劇場の中で担保する機能かどうかという議論があります。一般的に観客だけを対象にすると採算の成立は極めて難しい。終演後短時間で三々五々帰ってしまう状況に対して、成立させるビジネスモデルがほとんどありません。立地条件次第ですが、ある時期までは公共ホールの中に飲食スペースを入れる努力をしていましたが、健康増進法などの問題も絡み、最近では劇場の外にその機能を担保させて、周辺でアクティビティを受ける方向になっています。

戸田――また、年間を通して芝居をやっている必要があります。たとえシーズンでも公演が継続して行われないと、弁当屋としても成り立たない。商業劇場では、弁当屋の質が劇場の質を決めるというくらいに、それで勝負しているので、ちゃんと受け入れられる公演体制であれば成り立つし、需要はあると思います。

太田――コンサートだと二〇分くらいで、みんなシャンパンを格好だけ飲んだりしますが、《歌舞伎座》は四〇分くらいありますよね。食べていないほうがどうかしている、というような雰囲気です。僕はそうした一連の雰囲気はとても日本的で、文化的に豊かなことだと思っています。地方の劇場ではいかがですか？

坂口――主催事業が圧倒的に減っているので、基本的には貸し館で公演しているのに加えて、一～二日間で搬入し、公演し、撤収するタイトなスケジュールなので、公演時間まで運営側がコントロールできていません。

太田――劇団がそこで頑張って、お弁当もなぜか劇団がデザインして、そこで儲けるというのはありえませんか？

戸田――やはり公演の層が重要です。《歌舞伎座》を支えているのはおばちゃんです。《歌舞伎座》の公演は一一時からと一六時で、それに来ることができるのはおばちゃんだけです。シアターワークショップでは《吉祥寺シアター》のカフェを運営していますが、観客がカフェに立ち寄るかは、公演内容によって全然違います。ダンスとかはコンビニでお茶とサンドイッチを買ってもちこむので全然だめですが、《文学座》の公演だと、観客も結構ご飯を食べてくれて、その差はすごく大きい。

佐藤――本書の本杉省三さんの文章でも、かつては飲み食いしながら観ていたという話がありましたが、映画館はシートにコップを置くところがついているじゃないですか。音楽の場合はなんとなくわかるのですが、なぜ一般的な劇場は飲食を禁止しているのでしょうか？

太田――ピクニックは一八〇二年の三月一五日に突然イギリスで始まったのですが、それは脚本家のグレヴィルという人が寸劇付きで始めた集会だったんですね。それは劇場で、つまり屋内でされていて、フランス革命の余波を受けたのか「フランスの箴言」という出し物をやったので、警官が寝ずに見張っていたらしいんですね。要は男と女の馬鹿騒ぎで、当然飲んでいるし、食べている。演じることと食べることが未分化ですし、それがイギリスでのミュージックホールの興隆へとつながっていく。ピクニックの専門家としては、食べることの祝祭性が、どうしても気になってしまうんですね。

浦部――飲食というのはすごく大事な行為だと思いますね。先ほどの話に戻りますが、机の力と本の力と、飲食可能かどうかという三つをどのように選択するかで、施設内のオープンスペースのあり方はすごく変わってくると思います。現実には散らかしたり汚したりしたまま帰る人もたくさんいるので、全面的に飲食可能にするのは運用上かなり難しいかな。しかし、《可児市文化創造センター》では半屋外のテラスに机と椅子があって、昼間に近くから来てお弁当食べて少しおしゃべりして帰っていく光景を見ると、数は少ないのですが気候のよいときはまさにピクニックみたいな感じで「いいな」と思います。実際にはそういった人の数が増えないと、公共劇場においては計画根拠を説明する難しさがかなりあるような気がしますが。

戸田――体験するしかないのではないでしょうか？

太田――日本の都市再生は食べものの前では無力です。喜多方は「蔵のまち」として様々な再生プロジェクトをやっていて、駅では「蔵のまち」マップを配布していたりします。ですが実際に行ってみると、観光客は蔵なんて見ないでラーメンマップを片手に、ぼろいプレハブのラーメン屋に行列をつくったりしています。秋田の横手も、白井晟一[*22]さんの建物とかがありますが、建築をとうするかよりも焼きそば

＊22　一九〇五〜八三。建築家。建築作品に親和銀行本店、渋谷区立松濤美術館。

を売り出すんだ、ということになる。都市再生は食べものに負け続け、絶対に勝てない。でも、それは日本のいいところでもあるから、食も含めて一体的に考えていかないといけないと思っています。

坂口——地域再生を考えるときに、地域の中で継続されている伝統芸能的な演劇や、祭や、神事には必ず飲み食いの話が組み込まれています。一方、たまたま街にできた公共ホールでは食べてはいけないとなると、空間的に異質なだけではなくて、そこでやっている行為自体も違ってくる。

太田——かつて新宿西口広場が西口地下通路という名前に変わり、広場として集会できる場所ではなくなったことでフォークゲリラは潰えたんですけれども、最近、実は同じことが起きていて、新橋のＳＬ広場が、新橋ＳＬ通路と変わりました。道交法上、広場から通路に格下げされたので、今まではギターのお姉さんが歌っていたりしたけれど、それがだめになりました。時代に逆行していると思うんですけどね。秋葉原も本当に復活するかどうかわかりません。将来的には不透明ですが、広場が劇場化するというのは楽天的な見方で、少なくともこの十何年かは公共空間は負けっぱなしなので戦わないといけません。

佐藤——ニューカッスルでは、日常的にそういった劇場化が起きているのでしょうか？

太田——日常的ですね。ヨーロッパ全体的にそうですね。

戸田——自発的にやっているんじゃないですか？日本がそうなっているのは、たとえば大道芸人とかライセンスを与えられた人だけがやっていいみたいな感じでしょう。

太田——リテラシーを育てるということはすごく重要です。多分ヨーロッパのほうが問題は山積みで、そうでもしないとみんな車をひっくり返したり、火をつけたりするので、公共空間の振舞いというものをちゃんとふだんから鍛えようというのがあると思います。演劇的である、というのは他者との関係が築かれているということで、私は今後の日本ではそれはもっと大きな役割をもつテーマなのではないかと思っています。いい劇場が、いい都市空間に、社会にいろいろなダイナミズムを与えるようになっていくといいですよね。

（記録＝坂口大洋＋佐藤慎也）

三章　参考文献、図版出典

伊東豊雄『風の変様体 建築クロニクル』青土社、二〇〇〇年
『GA JAPAN 98』二〇〇七年三-四月号、A.D.A EDITA TOKYO
『GA JAPAN 85』二〇〇九年五-六月号、A.D.A EDITA TOKYO
『新建築』二〇〇九年五月号、新建築社
『建築ノートEXTRA 02』誠文堂新光社、二〇〇九年
布野修司『布野修司建築論集(二) 都市と劇場 都市計画という幻想』彰国社、一九九八年
鈴木博之『日本の近代一〇都市へ』中央公論社、一九九九年
『呼吸する劇場 扇町ミュージアムスクエア一〇周年記念』一九九五年
佐々木雅幸+総合研究開発機構『創造都市への展望 都市の文化政策とまちづくり』学芸出版社、二〇〇七年
坂口大洋、井上貴詞、小野田泰明「下北沢にみる集積効果と創造活動の展開」文化経済学会〈日本〉大会、分科会C、二〇〇七年六月
坂口大洋、小野田泰明「ソウル市大学路における小劇場集積状況と形成過程に関する研究」『日本建築学会学術講演梗概集』E-一、二〇〇八年九月
坂口大洋「創造都市政策における舞台芸術創造のレジデンス支援と場の共有効果」創造都市研究報告会、横浜市都市研究助成、二〇〇九年三月
C・ランドリー著、後藤和子訳『創造的都市 都市再生のための道具箱』日本評論社、二〇〇三年

付録

劇場シーンを読み解くための一〇〇冊

概論Ⓐ／設計Ⓑ／演劇Ⓒ／事例Ⓓ／舞台Ⓔ／運営Ⓕ

小林徹也＋文化施設小委員会

Ⓐ「日本劇場史・附 西洋劇場の話」後藤慶二著、一九二五、岩波書店
Ⓐ「日本劇場図史〈第一・二冊〉」竹内芳太郎著、一九三五、壬生書院
Ⓐ「日本劇場史の研究」須田敦夫著、一九五七、相模書房
Ⓑ「劇場舞台設計計画」小泉嘉四郎著、一九六五、近代建築社
Ⓐ「公会堂建築」佐藤武夫著、一九六六、相模書房
Ⓑ「新訂 建築学大系 新訂版」建築学大系編集委員会編、一九七一、彰国社
Ⓒ「なにもない空間」ピーター・ブルック著、高橋康也、喜志哲雄訳、一九七九、晶文社
Ⓒ「門の向うの劇場——同時代演劇論」津野海太郎著、一九七二、白水社
Ⓐ「世界劇場」フランセス・イエイツ著、藤田実訳、一九七八、晶文社
Ⓓ「ホール図録集 六九〜七九」日本劇場技術協会、一九七九、日本劇場技術協会
Ⓑ「多目的ホール舞台設計資料」日本建築学会編、一九八一、彰国社
Ⓑ「集会・催し施設」彰国社編、一九八一、彰国社
Ⓑ「新建築詳細図集——文化センター・会館編」新建築社、一九八一、新建築社
Ⓐ「建築文化」四二三号 特集 劇場 オペラハウスその空間と創造のために、一九八二、彰国社
Ⓐ「建築文化」四四二号 特集 劇場PART2 公共ホールのゆくえ、一九八三、彰国社
Ⓒ「寺山修司演劇論集」寺山修司著、一九八三、国文社
Ⓑ「建築知識」特集 小ホール手づくり演技空間のすすめ、一九八三、建築知識
Ⓑ「劇空間のデザイン」OISTT日本センター編、一九八四、リブロポート
Ⓐ「建築文化」四五一号 特集 劇場PART3 ①世界の劇場コンペ、一九八四、彰国社
Ⓐ「建築文化」四五二号 特集 劇場PART3 ②世界のオペラハウス、一九八四、彰国社
Ⓐ「建築文化」四五三号 特集 劇場PART3 ③日本のオペラ状況、一九八四、彰国社
Ⓐ「劇場の構図」清水裕之著、一九八五、鹿島出版会
Ⓑ「第二国立劇場[仮称]設計競技応募作品集」一九八六、新建築社
Ⓐ「ホールの計画と運営」山崎泰孝著、一九八七、鹿島出版会
Ⓔ「河童が語る舞台裏おもて」妹尾河童著、一九八七、平凡社
Ⓓ「建築画報」二一三号 特集 新多目的ホール 第五集、一九八九、建築画報社
Ⓐ「建築文化」五一五号 特集 劇場PART4 ホール建築から劇場文化へ、一九八九、彰国社
Ⓓ「音楽のための空間」SD編集部、一九八九、鹿島出版会
Ⓐ「音楽のための建築」マイケル・フォーサイス著、長友宗重、別宮貞徳訳、一九九〇、鹿島出版会
Ⓑ「建築知識」特集 多機能イベントスペースABC、一九九〇、建築知識
Ⓒ「日本オペラの夢」林光著、一九九〇、岩波書店
Ⓒ「ルネサンス劇場の誕生——演劇の図像学」ジョージ・R・カーノードル著、佐藤正紀訳、一九九〇、晶文社
Ⓐ「建築と劇場——一八世紀イタリアの劇場論」福田晴虔著、一九九一、中央公論美術出版
Ⓒ「現代演劇六〇〜九〇 別冊太陽」一九九一、平凡社
Ⓐ「都市と劇場——中・近世の鎮魂・遊楽・権力」小笠原恭子著、一九九一、平凡社
Ⓔ「ドキュメント サントリーホール誕生」石井清司著、一九九一、ぱる出版
Ⓐ「MUSIC TODAY NO.17 特集「劇場」の発見」一九九二、リブロポート
Ⓒ「小劇場の風景」風間研著、一九九二、中央公論社
Ⓔ「私たちと劇場」清水裕之編著、一九九三、芸団協出版部
Ⓒ「明治劇談 ランプの下にて」岡本綺堂著、一九九三、岩波書店
Ⓒ「オペラと歌舞伎」永竹由幸著、一九九三、丸善
Ⓑ「多目的ホールの設計資料」日本建築学会編、一九九三、彰国社
Ⓐ「個人空間の誕生——食卓・家屋・劇場・世界」イーフー・トゥアン著、阿部一訳、一九九三、せりか書房
Ⓐ「大いなる小屋」服部幸雄著、一九九四、平凡社
Ⓐ「舞台芸術と経済のジレンマ」ウィリアム・J・ボウモル、ウィリアム・G・ボウエン著、池上惇、渡辺守章訳、一九九四、芸団協出版部
Ⓓ「演劇のための空間」SD編集部、一九九四、鹿島出版会
Ⓔ「舞台照明のドラマツルギー」立木定彦著、一九九四、リブロポート
Ⓔ「THE スタッフ」伊藤弘成著、一九九四、晩成書房
Ⓓ「劇場をめぐる旅——芝居小屋建築考」一九九四、INAX出版
Ⓓ「ヨーロッパの劇場建築（建築巡礼）」清水裕之著、一九九四、丸善
Ⓒ「日本の現代演劇」扇田昭彦著、一九九五、岩波書店
Ⓓ「帝国劇場開幕」嶺隆著、一九九六、中央公論社

Ⓐ「劇場 建築・文化史」S・ティドワース著、石川敏男訳、一九九七、早稲田大学出版部
Ⓔ「生涯現役 舞台照明家・小川昇の一世紀」小川昇著、聞き書き赤坂治績、一九九七、小川舞台照明研究所
Ⓐ「祝祭の仮設舞台」西和夫著、一九九七、彰国社
Ⓓ「日本の現代劇場の設計事例集」日本建築学会編、一九九七、彰国社
Ⓓ「建築設計資料63 演劇の劇場」建築思潮研究所、一九九七、建築資料研究社
Ⓒ「東京人」11 特集 劇場へようこそ、都市出版、一九九七、東京都歴史文化財団
Ⓔ「文化会館通論」根木昭他著、一九九七、晃洋書房
Ⓔ「文化を事業する」清水嘉弘著、一九九七、丸善
Ⓐ「布野修司建築論集〈二〉都市と劇場——都市計画という幻想」布野修司著、一九九八、彰国社
Ⓑ「建築計画・設計シリーズ二二 公共ホール」執筆代表 有田桂吉、一九九九、市ヶ谷出版社
Ⓓ「東京オペラシティ物語」LOK編、一九九九、工作舎
Ⓒ「闘う劇場」蜷川幸雄著、一九九九、日本放送出版協会
Ⓒ「劇場が演じた劇（江戸東京ライブラリー）」大笹吉雄著、一九九九、教育出版
Ⓓ「新国立劇場」柳澤孝彦+TAK建築都市計画研究所・新国立劇場建設工事共同企業体編、一九九九、財団法人公共建築協会
Ⓒ「現代演劇のフィールドワーク」佐藤郁哉著、一九九九、東京大学出版会
Ⓔ「劇場工学と舞台機構」小川俊郎著、二〇〇〇、オーム社
Ⓔ「地域に生きる劇場」衛紀生、本杉省三著、二〇〇〇、芸団協出版部
Ⓔ「歌舞伎の舞台技術と技術者たち」社団法人日本俳優協会、二〇〇〇、八木書店
Ⓐ「劇場の計画と運営」山崎泰孝著、二〇〇〇、鹿島出版会
Ⓔ「劇場と演劇の文化経済学」徳永高志著、二〇〇〇、芙蓉書房
Ⓒ「メロドラマからパフォーマンス」内野儀著、二〇〇一、東京大学出版会
Ⓐ「芸術立国論」平田オリザ著、二〇〇一、集英社
Ⓐ「劇場物語」小谷喬之助著、二〇〇一、相模書房
Ⓒ「能がわかる一〇〇のキーワード」津村禮次郎著、二〇〇一、小学館
Ⓑ「建築計画・設計シリーズ27 音楽ホール・劇場・映画館」執筆代表 服部紀和、二〇〇一、市ヶ谷出版社
Ⓐ「音楽空間への誘い」日本建築学会編、二〇〇二、鹿島出版会
Ⓔ「文化がみの〜れ物語」美野里町文化センター物語制作委員会、二〇〇三、茨城新聞社
Ⓔ「小出郷文化会館物語」小林真理・小出郷の記録編集委員会著、二〇〇三、水曜社
Ⓐ「舞台芸術〈〇五〉特集 劇場と社会」二〇〇四、京都造形芸術大学舞台芸術研究センター
Ⓔ「近鉄劇場終演まで 順風・逆風・自分風」宮川龍太郎著、二〇〇五、新風舎
Ⓓ「GA現代建築シリーズ04 シアター」二〇〇六、A.D.A EDITA Tokyo
Ⓒ「アート／表現する身体」佐々木正人著、二〇〇六、東京大学出版会
Ⓔ「進化する劇場—舞台の裏側は面白い」中山浩男著、二〇〇六、新評論
Ⓒ「芝居小屋と寄席の近代——「遊芸」から「文化」へ」倉田喜弘、二〇〇六、岩波書店
Ⓓ「建築設計資料集成 展示・芸能」日本建築学会編、二〇〇七、丸善
Ⓔ「創造都市への展望——都市の文化政策とまちづくり」佐々木雅幸+総合研究開発機構著、二〇〇七、学芸出版社
Ⓔ「芸術の売り方」ジョアン・ジェフバーンスタイン著、山本章子訳、二〇〇七、英治出版
Ⓓ「建築と都市」四三七号 特殊 シアター&ホール、二〇〇七、エー・アンド・ユー
Ⓒ「串田劇場——歌舞伎を演出する」串田和美著、二〇〇七、ブロンズ新社
Ⓐ「建築と音楽」五十嵐太郎+菅野裕子著、二〇〇八、NTT出版
Ⓓ「伊東豊雄 最新プロジェクト集」二〇〇八、A.D.A EDITA Tokyo
Ⓓ「建築画報」三二一号 シアターワークショップ 劇場にかける夢、二〇〇八、建築画報社
Ⓓ「図説 イタリアの歌劇場（ふくろうの本／世界の文化）」牧野宣彦著、二〇〇八、河出書房新社
Ⓔ「鉄のサムライ 音楽ホールをつくる」林隆男著、二〇〇八、青志社
Ⓐ「建築ノート EXTRA UNITED PROJECT FILES 02 次なる公共空間 The Next Public Space」二〇〇九、誠文堂新光社
Ⓒ「八〇年代・小劇場演劇の展開—演出家の仕事〈三〉」西堂行人+日本演出者協会編、二〇〇九、日本演出者協会
Ⓒ「演劇学の教科書」、クリスティアン・ビエ、クリストフ・トリオー著、日本語版監修 佐伯隆幸、二〇〇九、国書刊行会
Ⓒ「僕と演劇と夢の遊眠社」高萩宏著、二〇〇九、日本経済新聞社出版局

編集・執筆

上西 明　建築家／上西建築都市設計事務所

一九五九年生まれ。一九八四年東京大学大学院修士課程修了。槇総合計画事務所（名取市文化会館などを担当）を経て、一九九八年上西建築都市設計事務所を設立。日本大学工学部非常勤講師。共立女子大学非常勤講師。主な作品＝奈良県医師会センター、大田区うめのき園分場、橋詰の医院など。

文化施設小委員会主査二〇〇六–二〇〇九。

坂口大洋　東北大学大学院助教／ラトラロジックスタジオ共同主宰

一九七〇年生まれ。一九九五年東北大学大学院都市・建築学専攻修士課程修了。一九九六年同大学助手、二〇〇七年より現職。博士（工学）二〇〇六年テトラロジックスタジオ共同主宰。劇場計画・創造都市研究に関わる。参画作品＝せんだい演劇工房10-BOX（共同設計）、仮設神楽舞台二〇〇四（共同設計）、東北大学百周年会館川内萩ホール（劇場計画）等。二〇〇二年日本建築学会東北支部研究奨励賞。

文化施設小委員会主査二〇一〇〜。

執筆者（順不同）

本杉省三　日本大学理工学部教授

一九五〇年生まれ。一九七四年日本大学大学院修了後、同大学助手、ベルリン自由大学演劇研究所等を経て一九九九年より現職。劇場研究と共に構想作成や設計協力として、新国立劇場、愛知芸術文化センター、つくばカピオ、新潟市民芸術文化会館、なら一〇〇年会館、ビッグハート出雲、De Kunstlinie Almere、まつもと市民芸術館等。

清水裕之　名古屋大学大学院教授

一九五二年生まれ。新国立劇場、東京芸術劇場、彩の国さいたま芸術劇場、世田谷パブリックシアター、愛知県芸術劇場など多数の公立文化施設計画に参画。我が国で最初の舞台芸術関連の総合的な国際会議「世界劇場会議 九三」を提案し事務局代表を務める。市民参加型の公立文化施設計画も多数コーディネートしている。

井口直巳　建築家／井口直巳建築設計事務所

一九五三年生まれ。日本大学大学院修了。一九八四年井口直巳建築設計事務所設立・代表。オマーン首都再開発コンペ最優秀賞。設計作品に、サンハーモニーホール、恩田ヴィラ那須（栃木県マロニエ建築賞）、山梨のCD小屋（JIA環境建築賞）、溝口病院増改築など。北とぴあ国際音楽祭（一九九四〜一九九九）を総合プロデュースし、北区文化功労賞を受賞。

五十嵐太郎　東北大学大学院教授

一九六七年、パリ（フランス）生まれ。建築史・建築批評家。せんだいスクールオブデザイン教員。一九九二年、東京大学大学院修士課程修了。博士（工学）。第一一回ヴェネツィア・ビエンナーレ国際建築展日本館展示コミッショナーを務める。著書＝『建築と音楽』（共著、NTT出版）ほか多数。

徳永高志　NPO法人クオリティアンドコミュニケーションオブアーツ理事長

一九五八年生まれ。一九九一年早稲田大学大学院修了。松山東雲女子大学教員などを経て現職。文化施設の歴史・運営を研究テーマとし、著書として『芝居小屋の二〇世紀』（一九九九年、雄山閣）、『公共文化施設の歴史と展望』（近刊、晃洋書房）等。茅野市民館コアアドバイザー（二〇〇五〜）。

高萩 宏　東京芸術劇場副館長

一九五三年、東京都生まれ。東京大学文学部卒業。劇団夢の遊眠社創立メンバー。パナソニック・グローブ座支配人、世田谷パブリックシアター制作部長を経て、二〇〇八年四月より現職。多摩美術大学客員教授。『僕と演劇と夢の遊眠社』（日本経済新聞社出版局、二〇〇九）。共著『企業メセナの理論と実践』（水曜社、二〇一〇）。

小林真理　東京大学准教授

一九六三年生まれ。一九九六年早稲田大学大学院政治学研究科博士課程単位取得退学。二〇〇四年より現職。専門は、文化を支える制度の研究。地方自治体において文化振興関係の条例、計画、制度等の構築に関わる。著書に『文化権の確立に向けて 文化振興法の国際比較と日本の現実』（勁草書房、二〇〇四年）、編著に『指定管理者制度—文化的公共性を支えるのは誰か』（時事通信社、二〇〇六年）等。

勝又英明　東京都市大学教授

一九五五年生まれ。一九八二年武蔵工業大学大学院修士課程修了。同年アール・アイ・エー入社（一九八八年まで）。一九九三年武蔵工業大学大学院博士課程修了。同年武蔵工業大学助手。一九九八年University of East London客員研究員（一年間）。専任講師、助教授を経て二〇〇七年武蔵工業大学教授（二〇〇九年東京都市大学に名称変更）。専門は建築計画・建築設計。

大月 淳　三重大学准教授

一九六九年生まれ。一九九七年名古屋大学大学院博士後期課程退学。名古屋大学助教を経て二〇一〇年より現職。劇場を中心とする建築計画専門。二〇〇三年から二〇〇四年には文部科学省在外研究員としてイタリアにて研究。参画プロジェクト＝可児市文化創造センター、武豊町民会館、下呂交流会館等。

小林徹也　株式会社シアターワークショップ

一九七三生まれ。一九九八年早稲田大学大学院修了。早稲田大学演劇博物館の旧帝国劇場復元研究会参画、旧帝劇の模型製作。一九九九年より現職、劇場・ホールコンサルタント。参画プロジェクト＝吉祥寺シアター、あうるすぽっと、北上市文化交流センター、茅野市民館、大船渡市民文化会館、新歌舞伎座、八王子新市民会館等。

小野田泰明 東北大学大学院教授。
一九六三年金沢市生まれ。建築計画者。UCLA客員研究員を経て現職。せんだいメディアテーク、横須賀美術館等、様々な先駆的建築事業に計画者として参画。熊本県苓北町民ホールの設計で二〇〇三年日本建築学会賞(作品)(阿部仁史氏と共同)受賞。共著に『空間管理社会』(新曜社)、『プロジェクト・ブック』(彰国社)、他。

伊東正示 株式会社シアターワークショップ代表
一九五二年生まれ。一九八三年早稲田大学大学院博士課程退学。企画から運営までの総合的な劇場コンサルティングを行う。実績＝黒部市国際文化センター、彩の国さいたま芸術劇場、北上市文化交流センター、茅野市民館他。日本建築学会賞(業績)「職能としての劇場コンサルティングの確立と一連の業績」(二〇〇八)。

山﨑奈保子 東宝株式会社シアタークリエ支配人
一九七八年生まれ。学習院大学文学部卒業。大学では源氏物語を研究。日本の古典文化に興味を持ち、「日本の題材でつくった和製ミュージカルを海外へ」という目標を掲げ、東宝株式会社に入社。経理部、演劇部芸術座・日生公演営業係、演劇部企画室勤務の後、二〇〇七年シアタークリエ支配人に就任。東宝初の二〇代女性支配人となる。

浦部智義 日本大学工学部准教授
一九六九年生まれ。東京電機大学大学院修了後、同大学非常勤講師、日本学術振興会特別研究員、マーケティング会社等を経て、二〇一〇年より現職。二〇〇六年テトラロジックスタジオ共同主宰、劇場・ホールを中心に施設系の調査研究・計画・設計に関わる。近年の参画プロジェクトに、飯坂温泉旧堀切邸、ロハスの家等がある。日本建築学会奨励賞受賞(二〇〇二)。

古橋 祐 古橋建築事務所／昭和音楽大学准教授
一九五七年生まれ。一九八〇年早稲田大学電気工学科卒業、一九八五年同建築学科大学院修了。一九八五年菊竹清訓建築設計事務所、一九九六年より古橋建築事務所にて建築設計、二〇〇三年より昭和音楽大学音楽芸術運営学科アートマネジメントコースにて教育研究に従事。

伊東豊雄 建築家／伊東豊雄建築設計事務所
一九四一年生まれ。一九六五年東京大学工学部卒業。近作に、多摩美術大学図書館(八王子キャンパス)、座・高円寺、二〇〇九高雄ワールドゲームズメインスタジアム(台湾)など。日本建築学会賞、日本芸術院賞、ヴェネツィア・ビエンナーレ「金獅子賞」、王立英国建築家協会(RIBA)ロイヤルゴールドメダル、朝日賞他受賞。

谷川大輔 建築家／谷川大輔建築設計事務所
一九七三年生まれ。一九九七年東京理科大学工学部卒業。二〇〇三年 谷川大輔建築設計事務所設立。二〇〇四年 東京工業大学大学院修了・博士(工学)学位論文で、公共文化施設を中心とした現代日本の建築家の設計論に関する研究。二〇〇六年東京理科大学工学部第二部建築学科助教。二〇〇九年より東京理科大学非常勤講師。

串田和美 演出家／まつもと市民芸術館芸術監督
一九四二年東京生まれ。六六年に「自由劇場」(後にオンシアター自由劇場と改名)を結成してから現在まで演出、出演作品多数。八五年から九六年までBunkamuraシアターコクーンの初代芸術監督。平成中村座の演出も手掛けている。

佐藤慎也 日本大学理工学部助教
一九六八年生まれ。一九九四年日本大学大学院修了。一九九六年より日本大学理工学部助手、二〇〇七年より現職。劇場・美術館を中心に調査研究・設計に関わる。作品＝P-DOGS SHOP(一九九九年JCDデザイン賞、JCDデザイン賞ケン・ヤング賞)、P-U(二〇〇一年グッドデザイン賞、JCDデザイン賞優秀賞)、MindFrames(二〇〇六)、＋一人／日(二〇〇八)、3331 Arts Chiyoda(二〇一〇)。

戸田直人 株式会社シアターワークショップ
一九六四生まれ。一九九二年早稲田大学理工学部建築学科卒業後、シアターワークショップ入社、劇場コンサルタントとして、全国の多くの劇場・ホールプロジェクトに関わる。主な担当プロジェクトは、東京国際フォーラム、博多座、北九州芸術劇場、アクトシティ浜松、黒部市国際文化センター、茅野市民館、大船渡市民文化会館など。

内野 儀 東京大学大学院総合文化研究科教授(表象文化論)
一九五七年京都生まれ。東京大学大学院修士課程修了(米文学)。学術博士(二〇〇二)。専門は日米現代演劇、パフォーマンス研究。著書に『メロドラマの逆襲』(一九九六)、『メロドラマからパフォーマンスへ』(二〇〇一)、Crucible Bodies: Postwar Japanese Performance from Brecht to the New Millennium (二〇〇九)等。神奈川芸術文化財団理事、セゾン文化財団評議員。

草加叔也 空間創造研究所代表
一九五七年倉敷市生まれ。新潟市民芸術文化会館、可児市文化創造センター、国立劇場おきなわ、兵庫県立芸術文化センター、神奈川芸術劇場など地域の劇場づくりに関わる。一九八九年芸術家在外研修員(英国)、東京芸術文化評議会専門委員、全国公立文化施設協会アドバイザー、技術監督なども務める。

小泉雅生 建築家／小泉アトリエ主宰／首都大学東京教授
一九六三年生まれ。一九八六年シーラカンスを共同設立。一九八八年東京大学大学院修了。二〇〇五年小泉アトリエ設立。住宅から学校や劇場といった公共施設まで幅広い設計活動を行う。代表作に鴻巣市文化センター、戸田市立芦原小学校、象の鼻パーク／象の鼻テラス、ENEOS創エネハウス、他。

相馬千秋 フェスティバル／トーキョー プログラム・ディレクター
一九七五年生まれ。二〇〇一年フランス・リヨン第二大学大学院修了。二〇〇二年よりＮＰＯ法人アートネットワーク・ジャパン勤務。先鋭的な舞台作品を世界各地のアーティストとともに多数企画・制作。二〇〇六年、横浜市との協働のもと遊休施設を転用した舞台芸術創造拠点「急な坂スタジオ」設立、代表を務める。二〇〇九年、日本を代表する国際舞台芸術祭「フェスティバル／トーキョー」設立、現職。

太田浩史　建築家／東京大学生産技術研究所講師
一九六八年生まれ。一九九三年東京大学大学院修士課程修了。二〇〇〇年デザインヌーブを樫原徹と共同設立。二〇〇三〜〇八年東京大学都市再生研究センター特任研究員。二〇〇九年より現職。世界の都市再生事例を研究する傍ら、ＤＵＥＴや久が原のゲストハウスなどの建築設計、東京ピクニッククラブ等のアートプロジェクトを行っている。

取材

長谷川祥久　香山壽夫建築研究所
東京理科大学卒業。香山壽夫建築研究所、ＪＡＴＥＴ建築部会、木造劇場研究会に所属。彩の国さいたま芸術劇場以来、香山研究所の全ての劇場設計を担当。現在、神奈川芸術劇場（ＡＰＬ）、豊橋市芸術文化交流施設（大成建設）、太田市民会館、東京芸術劇場改修（ＭＨＳ）、彩の国さいたま芸術劇場改修を担当。（　）内は各協力。

森山裕理　株式会社岡部
一九八六年生まれ。二〇〇八年秋田県立大学卒業後、東北大学大学院博士課程（横浜市における創造都市研究に参画し急な坂スタジオを調査研究）。二〇一〇年より現職。

取材協力及び資料提供者（順不同、敬称略）
佐藤尚巳（佐藤尚巳建築研究所）
斉藤義（環境デザイン研究所）
矢内原美邦
糠塚まりや（東京都市大学勝又研究室）
蓮池奈緒子（ＮＰＯ法人アートネットワーク・ジャパン）
丸井重樹（京都アートセンター）
橘市郎（京都造形芸術大学舞台芸術研究センター）
大井優子（社団法人日本芸能実演家団体協議会）
高崎正裕（ＮＰＯ法人ＦＰＡＰ）
里見有祐（ＮＰＯ法人アートプラットフォーラム）
八巻寿文（せんだい演劇工房10-BOX）
箕島裕二
佐脇三乃里・原友里恵・藤井さゆり（以上日本大学佐藤慎也研究室）

あとがき——次世代に語るために

多くの執筆者が語っているように劇場は冬の時代である。だが耐え忍んでも春はこない。ではどうすればよいか。企画の出発点はそのような問題意識にあった。必然的に企画編集メンバーの議論は迷走する。劇場はいかに立ち上がってくるのか、現在の閉塞状況は何ゆえ起きたのか、歴史的にその危機をいかに転換したのか、日本の劇場技術の先進性はどこにあるのか、そして先駆的な試みを展開している建築家、アーティスト、専門家は何をミッションとしているのか。それらの言葉と知恵を求め東奔西走する日々であった。

本書は一九九八年、前身の劇場・ホール小委員会（主査＝本杉省三日本大学教授）によって企画編集された『音楽空間への誘い』（鹿島出版会、二〇〇二）の後継本にあたる。当時ワーキンググループの一人として企画編集作業の末端にかかわった者としては、今回の企画で諸先輩の成果と新たな課題をきちんと引き受けられたかあまり自信はないが、なんとか刊行にたどり着くことができた。

これもひとえに委員会のメンバー、多忙の中執筆依頼を快諾していただいた先生方、快く取材や資料提供に応じていただいた多くの方々の協力があってこそである。特に前主査の上西明さん、委員の井口直巳さん、古橋祐さん、小林徹也さん、谷川大輔さん、佐藤慎也さんには、迅速にかつ細かい作業まで目を配っていただいた。伊東豊雄さん、串田和美さんなどの新しい局面を切り開く方々の言葉は、抽象的な思考を具体的なかたちに発展させるきっかけとなった。また前回に引き続き鹿島出版会の相川幸二さんには、不慣れな編集チームをうまく導いていただき、高木達樹さんには煩雑な資料をきれいにレイアウトしていただいた。全員を列記することはできないが、協力いただいた関係者の方々すべてにあらためて御礼申し上げたい。

本書のすべての思考と言葉が次世代の劇場を考える礎になることを願い、あとがきに代えさせていただくこととする。

日本建築学会 建築計画委員会 文化施設小委員会 主査　坂口大洋

劇場空間への誘い

ドラマチック・シアターの楽しみ

二〇一〇年一〇月二五日　第一刷発行

編者　日本建築学会
発行者　鹿島光一
発行所　鹿島出版会　〒一〇四-〇〇二八 東京都中央区八重洲二-五-一四　電話〇三（六二〇二）五二〇〇　振替〇〇一六〇-二-一八〇八八三
装幀・組版　高木達樹（しまうまデザイン）
印刷・製本　壮光舎印刷

ISBN978-4-306-04547-7　C3052　Printed in Japan

本書の内容に関するご意見・ご感想は下記までお寄せください。 http://www.kajima-publishing.co.jp　info@kajima-publishing.co.jp